BLUE BOOK

智 库 成 果 出 版 与 传 播 平 台

北京市科学技术研究院首都高端智库研究报告

北京高质量发展蓝皮书
BLUE BOOK OF BEIJING'S HIGH-QUALITY DEVELOPMENT

北京高质量发展报告（2022）

REPORT ON HIGH-QUALITY DEVELOPMENT OF BEIJING(2022)

方 力 贾品荣 姜宛贝 等 / 著

社会科学文献出版社
SOCIAL SCIENCES ACADEMIC PRESS (CHINA)

图书在版编目（CIP）数据

北京高质量发展报告 . 2022 ／方力等著 . —北京：
社会科学文献出版社，2022.6
（北京高质量发展蓝皮书）
ISBN 978-7-5228-0131-5

Ⅰ.①北…　Ⅱ.①方…　Ⅲ.①区域经济发展-研究报
告-北京-2022　Ⅳ.①F127.1

中国版本图书馆 CIP 数据核字（2022）第 086211 号

北京高质量发展蓝皮书
北京高质量发展报告（2022）

著　　者／方　力　贾品荣　姜宛贝 等

出 版 人／王利民
责任编辑／王玉山
文稿编辑／李惠惠　刘　燕　孙玉铖　王　娇
责任印制／王京美

出　　版／社会科学文献出版社 · 城市和绿色发展分社（010）59367143
　　　　　地址：北京市北三环中路甲 29 号院华龙大厦　邮编：100029
　　　　　网址：www.ssap.com.cn
发　　行／社会科学文献出版社（010）59367028
印　　装／三河市东方印刷有限公司

规　　格／开本：787mm×1092mm　1/16
　　　　　印 张：18.75　字 数：280 千字
版　　次／2022 年 6 月第 1 版　2022 年 6 月第 1 次印刷
书　　号／ISBN 978-7-5228-0131-5
定　　价／168.00 元

读者服务电话：4008918866

北京市社会科学基金重点课题"完善科技创新制度研究"（项目编号：20LLGLB041）阶段性成果

北京市科学技术研究院"北科学者"计划"北京高精尖产业评价与发展战略研究"（项目编号：11000022T000000462754）阶段性成果

北京市科学技术研究院财政项目"创新引领的北京产业高质量发展路径研究"（项目编号：PXM2021-178216-000002）成果

北京市科学技术研究院创新工程"北京高质量发展报告贸易专题蓝皮书编制"（项目编号：11000022T000000446396）阶段性成果

北京高质量发展蓝皮书
编委会

主要著者简介

方 力 北京市科学技术研究院党组书记，北京市习近平新时代中国特色社会主义思想研究中心特约研究员、北科院研究基地主任，北京市科学技术研究院首都高端智库主任，《北京高质量发展蓝皮书》主编，研究员。毕业于北京航空航天大学。曾任北京市环境保护局党组书记、局长。主要研究方向为可持续发展。在《人民日报》《光明日报》《经济日报》理论版刊发多篇理论文章。主持多项北京社科基金重大项目等。《北京市大气污染治理力度比较研究》获北京市第十三届优秀调查研究成果二等奖。出版《首都高质量发展研究》等专著。

贾品荣 北京市科学技术研究院"北科学者"、高质量发展研究中心主任、高精尖产业研究学术带头人，研究员。毕业于华中科技大学，获博士学位，南开大学经济学博士后。主要研究方向为技术经济及管理。兼任南开大学硕士研究生导师。主持多项中国社科院重大招标课题、北京社科基金重点课题、国家软科学重大项目等。著有《京津冀地区低碳发展的技术进步路径研究》《京津冀传统高能耗产业升级与新兴绿色产业培育研究》《高精尖产业发展研究》等专著 14 部。在 *Energy* 等 SCI 一区和《中国管理科学》《系统工程理论与实践》《科学学研究》《科研管理》等中文核心期刊发表论文 30 余篇。其中，《新华文摘》转载论文 7 篇，《人大复印报刊资料》转载论文 14 篇。决策咨询报告刊发于科技部《国家软科学要报》等内参。

姜宛贝 北京市科学技术研究院高质量发展研究中心助理研究员。本、硕、博均毕业于中国农业大学，获管理学博士学位。中国科学院地理科学与资源研究所博士后。主要研究方向为低碳发展与多元信息建模。主持中国博士后科学基金面上项目"中国省际碳强度非均衡性的演变特征、效应及驱动机制"，参与国家重点研发计划等多项国家、省部级项目。在 *Science China Earth Sciences*、*Remote Sensing*、*Land Use Policy*、《中国科学：地球科学》、《农业工程学报》、《地理学报》、《地理科学进展》、《地理科学》、《资源科学》等中英文核心期刊发表论文 18 篇。

摘　要

　　党的十九届六中全会通过的《中共中央关于党的百年奋斗重大成就和历史经验的决议》强调，必须实现创新成为第一动力、协调成为内生特点、绿色成为普遍形态、开放成为必由之路、共享成为根本目的的高质量发展，推动经济发展质量变革、效率变革、动力变革。高质量发展覆盖了经济增长、环境保护、资源利用、社会事业等各个方面，贯穿了生产流通、分配和销售等社会再生产的全过程，是一个复杂的系统工程，必须结合国家和首都的资源禀赋特征，开展系统的研究，制定合理可行的发展目标和路径。为更好地贯彻党中央和北京市的决策部署，北京市科学技术研究院联合清华大学、北京工业大学等高校，持续开展"创新驱动首都高质量发展"的系统性研究，举办首都高质量发展研讨会，发布北京高质量发展指数报告。本报告提出衡量省域高质量发展的三个维度——经济高质量发展、社会高质量发展、环境高质量发展，构建了衡量省域高质量发展的指标体系，对北京高质量发展情况进行了评价分析。当前，在中美贸易摩擦的背景下，推动产业向中高端迈进成为各国关注的焦点。那么，如何推动产业向中高端迈进，继而实现高质量发展？这涉及发展理念与战略的转变，需要加快形成推动产业高质量发展的体制机制以及与此相关的指标体系和政策体系。本书聚焦北京产业高质量发展，提出产业高质量发展的概念、六大显著特征，构建了六个维度的产业高质量发展指标体系，并提出有针对性的发展对策，为北京产业高质量发展献计献策。

　　本书主要由总报告、分报告、专题报告三个部分，共 10 篇报告组成。

总报告梳理了 2021 年北京高质量发展相关政策及其成效，通过构建数理模型评价了北京高质量发展的情况。分报告分别构建了经济、社会、环境高质量发展评价指标体系，对 2005~2019 年北京经济、社会、环境高质量发展水平进行测度，并与各维度指标得分较优的省份进行对比分析。专题报告则聚焦北京产业高质量发展，提出产业高质量发展内涵，首次构建了产业高质量发展指数，评价了北京产业发展水平。在北京产业发展中，高精尖产业是有力抓手。报告选取新一代信息技术产业、医药健康产业和科技服务业这三个北京具有较强竞争力的产业，从产业发展现状、发展特征、存在问题及国际比较等方面进行了深度分析。

本书的主要建树：

1. "三驾马车"支撑高质量发展全局，68 个评价指标推动北京转型发展

本书从经济、社会、环境三个维度构建了由 68 个评价指标构成的北京高质量发展评价指标体系。从国际权威机构报告看，经济维度、社会维度、环境维度是可持续发展的三个支柱；从新发展理念的要求看，高质量发展与高速增长相比，从关注经济增长一个维度，转向关注经济发展、社会公平、生态环境等多个维度；从北京的定位看，经济高质量发展、社会高质量发展、环境高质量发展是北京高质量发展的应有之义。作为科技创新中心，北京集聚了丰富的人才和科技资源，以创新为第一引擎，引领并驱动经济结构升级、经济增长效率提升，实现经济高质量发展；作为全国首个实质性减量发展的城市，北京应通过适当减量倒逼机制改革，在既有的人口、土地和环境等硬约束下实现更大产出比，实现更有效益、更可持续的发展；北京是中国首善之区，按照"七有五性"要求，应着力解决民生问题，推进城乡统筹，促进社会领域的高质量发展。

2. 北京高质量发展持续领先，主要引擎作用凸显

本书从经济高质量发展、社会高质量发展、环境高质量发展三个维度，评价了 2005~2019 年北京高质量发展水平，重点评价分析了 2019 年北京高质量发展的情况。2005~2019 年，北京高质量发展指数总体呈增长趋势，由0.714 上升至 0.973，增长幅度为 36.27%，年均增长率为 2.24%。2018~

2019年，北京高质量发展指数增长2.31%。研究得出：（1）2005～2019年，北京高质量发展指数加速增长，环境和经济高质量发展为其增长的主要推动力，作用凸显，社会高质量发展的作用需要提升。（2）北京高质量发展指数位居全国第一，环境高质量发展指数明显领先于其他省份，经济和社会高质量发展指数居于全国前列。（3）北京经济高质量发展指数提速增长，创新驱动指数与经济增长指数为关键驱动力。相比其他省份，北京创新驱动指数优势明显，效率提升亟待加强。（4）北京社会高质量发展指数小幅增长，民生优化指数和城乡统筹指数为主要驱动力。北京民生优化指数和城乡统筹指数居于全国前列。（5）北京环境高质量发展指数总体增长，资源利用和污染减排为主要动力源。污染减排和资源利用水平为全国最高。

3. 北京经济高质量发展稳中有进，创新持续发挥引领作用

本书从经济增长、结构优化、效率提升、创新驱动四个维度构建了经济高质量发展评价指标体系，评价分析了北京2005～2019年经济高质量发展水平。研究得出：2005～2019年，北京经济高质量发展指数整体呈上升趋势，由2005年的0.310增至2019年的0.477，增长幅度为53.87%，年均增长率为3.13%。2017～2019年，北京经济高质量发展指数增长幅度为9.40%，年均增长率为4.60%。2019年北京经济高质量发展指数同比增长5.07%。近期，北京经济发展处于一个"稳中有进"的良好态势。其中，北京创新驱动指数优势明显，创新驱动指数对经济高质量发展指数提升的贡献率为52.10%。结构优化指数领先于其他省份，经济增长指数和效率提升指数相比全国最优水平有一定差距。本书从稳固创新驱动优势、保持经济增长稳定、补齐结构优化短板、推进效率提升变革等方面提出了对策建议。

4. 北京社会高质量发展呈"N"形增长态势，应加强关注风险防控水平

本书从民生优化、城乡统筹和风险防控三个维度构建了北京社会高质量发展评价体系，评价分析了2005～2019年北京社会高质量发展水平。研究得出：（1）2005～2019年，北京社会高质量发展指数呈"N"形增长态势。2017～2019年，北京社会高质量发展指数增幅为1.62%，年均增长率为0.81%。（2）2005～2019年，民生优化指数整体呈增长态势，增长速度随时

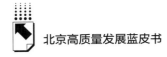
间加快，其为北京社会高质量发展的主要驱动力。横向比较而言，北京民生优化水平领先于全国其他省份。（3）2005～2019年，城乡统筹指数呈现"上升—下降—上升"的态势，为北京社会高质量发展的关键推动力之一。（4）2005～2019年，风险防控指数总体稳定，对北京社会高质量发展的贡献率需要提升。

5. 污染减排水平表现亮眼，助力北京环境高质量发展

本书从环境质量、污染减排、资源利用、环境管理四个维度构建了环境高质量发展评价指标体系，评价分析了北京2005～2019年环境高质量发展水平。研究得出：（1）2005～2019年，北京环境高质量发展指数由持续增长转变为波动增长。2017～2019年，北京环境高质量发展指数增幅为0.14%，年均增长率为0.07%。（2）2005～2019年，北京环境质量指数略有增长，其对北京环境高质量发展的推动作用为四个维度中最低。与全国其他省份相较而言，北京环境质量指数处于中等偏下水平。（3）2005～2019年，北京污染减排指数总体呈增长态势，其对北京环境高质量发展的贡献率在四个维度中位列第二，但近期（2015～2019年）排名第一。从全国来看，北京污染减排指数高于其他省份，稳居全国第一。（4）2005～2019年，北京资源利用指数不断提高且增速较快，为北京环境高质量发展的第一推动力。横向比较而言，2005～2019年，北京的平均资源利用指数位列全国第一。（5）2005～2019年，北京环境管理指数呈现波动增长态势，对北京环境质量发展的推动作用较小，但随时间逐渐增强。

6. "高精尖"产业脱颖而出，北京产业高质量发展呈现六大特征

2022年国务院《政府工作报告》提出"推动产业向中高端迈进"。本书从产业基础、创新发展、协调发展、绿色发展、开放发展、共享发展六个维度构建产业高质量发展指数，对北京产业升级进程和发展特征进行评价分析，并提出有针对性的发展对策，为北京产业高质量发展献计献策。研究得出：（1）2020年，北京产业高质量发展指数为0.7229，是2005年的2.1倍，年均增长5.2%。（2）在六个维度中，绿色发展指数增幅最大，2020年北京产业绿色发展指数是2005年的3.3倍。其他维度也实现了大幅增长。

（3）从贡献率分析，绿色发展指数贡献率最高，协调发展指数贡献率亟须提升。（4）北京产业高质量发展具有六大特征：第一，数字基础设施升级，产业发展再添动力；第二，构筑创新发展优势，人才驱动蓄力前行；第三，协调发展空间打开，高精尖产业脱颖而出；第四，绿色发展助力增长，减污降碳协同增效；第五，开放发展迈上新台阶，服务贸易优势突出；第六，就业环境得到改善，共享发展更进一步。

7. 科技服务业成为战略支撑力量，产业生产效率提升成为"关键棋子"

"十四五"规划把科技创新作为国家现代化建设的战略支撑，科技服务业作为北京高质量发展的重要力量，充分释放科技服务业发展红利、支撑其他部门经济转型升级是未来一段时期的重要目标。本书对科技服务业已有研究、北京市科技服务业发展现状及成效进行了梳理，通过构建数理模型，运用指数评价体系对北京、上海、江苏、浙江、广东的科技服务业规模、投入、产出等进行了比较。研究得出，从宏观层面来看，北京科技服务业发展具有四大特征：第一，科技研发重视度凸显，研发投入产出率持续提升；第二，科技成果转化率提高，行业发展活跃度显著增强；第三，新创造价值能力偏弱，产业生产效率提升是关键；第四，行业发展区域性明显，海淀区和朝阳区优势显著。从各行业发展情况来看，北京科技服务业具有四大特征：第一，科技金融服务业盈利能力显著，但增速偏低；第二，研究和试验发展资产总额偏低，仍需加大投入力度；第三，科技推广及相关服务利润为负，发展潜力待激发；第四，科技信息服务保持稳定增长，支撑作用凸显。在《国际首都科技服务业发展比较报告》中，首先构建了指标体系，测度和评价了国际首都科技服务业的发展现状，分析北京目前科技服务业的发展优势和劣势；其次梳理了国际首都培育科技服务业的政策和措施；最后基于国际首都的发展经验，针对北京科技服务业发展的不足之处提出了政策建议。研究得出：与新加坡、东京和首尔等首都城市相比，北京的科技服务业在产业规模、研发投入和研发产出等方面具有一定的优势，但在生产效率和盈利能力等方面相对较弱。针对北京科技服务业的发展弱势，本书提出了加大高精尖产业人才的培育和引进力度，提升科技服务的商业化水平，提高研发服务

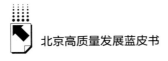

业的发展质量等政策建议。

8. 高精尖产业赛道如何胜出？15个发展趋势缤纷呈现

"十四五"时期，我国高精尖产业发展进入创新驱动的阶段。本书以北京高精尖产业发展为例，从五个方面反映发展成效，分析存在的问题。展望未来，提出发展高精尖产业需要把握"五大宏观力量"、"五大中观力量"和"五大微观力量"。"五大宏观力量"是指高质量发展、国家战略科技力量、"双碳"目标、就业优先战略及健康中国战略；"五大中观力量"是指产业互动、产业升级、空间重构、产业生态、数字化驱动；"五大微观力量"是指技术引领、应用场景牵引、人才与企业的匹配、服务化创新及迭代进化。

关键词： 北京 高质量发展 经济 社会 环境 产业

目 录 ↘

Ⅰ 总报告

Ⅱ 分报告

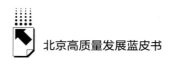

Ⅲ 专题报告

Ⅳ 附 录

皮书数据库阅读**使用指南**

总 报 告

General Report

B.1

北京高质量发展报告（2022）[*]

摘　要： 中国经济已由高速增长阶段转向高质量发展阶段。北京作为首都，其高质量发展状况被国内乃至国际社会广泛关注。本报告在明晰省域高质量发展和产业高质量发展内涵的基础上，构建了省域高质量发展和产业高质量发展评价指标体系，对北京高质量发展以及经济、社会、环境和产业发展状况进行测度和分析。主要研究结果如下：①2005～2019年，北京高质量发展指数总体呈增长态势，环境和经济高质量发展为其增长的主要推动力，社会高质量发展的作用相对较小。②北京高质量发展指数位居全国第一，

[*] 作者：北京市科学技术研究院高质量发展研究中心。执笔人：方力、贾品荣、姜宛贝。方力，北京市科学技术研究院党组书记，研究员，北京市习近平新时代中国特色社会主义思想研究中心特约研究员、北科院研究基地主任，北京市科学技术研究院首都高端智库主任，主要研究方向为可持续发展；贾品荣，北京市科学技术研究院"北科学者"、高质量发展研究中心主任、高精尖产业研究学术带头人，研究员，主要研究方向为技术经济及管理；姜宛贝，北京市科学技术研究院高质量发展研究中心助理研究员，管理学博士，主要研究方向为低碳发展与多元信息建模。

环境高质量发展指数明显领先于其他省份，经济和社会高质量发展指数也居于全国前列。③北京经济高质量发展指数提速增长，创新驱动指数与经济增长指数为关键驱动力。相比其他省份，北京创新驱动指数优势明显，效率提升指数亟待提高。④北京社会高质量发展指数小幅增长，民生优化指数和城乡统筹指数为主要驱动力。北京民生优化指数和城乡统筹指数居于全国前列。⑤北京环境高质量发展指数总体增长，资源利用指数和污染减排指数为主要动力源。污染减排指数和资源利用指数为全国最高，环境质量指数处于下游。⑥2005～2020年，北京产业高质量发展指数由0.3383快速增长到0.7229。绿色发展指数增速最快，且贡献率最高。协调发展指数的贡献率亟须提升。⑦北京产业高质量发展具有六大特征。第一，数字基础设施升级，产业发展再添动力；第二，构筑创新发展优势，人才驱动蓄力前行；第三，协调发展空间打开，高精尖产业脱颖而出；第四，绿色发展助力增长，减污降碳协同增效；第五，开放发展迈上新台阶，服务贸易优势突出；第六，就业环境得到改善，共享发展更进一步。最后，本报告提出了促进北京高质量发展的政策建议，并对北京高精尖产业的发展趋势及力量进行了分析。

关键词： 经济高质量发展　社会高质量发展　环境高质量发展
产业高质量发展　北京

党的十九届六中全会通过的《中共中央关于党的百年奋斗重大成就和历史经验的决议》强调，必须实现创新成为第一动力、协调成为内生特点、绿色成为普遍形态、开放成为必由之路、共享成为根本目的的高质量发展，推动经济发展质量变革、效率变革、动力变革。实现高质量发展是我国经济社会发展历史、实践和理论的统一，是开启全面建设社会主义现代化国家新征程、实现第二个百年奋斗目标的根本路径。北京作为首善之区，毋庸置疑，高质量发展是其近年来的主要转型方向以及未来一段时期内的重要目标。那么，北京高质量发展现状如何？其历史变化趋势有怎样的规律？优势和短板分别是什么？未来高质量发展的着力点又在哪里？对以上问题进行深入分析，有助于更好地推进北京高质量发展，从而为全国的高质量发展提供"北京经验"。本报告在梳理北京高质量发展相关政策成效和问题的基础上，通过构建北京高质量发展指标体系，运用数理模型对北京高质量发展状况进行测度，并提出相应的对策建议。

一　主要进展与基本成效

（一）政策文件陆续出台，北京高质量发展迈入新阶段

党的十九大报告提出高质量发展以来，北京高质量发展的相关政策和文件相继出台，包括北京高质量发展标准体系建设的顶层设计、战略重点与实施路径等，涉及高精尖产业、服务业、贸易和数字经济等方面。课题组以"高质量发展"为关键词对 2021 年北京市出台的相关政策和文件进行梳理，发现北京市 2021 年继续从科技创新、产业升级、改革开放、区域协同、环境保护等方面发力以推动北京高质量发展，数字经济高质量发展和文化高质量发展也得到重点关注（见附录 B.11）。

（二）重要政策成效

高质量发展相关政策相继出台后，各项事业积极推进，北京市在科技创新、产业升级、改革开放、区域协同、环境保护和民生保障等方面取得了一定的进展和成效。

1. 科技创新方面

在科技创新方面，北京围绕核心技术攻关、"三城一区"融合发展、国际一流人才高地建设、知识产权事业提质发展等推进了一系列工作。国际科

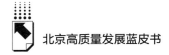
技创新中心加快建设、创新核心地位得到强化。该方面的主要成效有：

（1）科技创新综合实力显著增强。北京在《国际科技创新中心指数2021》综合排名中位列第四，科研产出连续三年居全球科研城市首位，分子靶向药物、免疫治疗药物等领域达到国际先进水平。全市研发经费支出占地区生产总值的比重在全球创新城市中位居前列，约为6%。全市获得国家科技奖项累计约占全国的30%，每万人发明专利拥有量是全国平均值的10倍。"十三五"时期，北京技术合同成交额超2.5万亿元，同比增长超80%。涌现出新型基因编辑技术、马约拉纳任意子、量子直接通信样机、"天机芯"等一批国际型重大原创成果。①

（2）"三城一区"联动机制持续深化。聚焦成果转化、政策协同、载体建设、成果共享等关键环节，发扬开发区企业与中关村高校、研究机构紧密合作的优良传统和经验做法，与三大科学城签订创新联动发展合作协议，首批6家8.2万平方米先导基地加速区挂牌，落地成果转化项目162项。搭建"三城一区"线上服务平台，发布共享设备549台套，共享实验室108个，提供技术服务345项。实施"创新成长计划"和"创新伙伴计划"，储备项目112个。②

（3）创新人才服务体系持续完善。北京坚持人才是第一资源，围绕创新链产业链部署人才链，加快推进高水平人才高地建设。成立人才创新创业发展中心，整合金融谷、亦麒麟工作站、高新技术企业公共服务平台和"揭榜挂帅"创新中心，建设国内领先的双创服务大厅。创新校企合作模式，率先一体化推进技术技能人才培养，认定人才联合培养基地50个，博士后科研工作站达59家，为企业提供了坚实的人才和技术保障。深入

---

① 《中共北京市委 北京市人民政府关于印发〈北京市"十四五"时期国际科技创新中心建设规划〉的通知》，北京市人民政府网，2021年11月3日，http://www.beijing.gov.cn/zhengce/zhengcefagui/202111/t20211124_ 2543346.html。
② 《北京经济技术开发区管委会2021年度工作报告》，北京市人民政府网，2022年1月7日，http://kfqgw.beijing.gov.cn/zwgkkfq/ghjh/zfgzbg/202201/t20220107_ 2586002.html。

实施亦麒麟人才品牌工程，落实"人才十条"，评定首批"亦城人才"2065 名。①

（4）知识产权首善之区建设取得显著成效。在知识产权创造质量方面，截至"十三五"末，发明专利申请和授权数量较"十二五"末出现较大增长，分别增长 64.6% 和 79.2%；全市每万人口发明专利拥有量为全国平均水平的 9.87 倍左右，总计 155.8 件。知识产权服务水平继续领先全国其他省市，品牌服务机构达到百家以上，专利代理机构超过 700 家、执业专利代理师接近万人。从奖项来看，全市获得中国专利金奖和外观设计专利金奖 20 项以上。在知识产权保护水平方面，市公安机关破获知识产权犯罪案件 2700 余起，市检察机关起诉知识产权侵权案件约 600 件，全市法院审结知识产权案件累计 26.7 万件。②

2. 产业升级方面

《北京市"十四五"时期高精尖产业发展规划》于 2021 年 8 月 11 日发布。北京提出构建"2441"高精尖产业体系，高精尖产业进入创新发展、提质增效新阶段，主要成效有：

（1）高精尖产业生态持续优化。2020 年全市高精尖产业增加值接近万亿元，占地区生产总值的比重为 27.4%，相比 2018 年提高了 2.3 个百分点。高精尖产业规模实现新增长。主导产业日渐壮大，科技服务业、新一代信息技术（含软件和信息服务业）2 个万亿级产业集群和医药健康、智能装备、人工智能、节能环保 4 个千亿级产业集群已形成。新兴产业发展实现突破，商业航天产业快速发展，星河动力首次一箭多星商业发射成功。科技和文化融合产业成为新增长极，北京智慧融媒创新中心、北京智慧电竞赛事中心等项目加快推进，京东星宇等高新视听、游戏电竞头部企业落地。

---

① 《北京经济技术开发区管委会 2021 年度工作报告》，北京市人民政府网，2022 年 1 月 7 日，http://kfqgw.beijing.gov.cn/zwgkkfq/ghjh/zfgzbg/202201/t20220107_2586002.html。

② 《北京市知识产权局关于印发〈北京市"十四五"时期知识产权发展规划〉的通知》（京知局〔2021〕226 号），北京市人民政府网，2021 年 7 月 24 日，http://www.beijing.gov.cn/zhengce/zhengcefagui/202108/t20210809_2459448.html。

（2）产业创新能力明显提高。2020年，全市高精尖产业研发经费投入占收入的比重为7.3%。全市布局了脑科学、量子、人工智能等一系列新型的研发机构，创建了国家级制造业创新中心3个、工业设计中心8个和企业技术中心92个。全市独角兽企业数量（93家）居于世界城市首位。通用CPU（中央处理器）、柔性显示屏、"5G+8K"（第五代移动通信技术+8K超高清分辨率）超高清制作传输设备、新冠灭活疫苗、新型靶向抗癌药、手术机器人、高精密减速器等极具世界影响力的创新成果陆续涌现。

（3）产业项目落地取得丰硕成果。新能源整车生产线落地投产，全球首个网联云控式高级别自动驾驶示范区建成。国产8英寸集成电路装备应用示范线、国内规模最大的12英寸集成电路生产线进一步加快建设。全市国家级专精特新"小巨人"、系统解决方案、智能制造示范项目以及制造业单项冠军的供应商数量领先其他省份。福田康明斯"灯塔工厂"、小米"黑灯工厂"等行业标杆不断涌现。国家网络安全产业园得以率先启动建设，全国一半以上的网络安全和信创企业得以集聚。国家安全态势感知平台和工业互联网大数据中心等一系列基础设施重大平台在北京落地。①

3. 改革开放方面

北京市坚持以开放促改革、促发展，通过"两区"建设和营商环境优化等工作来全方位推动扩大开放。积极开展先行先试，持续释放改革红利，具体成效有：

（1）"两区"建设加快进行。启动"两区"建设以来，3~5年期90%以上的任务由北京用1年时间完成。在开放引领方面，北京积极对标全球前沿规则和实践，率先试点多项全国引领性政策，落地超百个标志性项目，在全国推广10项最佳实践案例，金融等重点领域开放速度明显提升。在科技创新方面，金砖国家疫苗研发中国中心在北京成立，首个面向世界的新一代原创新药发现平台落地北京；在服务业开放方面，国家金融科技认证中心和

---

① 《北京市人民政府关于印发〈北京市"十四五"时期高精尖产业发展规划〉的通知》（京政发〔2021〕21号），北京市人民政府网，2021年8月11日，http://www.beijing.gov.cn/zhengce/zhengcefagui/202108/t20210818_2471375.html。

金融标准化研究院等国家级金融基础设施在北京落地，京津冀征信链（全国首个基于互联网的涉企信用信息征信平台）由北京打造；在数字经济方面，北京国际大数据交易所在京挂牌成立。此外，大兴国际机场综合保税区一期封关运营，第五航权国际货运新航线在首都机场开通。另外，全市外资企业数量新增幅度超过50%，外资实际利用额超过150亿美元，货物贸易规模达到历史最高水平。中国国际服务贸易交易会、金融街论坛和中关村论坛在京高水平举办。市商务局提供的数据显示，自贸试验区以占全市7‰的面积贡献了全市近三成的外资企业增量。①

（2）全面完成营商环境"4.0版"改革任务。营商环境"1.0版""2.0版""3.0版""4.0版"系列改革政策滚动出台后，市场主体活力全面激发，市场主体数量增长近七成。"证照分离"改革全覆盖深入推进，200余个隐性壁垒得到清理规范。"融资难""融资贵"的解决渠道和服务不断拓展，小微企业90%以上的融资由动产担保。重点领域改革使得企业制度性交易直接成本减少接近50亿元。整体通关时长得到大幅缩减，相比2017年，北京关区进口、出口整体通关时间分别减少68.6%和83.1%，通关便利化程度明显提高。简政放权效果显著，行政审批事项、申请材料和办理时间分别压减51%、74%和71%。市一级行政许可事项跑动平均次数由1.5次降至0.16次。政务服务方式持续优化，96%以上的政务服务实现"一窗"无差别受理，80%的服务事项能够实现受理、审批"一站式"办理，82%的事项可以实现"全程网办"。②

4. 区域协同方面

在区域协同方面，北京深入实施城市总体规划，深化推进"疏解整治促提升"专项行动，积极推动区域协同发展，取得了阶段性成效。具体来看：

（1）城南加速崛起。"城南行动计划"掀开了全市区域协调发展的崭新

---

① 《"两区"建设提升北京经济韧性　前10月全市新设外资企业增六成》，北京市人民政府网，2021年12月18日，http：//www.beijing.gov.cn/fuwu/lqfw/ggfs/202112/t20211218_2564289.html。

② 《北京市人民政府关于印发〈北京市"十四五"时期优化营商环境规划〉的通知》（京政发〔2021〕24号），北京市人民政府网，2021年8月20日，http：//www.beijing.gov.cn/zhengce/zhengcefagui/202109/t20210908_2488076.html。

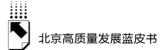

篇章。经济方面，城南地区生产总值增长 1.4 倍，临空经济区自贸区落地，成为国家发展新的动力源；出行方面，大兴国际机场投入使用，新增轨道交通运营里程 181 公里、地铁站点 94 个；公共服务方面，天坛医院、人大附中丰台学校等一批优质医院和学校建成投用，新增中小学学位数 5.6 万个以上、新增医院床位 8900 余张。城南地区发展短板得到有效补齐，全市区域发展逐步协调。①

（2）城市副中心和雄安新区建设加快推进。雄安新区重点片区和工程建设完成投资 1104 亿元。中化控股、中国星网等央企落户新区，北京援建"三校一院"项目顺利推进。交通方面，新区"四纵三横"高速公路网全面建成。环境方面，白洋淀淀区水质多年来首次达到Ⅲ类，千年秀林累计造林 43.5 万亩，雄安郊野公园建成开放。② 北京城市副中心加快建设，正在建设的城市副中心剧院、图书馆、博物馆三大建筑雏形初现，综合交通枢纽等一批重大工程加速推进，环球主题公园盛大开园，北三县一体化发展获得积极进展。③

（3）京津冀协同取得积极进展。启动新一轮疏整促专项行动后，北京市拆违腾退 3316 公顷土地，留白增绿 925 公顷土地，完成桥下空间和街巷治理等年度任务。城市副中心全面推进产业"腾笼换鸟"，积极与雄安新区规划建设进行对接。2021 年，京津冀协同发展取得新进展，全年 82 项重点任务全部完成。企业互动、规划共编、园区共建、项目共享，"2+4+N"产业合作格局初步形成；医药、汽车、装备、云计算和大数据等领域的产业合作和项目落地实现重大突破。④

① 《过去 10 年，北京城南地区 GDP 增至 5592 亿元，增长 1.4 倍》，北京市发展和改革委员会网站，2021 年 7 月 29 日，http：//fgw. beijing. cn/gzdt/fgzs/mtbdx/bzwlxw/202107/t20210730_ 2452122. htm。

② 《政府工作报告解读｜回眸 2021：实现"十四五"良好开局》，"河北新闻网"百家号，2022 年 1 月 18 日，https：//baijiahao. baidu. com/s？id = 1722234263340818971&wfr = spider&for = pc。

③ 《2022 年政府工作报告》，北京市人民政府网，2022 年 1 月 13 日，http：//www. beijing. gov. cn/gongkai/jihua/zfgzbg/202201/t20220113_ 2589854. html。

④ 《北京市人民政府关于印发〈北京市"十四五"时期高精尖产业发展规划〉的通知》（京政发〔2021〕21 号），北京市人民政府网，2021 年 8 月 11 日，http：//www. beijing. gov. cn/zhengce/zhengcefagui/202108/t20210818_ 2471375. html。

5.环境保护方面

北京市深入贯彻落实习近平生态文明思想和习近平总书记重要讲话精神，牢固树立"绿水青山就是金山银山"的理念，切实加大生态环境保护力度，取得了显著成效。

（1）生态环境质量持续提升。生态环境质量稳步向好，生态环境状况指数（EI）连续五年持续改善，累计提高9.3%，门头沟区、怀柔区、密云区、延庆区跨入"优"等级。空气质量显著提升，2020年全市细颗粒物（$PM_{2.5}$）年均浓度累计下降53%，降至38微克每立方米，7个生态涵养区及顺义区$PM_{2.5}$年均浓度率先达到国家二级标准，占市域总面积近80%；二氧化硫年均浓度连续四年达到个位数；可吸入颗粒物和二氧化氮年均浓度连续两年达到国家二级标准。2021年6项空气质量指标首次实现全部达标。土壤环境状况保持良好，风险得到有效管控，受污染耕地、污染地块安全利用率提前达到目标要求。新增造林绿化16万亩，再添2个万亩以上郊野公园。水环境质量明显改善，饮用水安全得到有效保障，密云水库、怀柔水库等饮用水水源地水质稳定达标，地表水体监测断面高锰酸盐指数、氨氮浓度较2015年分别下降47.1%和94.0%，劣Ⅴ类水质河长比例由2015年的44.5%下降到2021年的2.4%，地下水环境质量总体保持稳定。密云水库蓄水量达到历史最高水平，平原区地下水位有所回升，市域内五大河流实现全线贯通。①

（2）减污降碳进展顺利。率先实施国六B排放标准，淘汰高排放车约109万辆，累计发展新能源车约40万辆，国五及以上排放标准车辆占比超过60%，机动车结构达到历史最优。强化扬尘管控，降尘量从每月7.5吨每平方公里（2018年）降至5.1吨每平方公里。全面消除142条（段）黑臭水体，污水处理率达到95%，日污水处理能力提升了近70%，农村生活污水治理取得阶段性成果。强化土壤污染源头管控，受污染耕地全部采取了安全利用措施，435万平方米污染地块达到安全利用标准。污染减排提前超额完成，集中

---

① 《2022年政府工作报告》，北京市人民政府网，2022年1月13日，http：//www.beijing. gov.cn/gongkai/jihua/zfgzbg/202201/t20220113_ 2589854.html。

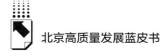
力量实施一批重点减排工程，二氧化硫、氮氧化物、化学需氧量和氨氮排放总量分别削减 97%、43%、46.6% 和 52.5%。低碳发展日益成熟，碳排放总量开始波动下降，单位地区生产总值 CO_2 排放量下降幅度为 26% 以上。单位地区生产总值能耗下降幅度为 24%。能源结构不断低碳化，优质能源所占比重达到 98.5% 以上。四大燃煤电厂关停，清洁能源逐步替代散煤，平原地区"无煤化"基本实现。2021 年煤炭消费总量降至 135 万吨，燃煤污染问题基本得以解决。高精尖产业迅速发展，产业结构持续优化，第三产业所占比重保持在 80% 以上。碳排放交易试点累计成交额达 17.5 亿元。[①]

6. 民生保障方面

北京市立足"共同富裕"目标，从就业、教育、社会保障等方面入手，着力补齐民生领域短板，提升民生保障和公共服务水平。取得的主要成效有：

（1）就业更加充分。2021 年，北京市就业总量持续增长。截至 11 月底，全市就业参保人员数为 1107.1 万人，相较 2019 年同期增加 34.3 万人；73.6 万户的用人单位参保缴费，相较 2019 年同期增加了 11.8 万户。城镇新增就业 26 万人，城镇调查失业率和登记失业率控制在年度目标以内。[②] 2021 年以来，北京市在公共就业服务和农村劳动力转移就业等方面积极引导。截至目前，北京累计帮扶 3.79 万名农村劳动力完成转移就业。2021 年，全市消除农村"零就业家庭" 197 户，278 名劳动力在此过程中实现就业，农村"零就业家庭"实现动态清零。[③] 就业依然是北京市最重要的民生工作之一，在"一抓三保五强化"就业工作模式下，汇聚企业、社会、政府等多方力量，创新多项机制，推进首都就业的高质量发展。例如，"三员"新机制打通就业服务

① 《北京市人民政府关于印发〈北京市"十四五"时期生态环境保护规划〉的通知》（京政发〔2021〕35 号），北京市人民政府网，2021 年 12 月 10 日，http：//www.beijing.gov.cn/zhengce/zhengcefagui/202112/t20211210_ 2559052.html。

② 《2021 年就业参保人员、参保缴费单位双增 "一抓三保五强化"推动本市高质量就业》，北京市人民政府网，2021 年 12 月 3 日，http：//banshi.beijing.gov.cn/tzgg/202112/t20211213_ 427214.html。

③ 《北京市 2021 年已帮扶 3.79 万名农村劳动力转移就业》，"环京津网"百家号，2021 年 12 月 20 日，https：//baijiahao.baidu.com/s？id=1719628165516838145&wfr=spider&for=pc。

"最后一公里"，"免申即享"推动营商环境改革不断提速，大数据"无感化"监测就业形势。上述机制创新有效保证了北京市就业局势的总体稳定。

（2）教育发展质量不断提升。北京教育发展水平继续处于全国领先地位，主要教育指标均排在全国前列，若干重要指标居首位，提前达到《中国教育现代化2035》确定的主要事业发展目标。通过持续拓宽优质教育资源和促进入学办法规范化，协同推进"资源优质"和"机会公平"，北京小学、初中的就近入学比例均达到99%以上。坚定有序推进"双减"工作，课堂教学和课后服务均得到全面加强，校外培训规整成效明显。新增普惠性学前教育学位1.3万个，扩增中小学学位2.8万个。北京教育在办学传统、办学理念、课程教学、教师队伍等方面的优势不断增强。34所高校、162个学科进入"双一流"建设名单，在京高校A+类学科数量占全国的44%。重点建设100个一流专业，实施高水平人才交叉培养计划，每年近万名学生受益。投入持续增加，结构不断优化，2020年全市教育财政经费投入达到1128亿元，公共财政教育支出占公共财政支出比例达到15.85%。改革教育经费体制，投入市级财政资金150多亿元引导民办幼儿园转成普惠园，让更多老百姓受益。①

（3）社会保障进一步完善。医疗卫生资源总量稳中有升。2020年全市医疗卫生机构达1.1万所，较2015年增长7.5%；实有床位12.7万张，较2015年增长14%；每千常住人口医疗卫生机构实有床位数由2015年的5.14张上升到2020年的5.81张；每千常住人口执业（助理）医师数、每千常住人口注册护士数分别由2015年的3.9人、4.4人上升到2020年的4.9人、5.4人。②公共卫生应急管理体系逐步完善，院前医疗急救资源完成整合，自动体外除颤器在地铁站、火车站、学校等公共重点场所实现全覆盖，"一村一室"建设弱项得到全面弥补。社会保障待遇标准逐步提高，推出的普惠型健

---

① 《北京市"十四五"时期教育改革和发展规划（2021—2025年）》，北京市人民政府网，2021年9月30日，http://www.beijing.gov.cn/zhengce/zhengcefagui/202110/t20211008_2507725.html。

② 《北京市人民政府关于印发〈"十四五"时期健康北京建设规划〉的通知》（京政发〔2021〕38号），北京市人民政府网，2021年12月19日，http://www.beijing.gov.cn/zhengce/zhengcefagui/202112/t20211229_2575955.html。

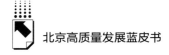

康保险受到市民广泛欢迎。严格落实调控房地产市场的措施，建设6.1万套政策性住房，房地产市场运行健康平稳。社区居家养老服务水平稳步提升，老年人的辅餐质量得到提升，让老人在家门口吃上"暖心饭"。举办第七届市民快乐冰雪季等系列活动，群众冰雪运动蓬勃开展。

（三）依然存在的问题和困难

在高质量发展阶段，北京在重点领域和重要政策方面的工作都取得了明显成效。北京经济运行整体保持平稳，一般性产业快速退出，产业结构不断优化，"卡脖子"关键核心技术有所突破，经济质量持续优化提升。空气质量稳步改善，被联合国环境规划署称为"北京奇迹"。民生福祉不断增进，城乡统筹持续优化，社会和谐稳定。

北京高质量发展水平虽然不断提高，但在新冠肺炎疫情大背景下保持稳定上行仍须面对诸多问题和困难。从经济维度来看，内需恢复水平偏低，物价上涨仍有较大压力，营商环境改善仍须持续发力，企业特别是小微企业的生产和经营面临多重困难；原始创新能力仍须提升，专业化创新服务能力不足，敢闯"无人区"的领军人才和创新团队仍然较少。从社会维度来看，非首都功能的疏解、"大城市病"的治理任务依然繁重，城乡发展不平衡不充分的问题仍然突出，民生保障、公共安全等领域还存在不少短板。从环境维度来看，空气质量改善成效不稳固，水资源短缺与水污染并存；能源结构仍依赖化石能源，新能源和可再生能源占比低于全国平均水平，外调电力也主要来源于化石能源，现阶段低碳发展水平难以支撑碳达峰后稳中有降并持续下降的刚性减量目标；环境基础设施建设不均衡，城市生态功能有待提升；京津冀区域生态环境问题依然突出，协作共治须深化和创新。

二　北京高质量发展评价

（一）高质量发展内涵与评价维度

高质量发展是指一个国家或区域经济社会发展在数量增长的基础上，

以五大发展理念为引领，通过结构优化、效率提升、创新驱动、保护环境、增加福利等实现数量与质量共同提升的发展，更加注重发展效率、要素高效配置、结构持续优化、创新驱动、生态环境有机协调和成果共享。

高质量发展的内涵包括以下五个方面：一是高质量的经济增长。不仅表现为经济数量上的稳健增长，而且表现为质量的持续攀升。二是高质量的资源配置。不仅要充分发挥市场在资源配置中的决定性作用，也要打破资源由低效部门向高效部门配置的障碍。三是高质量的投入产出。进一步发挥人力资本红利，并依靠创新驱动发展，实现全要素生产率的提升。四是高质量的生态环境。以更低的能源、土地等资源消耗，支撑更高质量、更可持续的发展，形成经济、社会、环境和谐共处的绿色、低碳、循环发展。五是高质量的社会保障。发展成果惠及民生，拓宽基本公共服务覆盖面，提升基本公共服务保障水平，持续推动基本公共服务发展，实现高质量的社会分配。

北京高质量发展可从经济、社会、环境三个维度进行评价。主要依据有以下几点：一是从国际权威机构报告看，经济维度、社会维度、环境维度是可持续发展的三个支柱。经济学家勒内·帕塞（René Passet）提出以经济、社会、环境为重点的可持续发展三维框架模型，该三维结构被联合国采用。二是从新发展理念的要求看，经济高质量发展、社会高质量发展、环境高质量发展是高质量发展的重要部分。三是从北京的定位看，经济高质量发展、社会高质量发展、环境高质量发展是北京高质量发展的应有之义。首先，作为科技创新中心，北京集聚了丰富的人才和科技资源，以创新为第一引擎，引领并驱动经济结构升级、经济增长效率提升，实现经济高质量发展。其次，作为全国首个实质性减量发展的城市，北京应通过适当减量倒逼机制改革，在既有的人口、土地和环境等硬约束下实现更大产出比，实现更有效益、更可持续的增长。最后，北京是中国首善之区，必须着力解决好发展不平衡不充分的问题，使老百姓满意，致力于社会保障的高质量发展。

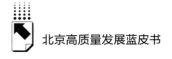
（二）评价方法

本报告采用的是客观赋权法中的熵值法，基于指标数据提供的信息量大小，求解指标体系中各个指标的权重。基于熵值法获取的指标权重较为客观，能有效弥补主观赋权法的随意性缺陷，使分析评价结果更加科学。

具体步骤如下：

（1）建立决策矩阵 X

设有 m 个评价对象，n 个评价指标。$i=1, 2, \cdots, m$；$j=1, 2, \cdots, n$。评价对象 i 中指标 j 的样本值记为 x_{ij}。其组成的初始决策矩阵可以表示为：

$$X = \begin{bmatrix} x_{11} & \cdots & x_{1n} \\ \vdots & \ddots & \vdots \\ x_{m1} & \cdots & x_{mn} \end{bmatrix} \equiv [x_{ij}]_{m \times n} \tag{1.1}$$

（2）得到标准化决策矩阵 X'

第二步需要对上述初始决策矩阵中的数据进行标准化处理，本报告所用方法为极差标准化法。一般而言，将与总指标（本报告中为高质量发展水平）指向相同的指标（越大越好）定义为正向指标或效益型指标，并按照（1.2）式将其进行标准化处理；将与总指标指向相反的指标（越小越好）定义为负向指标或成本型指标，并基于（1.3）式对其进行标准化处理：

$$X'_{ij} = \frac{x_{ij} - \min(x_j)}{\max(x_j) - \min(x_j)} \tag{1.2}$$

$$X'_{ij} = \frac{\max(x_j) - x_{ij}}{\max(x_j) - \min(x_j)} \tag{1.3}$$

基于（1.2）和（1.3）式可获取初始决策矩阵的标准化矩阵，记为：

$$X' = [x'_{ij}]_{m \times n} \tag{1.4}$$

（3）确定指标权重 w

本报告以熵值法确定各项指标权重，计算过程如下：

① x'_{ij} 为原始数据标准化结果，计算 j 指标下的第 i 个评价对象的特征比重 p_{ij}：

$$p_{ij} = \frac{x'_{ij}}{\sum\limits_{i=1}^{m} x'_{ij}} \quad (0 \leqslant p_{ij} \leqslant 1) \tag{1.5}$$

②基于斯梯林公式获取第 j 个指标的信息熵值，即：

$$e_j = \frac{1}{\ln(m)} \sum\limits_{i=1}^{m} p_{ij}\ln(p_{ij}) \left[\text{当} p_{ij} = 0 \text{或者} 1 \text{时,定义} p_{ij}\ln(p_{ij}) = 0 \right] \tag{1.6}$$

一般而言，信息熵值越小，意味着 j 指标下 x'_{ij} 值离散度越大，由此提供给被评价对象的信息也就越多。

③计算第 j 项指标的权重 w_j

得到信息熵后，定义差异系数为 $d_j = 1-e_j$。因此，d_j 越大，j 指标在指标体系中的重要性就越高，熵权也越大。用 w 表示熵权，第 j 项指标的权重可以基于下式计算而得：

$$w_j = \frac{d_j}{\sum\limits_{k=1}^{n} d_k}(j = 1,2,\cdots,n) \tag{1.7}$$

基于指标权重 w_i，对标准化数据 x'_{ij} 进行加权求和，得到高质量发展水平得分，即

$$g_{ij} = w_j \times x'_{ij},(1 \leqslant i \leqslant m,1 \leqslant j \leqslant n) \tag{1.8}$$

$$G_{ij} = \sum\limits_{j=1}^{n} g_{ij} \tag{1.9}$$

（三）北京高质量发展状况

北京高质量发展指数由经济高质量发展指数、社会高质量发展指数、环境高质量发展指数构成，采用上述熵值法计算三维指数的权重，加权求和得到北京高质量发展指数。

北京高质量发展指数总体呈增长态势，增长速度有所提升。2005~2019

年，北京高质量发展指数由 0.714 上升至 0.973，增长幅度为 36.27%，年均增长速度为 2.24%。具体来看，2005~2013 年，北京高质量发展指数稳步增长，增长幅度为 18.63%，年均增长率为 2.16%。2013 年起，高质量发展指数增速加快，2013~2019 年增长幅度为 14.88%，年均增长率为 2.34%，比 2005~2013 年的增长速度快。2018~2019 年，北京高质量发展指数增长 2.31%（见图 1）。

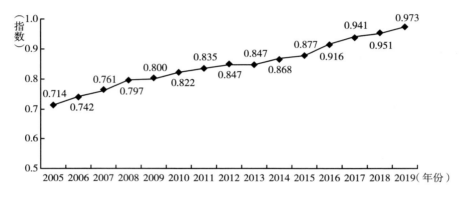

图 1　2005~2019 年北京高质量发展指数

资料来源：作者根据指数计算结果制作。以下图表未注明资源来源的均为作者自制。

环境和经济高质量发展为北京高质量发展的主要推动力，社会高质量发展的贡献率相对较低。从高质量发展的三个维度来看，2005~2019 年，经济、社会、环境高质量发展指数对高质量发展总指数增长的贡献率分别为 41.70%、14.67% 和 43.63%，经济和环境高质量发展指数的贡献率排名靠前且远高于社会高质量发展指数。这表明，2005~2019 年北京环保事业推进、经济健康增长对提升北京高质量发展水平的作用较明显，社会维度对北京高质量发展水平的提升作用有限。分不同时间段来看，环境和社会高质量发展指数对总指数增长的贡献率随时间有所下降，2005~2010 年的贡献率分别为 55.56% 和 24.07%，2015~2019 年的贡献率分别为 39.58% 和 10.42%；经济高质量发展指数的贡献率则随时间增长，由 20.37%（2005~2010 年）增长到 50.00%（2015~2019 年）。综上可见，在高质量发展进程中，北京应重视社会高质量发展，注重民生保障和风险防控，为北京高质量发展提供稳定的社会环境。

北京高质量发展指数位居全国第一，环境高质量发展指数明显高于其他省份。2005~2019年，北京高质量发展指数均领先于全国其他省份。就2019年而言，排名前五的省市依次为北京、上海、广东、江苏和浙江，其高质量发展指数均在0.800以上。指数末5位的省区降序排列依次为青海、新疆、甘肃、山西和宁夏，其高质量发展指数均不高于0.560。可见高质量发展指数较高的多为东部沿海省份，而排名靠后的省份多位于西北地区。从各维度来看，经济高质量发展指数较高的省市有广东、江苏、山东、北京、浙江和上海等；社会高质量发展指数较高的省市有北京、上海、浙江、江苏、天津和广东等。这表明北京高质量发展指数在环境和经济维度虽然增长较慢，但就省域比较而言，仍位于全国前列；对于环境维度而言，北京高质量发展指数明显高于其他省份，上海、天津和海南的指数也相对较高（见图2）。与高质量发展指数不同，从发展速度来看，中西部省份高质量发展指数的提升速度反而更快。其中，宁夏的年均增长率最高，达到6.56%。甘肃和贵州的增长速度相对较快，年均增长率均超过6.00%。就北京而言，高质量发展指数的增速相对较慢，年均增长率为2.24%，低于全国大多数省份。

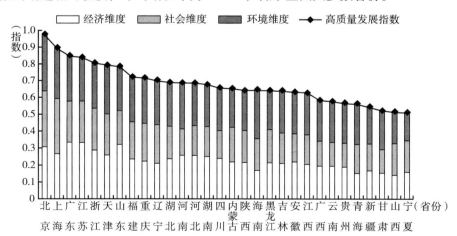

图2　2019年全国30个省（区、市）高质量发展指数

注：因缺少港澳台和西藏的统计数据，本报告对全国30个省（区、市）进行统计分析。

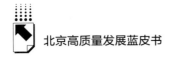

北京经济高质量发展指数不断增长，增长速度逐步提升。2017～2019年，北京经济高质量发展指数增长幅度为9.40%，年均增长率为4.60%。2005～2019年，北京经济高质量发展指数整体呈上升趋势，由2005年的0.310增至2019年的0.477，增长幅度为53.87%，年均增长率为3.13%。从四个子维度来看，2005～2019年，创新驱动指数的绝对增长量对经济高质量发展指数提升的贡献率为52.10%，贡献率为四个子维度中最高。经济增长指数的贡献率小于创新驱动，为29.94%。效率提升指数和结构优化指数的贡献率相对较低，分别为11.98%和5.99%。横向比较而言，2019年，北京创新驱动指数显著领先于其他省份，约为全国平均水平的4.46倍。结构优化指数的优势相对明显，约为全国平均水平的1.59倍。经济增长指数约等于全国平均水平。效率提升指数相对落后，仅为全国平均水平的81%。

2005～2019年，北京社会高质量发展指数总体呈"N"形增长态势。2019年北京社会高质量发展指数为0.816，相比2005年增长13.02%，年均增长率为0.88%，增幅和年均增速均较小。从三个子维度来看，2005～2019年，民生优化指数和城乡统筹指数增长绝对量分别为0.047和0.048，对北京社会高质量发展指数的贡献率分别为50%和51%。可见，民生优化指数和城乡统筹指数提高是北京社会高质量发展的主要动力源。风险防控指数对北京社会高质量发展的推动作用为负，但负作用十分微弱，贡献率仅为-1%。2019年，北京民生优化指数领先于全国其他省份，为0.103，高于全国平均水平（0.065）。城乡统筹指数为0.705，位居全国第二。北京风险防控指数为0.008，全国平均水平为0.011，可见北京风险防控指数略低于全国平均水平。

2005～2019年，北京环境高质量发展指数由持续增长转变为波动增长。2005年北京环境高质量发展指数为0.553，2019年为0.720，增长幅度为30.20%，年均增长率为1.90%。从四个子维度来看，2005～2019年，北京资源利用指数共增长0.094，在环境高质量发展指数增量中所占比重为56%，贡献率高于其他三个子维度。污染减排指数的贡献率（30%）低于资源利用指数，为环境高质量发展的第二驱动力。环境质量指数和环境管理指数的贡献率分别为1%和13%，对环境高质量发展的推动作用较小。2019年，北京环境质量指数为0.095，低于全国平均水平（0.120）。污染减排指数和资源利用指数高于其他省份，位于全国第一。环境管理指数相对多数省份而言较高，约为全国平均水平的2.46倍。

三 北京产业高质量发展评价

（一）产业高质量发展要义及评价维度

产业高质量发展是指在保持合理增长速度的前提下，三次产业更加重视发展质量，是产业布局优化、产业结构合理、实现产业升级、能够显著提高产业效益的发展战略、发展模式。产业高质量发展，不仅体现为产业产值总体呈现平稳上升的趋势，而且要实现生产效率的持续提高，使产业发展从注重要素投入向关注要素生产率和优化配置转变，从重视高增长行业向关注产业协同发展、构建现代化产业体系转变，从关注产业增加值单一维度向生态环境质量等多个维度转变，从处于国内质量阶梯前沿向产品接近世界质量边界转变，从关注GDP向以人民为中心、实现共同富裕转变，即通过创新发展使产业具有更强的竞争力，通过协调发展使产业结构合理化，通过绿色发展实现产业的绿色生态，通过开放发展加快实现"双循环"发展格局，通过共享发展走上共同富裕之路。在理解产业高质量发展特征的基础上，本报告从产业基础、创新发展、协调发展、绿色发展、开放发展、共享发展六个维度构建了产业高质量发展指标体系。

（二）北京产业高质量发展状况

2020年北京产业高质量发展指数是2005年的2.1倍。2005~2020年，北京产业高质量发展指数由0.3383快速增长到0.7229，年均增长率为5.2%。2020年绿色发展指数对北京产业高质量发展指数的贡献率最高，为20%；共享发展指数、产业基础指数、开放发展指数、创新发展指数对北京产业高质量发展指数的贡献率为15%~18%；协调发展指数的贡献率为

13%，亟须提升。

2020 年北京绿色发展指数是 0.8645，是 2005 年的 3.3 倍，年均增长率为 6.3%，增速在六个维度中位居第一。2005 年，对北京绿色发展指数贡献率最高的是区域环境噪声平均值，其次是工业污染治理总额占 GDP 比重；2020 年单位 GDP 能源消费量、单位 GDP 电力消费量、单位 GDP 水资源消费量的贡献最大，其次是单位 GDP 二氧化硫排放量。

2020 年北京产业基础指数为 0.7289，是 2005 年的 1.5 倍。2005 年，对北京产业基础指数贡献率最高的是人均铁路货运量，其次是人均公路货运量；2020 年对北京产业基础指数贡献率最高的是人均互联网宽带接入端口数，其次是人均快递量。

2020 年北京创新发展指数为 0.6483，相比 2005 年增长了 73.8%。2005 年，对北京创新发展指数贡献率最高的是万人科技成果登记数，其次是教育经费投入强度；2020 年，对北京创新发展指数贡献率最高的是教育经费投入强度，其次是 R&D 人员占比。

2020 年北京协调发展指数为 0.5927，比 2005 年增长了 67.5%，为带动经济增长做出重要贡献。2005 年，对北京协调发展指数贡献率最高的是农业增加值占 GDP 比重，其次是全球金融中心指数排名和工业增加值占 GDP 比重；2020 年，对北京协调发展指数贡献率最高的是世界 500 强企业数量，其次是开发区用地亩均产出。

北京开放发展指数呈现"V"形发展态势，2020 年为 0.7343，比 2005 年增长了 1.1 倍。2005 年对北京开放发展指数贡献率最高的是外商投资企业出口额占 GDP 比重和实际利用外资金额占 GDP 比重，其次是对外经济合作完成营业额占 GDP 比重；2020 年对北京开放发展指数贡献率最高的是外商投资企业注册资本，其次是服务贸易进出口总额。

2020 年北京共享发展指数为 0.7690，比 2005 年增长了 94.9%。2005 年，对北京共享发展指数贡献率最高的是房价收入比，其次是就业人数；2020 年对北京共享发展指数贡献率最高的是就业人数，其次是劳动者报酬占 GDP 比重。

四　主要研究结论及政策建议

（一）主要研究结论

1. 北京高质量发展评价主要结论

本报告从经济、环境和社会维度对北京高质量发展指数进行了测度和评价，主要研究结论如下：

（1）2005～2019年，北京高质量发展指数整体呈增长趋势。环境和经济高质量发展为北京高质量发展的主要推动力，社会高质量发展的作用相对较小。与全国其他省份横向比较发现，北京高质量发展指数位居全国第一。环境高质量发展指数明显领先于其他省份，经济和社会高质量发展指数居于全国前列。

（2）北京经济高质量发展指数提速增长，创新驱动指数与经济增长指数为关键驱动力，效率提升指数和结构优化指数的贡献率相对较低。2017～2019年，北京经济高质量发展指数增长幅度为9.40%，年均增长率为4.60%。横向比较而言，北京创新驱动指数显著领先于其他省份，结构优化指数优势相对明显，经济增长指数约等于全国平均水平，效率提升指数相对落后。

（3）2005～2019年，北京社会高质量发展指数总体呈"N"形增长态势，增幅和增速较小。民生优化指数和城乡统筹指数是北京社会高质量发展的主要动力源，风险防控指数的推动作用为负，但负作用十分微弱。北京民生优化指数和城乡统筹指数居于全国前列，风险防控指数处于全国平均水平。

（4）2005～2019年，北京环境高质量发展指数由持续增长转变为波动增长。资源利用指数和污染减排指数的贡献率分别为56%和30%，为环境高质量发展的重要力量。环境质量和环境管理的推动作用较小。横向比较而言，2005～2019年，污染减排指数和资源利用指数年平均值位于全国第一。环境管理指数相对多数省份而言较高，环境质量指数低于全国平均水平。

2. 北京产业高质量发展主要结论

（1）2020年，北京产业高质量发展指数为0.7229，是2005年的2.1

倍，年均增长率为 5.2%。在六个维度中，绿色发展指数增幅最大，2020 年北京产业绿色发展指数是 2005 年的 3.3 倍，其他维度也实现了大幅增长。从贡献率分析，绿色发展指数贡献率第一，协调发展指数贡献率亟须提升。

（2）从各个维度来看，2020 年，对产业基础指数贡献率最高的是人均互联网宽带接入端口数和人均快递量；教育经费投入强度和 R&D 人员占比对创新发展指数的贡献较大；世界 500 强企业数量和开发区用地亩均产出是北京协调发展的关键力量；对绿色发展指数贡献率最高的是单位 GDP 能源消费量和单位 GDP 二氧化硫排放量等；外商投资企业注册资本和服务贸易进出口总额对开放发展指数贡献最大；对共享发展指数贡献率最高的是就业人数和劳动者报酬占 GDP 比重。

（二）提升北京高质量发展水平的政策建议

经济高质量发展、社会高质量发展、环境高质量发展是助力北京高质量发展的"三驾马车"。本报告对北京高质量发展现状进行评估后发现，现阶段经济高质量发展与环境高质量发展对于北京高质量发展的作用显著，而社会高质量发展的作用有待进一步发挥。如何继续发挥经济与环境高质量发展的优势，弥补社会高质量发展的不足，实现"三驾马车"齐助力，仍是探索北京高质量发展的应有之义。

1. 增强"双碳"竞争力，巩固环境高质量发展成果

一要落实二氧化碳控制专项行动。控制化石能源消耗，提升能源利用效率。大力优化能源结构，扩大太阳能、风力发电装机容量，提升生物质等非化石能源的开发利用率。提高最终消费需求端的电气化水平，增强可再生电力的消纳能力。优化产业结构，大力推进产业绿色创新发展，控制高耗能、高排放工业的发展规模，加快产业低碳改造升级。推动交通、建筑、居民消费领域的节能减排行动。二要加强环境污染防治攻坚。加强对土壤的污染监控和生态修复，严格预防工业用地土壤污染。精准开展水环境治理，加快污水收集处理体系提质增效。完善绿色交通体系，降低车辆使用强度和污染排

放量。做好京津冀区域联防联控联治，消除重污染天气，加强对尾气等污染物排放的控制。三要着力提升环境质量。持续改善水生态环境质量，全力保障饮用水水源安全，多领域节约用水，多渠道增加水源。完善湿地保护、耕地河湖休养生息、生态补偿、生态环境损害赔偿等制度，提升生态环境空间容量。统筹推进建设空间减量，优化国土生态空间格局，实施生态环境分区管控。

2. 坚持创新驱动发展，继续提升经济发展质量

一要坚持打造国际科技创新中心。坚持科技自立自强，提升自主创新能力。突出企业创新主体地位，强化国家战略科技力量支撑。深化企业牵头、产学研深度融合的创新机制。加强关键核心技术、前沿引领技术、颠覆性技术攻关。加强高校院所成果转移服务，支持高水平硬科技创业，促进科技成果转化。深化知识产权改革，促进科技金融深度融合。二要大力发展高精尖产业。发挥区域资源优势，加快推进战略性新兴产业。促进北京科技与高精尖产业发展的紧密融合，吸引顶尖研发机构和企业在北京设立总部，推动先进制造创新中心的建设。加强"三城一区"的顶层设计，确定十大高精尖产业的跨区布局方案，发挥重点项目对"三城一区"建设的联动牵引作用。三要强化数字经济引领。推动数字经济底层技术发展，强化新型科技基础设施建设。加强数字技术创新应用，加速数字新业态、新模式、新消费发展。建设数字经济新场景，吸引社会资本加大对场景项目的投资力度。四要促进效率提升。从资源配置、市场竞争、投入产出、可持续发展能力等方面破除制约效率提升的体制机制障碍，完善劳动力、土地等生产要素价格市场化机制。改善营商环境，推进"放管服"改革，减少制度审批流程。

3. 促进共同富裕，全面推进社会高质量发展

一要提高社会发展的平衡性和协调性。激发市场主体活力，既抓头部企业带动，又支持中小微企业发展。聚焦重点群体精准施策，持续扩大中等收入群体规模。全面推进乡村振兴，发展现代农业和乡村精品民宿，提高农民经营性收入和财产性收入。优化收入分配结构，提高劳动报酬在初次分配中的比重。持续推动基本公共服务均等化，促进人的全面发展。二要提高社会保障服务水平。积极应对人口老龄化，优化居民基本养老保险政策和基础养老金调整机制与缴费激励机制，完善养老金差异化补贴方式。加大社会保障财政投入力度，积极引导参保人员缴纳社保费，多元化拓宽社保基金的筹集渠道。加快完善农村养老保险制度和农村社会保障制度，健全农村社会保障体系，提高农村居民的医疗、养老、低保等社会保障待遇水平。三要扩大公共服务供给。实施动态监控，针对不同群体精准提供公共服务，针对失独老人等弱势群体、低收入群体落实社会保障的兜底扶持政策。加快推进农村民生建设，大力发展农村基础教育，完善农村基础设施，持续加大公共财政资金对农村民生建设的投入力度，引导社会资金积极参与农村民生建设。

五　北京高精尖产业发展趋势

"十四五"时期，我国高精尖产业发展进入创新驱动的阶段。本报告以北京高精尖产业发展为例，从五个方面反映发展成效，分析存在的问题。展望未来，本报告提出发展高精尖产业需要把握"五大宏观力量"、"五大中观力量"和"五大微观力量"。"五大宏观力量"是指高质量发展、国家战略科技力量、"双碳"目标、就业优先战略及健康中国战略；"五大中观力量"是指产业互动、产业升级、空间重构、产业生态、数字化驱动；"五大微观力量"是指技术引领、应用场景牵引、人才与企业的匹配、服务化创新及迭代进化。

《中共中央关于党的百年奋斗重大成就和历史经验的决议》指出，中国仅用几十年时间就走完发达国家几百年走过的工业化历程，创造了经济快速发展和社会长期稳定两大奇迹。到2020年我国实现了全面建成小康社会的目标要求，但工业化进程中还存在发展不平衡不充分问题，工业现代化水平还有待提升。站在新起点上，要推进从高速度工业化转向高质量工业化。在高质量工业化中，促进高精尖产业的发展是有力抓手。北京提出构建"2441"高精尖产业体系；广东在《广东省制造业高质量发展"十四五"规划》中，提出重点发展集成电路、新能源等高精尖产业；上海提出要形成以集成电路、生物医药、人工智能三大产业为核心的产业发展体系。由此可见，我国高精尖产业进入创新发展、提质增效新阶段。本报告结合高精尖企业调研和高精尖产业观察为 2022 年高精尖产业发展提出建议。

（一）高精尖产业的定义

高精尖产业这一概念，最早是技术经济学术语，指具有"高级、精密、尖端"特征的科技发明或产品工艺。后来北京市政府将高精尖这一概念创造性地应用于产业领域，用来代表具有高精尖属性，能够满足新时代首都战略功能定位和现代化经济体系建设要求的产业。《北京市统计局　北京市经济和信息化委员会关于印发北京"高精尖"产业活动类别的通知》，制定了《北京"高精尖"产业活动类别》，明确提出北京高精尖产业的定义，即以技术密集型产业为引领，以效率效益领先型产业为重要支撑的产业集合。其中，技术密集型高精尖产业指具有高研发投入强度或自主知识产权，低资源消耗特征，对地区科技进步发挥重要引领作用的活动集合；效率效益领先型高精尖产业指具有高产出效益、高产出效率和低资源消耗特征，对地区经济发展质量提升和区域经济结构转型升级具有重要带动作用的活动集合。2017 年 12 月，北京市委、市政府正式发布《中共北京市委、北京市人民政府关于印发加快科技创新构建高精尖经济结构系列文件的通知》。至此，北京市正式迈入大力发展高精尖产业的新阶段。2020 年，北京高精尖产业实现增加值 9885.8 亿元，占地区生产总值比重达到 27.4%，较 2018 年提高 2.3 个百分点。北京已经培育形成新一代信息技术（含软件和信息服务业）、科技服务业两个万亿级产业集群以及智能装备、医药健康、节能环保、人工智能四个千亿级产业集群。2021 年 8 月 19 日，北京市发布《北京市"十四五"时期高精尖产业发展规划》，提出力争到 2025 年，高精尖产业占地区生产总值的比重达 30% 以上，培育形成 4~5 个万亿级产业集群，基本形成以智能制造、产业互联网、医药健康等为新支柱的现代产业体系。

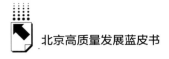
（二）高精尖产业发展成效

本报告从 5 个方面分析北京高精尖产业发展成效。

1. 高精尖产业规模及发展能级

2020 年全市高精尖产业增加值接近万亿元，占地区生产总值的比重为 27.4%，相比 2018 年提高了 2.3 个百分点。2020 年，北京高精尖产业企业 59.55 万户，占全市实有企业总量的 38.3%，较 2019 年提高 4.9 个百分点。科技服务业、新一代信息技术（含软件和信息服务业）2 个万亿级产业集群和医药健康、智能装备、人工智能、节能环保 4 个千亿级产业集群已形成。

2. 高精尖产业科技创新成效

2020 年，全市高精尖产业研发经费投入占收入的 7.3%。创建了国家级制造业创新中心 3 个、工业设计中心 8 个和企业技术中心 92 个。全市布局了脑科学、量子、人工智能等一系列新型的研发机构。全市独角兽企业数量（93 家）居于世界城市首位。通用 CPU、柔性显示屏、"5G+8K" 超高清制作传输设备、新冠灭活疫苗、新型靶向抗癌药、手术机器人、高精密减速器等极具世界影响力的创新成果陆续涌现。以医药健康产业为例，北京市已拥有亿元级品种 100 余个，医药健康领域源头创新品种全国最多。北京市医药健康产业在推进产业创新示范应用方面成果显著，北京市启动建设 5 个示范性研究型病房，创新医疗器械申请和获批数量均居全国第一。

3. 高精尖产业基础能力

北京围绕十大高精尖产业，大力推进产业基础建设，全市国家级专精特新 "小巨人"、系统解决方案、智能制造示范项目以及制造业单项冠军的供应商数量领先其他省份。福田康明斯 "灯塔工厂"、小米 "黑灯工厂" 等行业标杆不断涌现。国家网络安全产业园得以率先启动建设，全国一半以上的网络安全和信创企业得以集聚。国家安全态势感知平台和工业互联网大数据中心等一系列基础设施重大平台在北京落地。

4. 高精尖产业园区

中关村科学城持续推进信息业、医药健康、科技服务三大重点产业发展，形成以攻克底层技术为牵引、以科技服务业为基础、以信息产业为支柱、以健康产业为突破、以先进制造业为支撑的现代产业体系。2021年，中关村科学城高新技术企业总收入3.4万亿元，同比增长14%；软件和信息服务业收入1.4万亿元，约占全市的2/3；数字经济核心产业增加值占地区生产总值比重超过50%。"十三五"期间，中关村科学城全社会研发投入强度达10%，全区发明专利授权量年均增长10%。北京经济技术开发区高精尖产业集群加速成型，新一代信息技术、高端汽车和新能源智能汽车、生物技术和大健康、机器人和智能制造四大主导产业实力大幅跃升。"十三五"期间，北京经济技术开发区生产总值年均增速达9.3%。北京经济技术开发区制定《北京经济技术开发区支持高精尖产业人才创新创业实施办法》，完善产业联盟、研究院、专利池、公共技术服务平台、基金、特色产业园"六位一体"创新生态体系，将"20+"技术创新中心打造成为创新策源地，持续提升"10+"中试基地产业化服务能力，推动形成一批具有引领性、突破性的重大技术创新成果。北京经济技术开发区2022年1月14日发布《打造高精尖产业主阵地的若干意见》，培育创新引领、协同发展的高精尖产业体系。怀柔科学城聚焦综合性国家科学中心建设，积极构建科技创新生态、培育高精尖产业业态、完善新型城市形态、加快构建以科学城为统领的"1+3"融合发展新格局。未来科学城聚焦高精尖协同创新发展，目前已经建立了氢能技术协同创新平台、中国氢能源及燃料电池产业创新战略联盟、核能材料产业发展联盟、海洋能源工程技术联合研究院、智能发电协同创新中心、直流输电协同创新研究中心6个协同创新平台。

5. 京津冀高精尖产业区域协同

京津冀三地协同推进规划共编、项目共享、企业互动、园区共建，"2+4+N"产业合作格局〔包括北京城市副中心和河北雄安新区两个集中承载地，曹妃甸协同发展示范区、北京新机场临空经济区、天津滨海新区、张承（张家口、承德）生态功能区四大战略合作功能区，以及46个专业化、特色化承接平台］初步形成；城市副中心产业"腾笼换鸟"全面推进，积极对接雄安新区规划建设；汽车、医药、装备、大数据和云计算等领域的产业合作和项目落地取得重大突破。

（三）高精尖产业发展存在的问题

本报告以北京为例，分析高精尖产业发展存在的问题。

问题之一：国际环境存在不确定因素。当前，美国反全球化倾向不断加剧，关税、贸易服务项目、技术采购等系列内容都将被重新定义，北京新兴产业贸易合作受到影响。

问题之二：自主创新能力与发达国家先进水平相比还存在一定的差距。近年来，北京高精尖产业产值不断增加，但自主创新能力亟须提升，研发创新能力还不足。

问题之三：高端人才仍显不足。北京从事高精尖产业的人员数量较多，但掌握尖端技术的人才十分短缺。如集成电路产业，虽然北京市高校可以为其提供许多毕业生，但高级技术人员仍显不足。

问题之四：一些高精尖产业仍处于全球价值链的中低端。在全球产业链中，北京高精尖产业积极往全球价值链中高端攀升，但一些产业如软件和信息服务业仍处于价值链中低端。

问题之五：核心专利存在短板。专利问题是高精尖产业发展面临的长期问题。虽然高精尖企业专利数量可观，但大部分企业专利是外观专利，高技术专利较少。尤其是核心领域，如集成电路产业的专利明显不足。

问题之六：市场潜力挖掘不够。在国家"双碳"目标的推进下，新能源智能汽车等产业不应依赖政府补贴，应大力挖掘市场潜力，使高精尖产业的技术先进性与市场成熟度相匹配。

问题之七：一部分科研成果落地性不强，产学研用结合不足。近年来，高精尖产业的科研成果虽有增加，但质量不高。譬如新材料产业的一部分科研成果落地性不强，实用性较低，在一定程度上阻碍了产业的高端化发展。

（四）高精尖产业发展需要把握"五大宏观力量"

展望未来，本报告认为，高精尖产业发展需要把握高质量发展、国家战略科技力量、双碳目标、就业优先战略及健康中国战略"五大宏观力量"。

宏观力量之一：高质量发展。高质量发展作为中国新发展战略将得到有力推进。高质量发展是实现第二个百年奋斗目标的根本路径。党的十九届六中全会通过的《中共中央关于党的百年奋斗重大成就和历史经验的决议》强调，必须实现创新成为第一动力、协调成为内生特点、绿色成为普遍形态、开放成为必由之路、共享成为根本目的的高质量发展，推动经济发展质量变革、效率变革、动力变革。推动高质量发展必须夯实微观基础，当前特别要在壮大发展实体经济上聚焦聚力，坚持把发展经济的着力点放在实体经济高质量发展上，强化企业创新的主体地位，大力提升企业技术自主创新能力，以更大力度尽快突破关键核心技术，着力解决"卡脖子"问题，促进产业链和创新链的双向融合，增强产业链和供应链的自主可控能力，做实、做强、做优先进制造业。就高精尖产业发展而言，着力点有五：一要以全球化眼光和战略思维，建设一批科研创新人才队伍，促进科研成果转化，提升产业核心竞争力；二要协同发展三次产业，通过高精尖产业促进一二三产业协同发展，带动传统制造业和传统服务业转型升级，扩大产业链、生态链和产业价值链，建立数字化产业体系，驱动产业协调发展，迸发产业活力；三要继续加强产业绿色循环经济发展，巩固绿色发展成果，推进产业绿色循环经济发展是未来产业发展的重点；四要持续推动产业"走出去"，将产业跨国合作放在开放发展的首位，积极构建产业高质量开放体系；五要共享产业高质量发展成果。

宏观力量之二：国家战略科技力量。国家战略科技力量将扎实落地。我国近期出台的科技政策文件多次强调强化国家战略科技力量，这与我国当前科技创新和经济发展面临的国内外环境密切相关。我国科研力量还比较分散，在许多关键领域缺乏国家战略科技力量。过去企业研发机构的协同创新不够，与重点实验室和科研机构对接不足，没有形成协同攻关的组织模式和

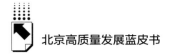

能力，无法有效满足国家战略需求。习近平总书记指出，要以国家实验室建设为抓手，强化国家战略科技力量，在明确国家目标和紧迫战略需求的重大领域，在有望引领未来发展的战略制高点，以重大科技任务攻关和国家大型科技基础设施为主线，依托最有优势的创新单元，整合全国创新资源，建立目标导向、绩效管理、协同攻关、开放共享的新型运行机制，建设突破型、引领型、平台型一体的国家实验室。在国家战略科技力量推动下，我国加大关键核心技术攻坚力度，人工智能、量子信息、集成电路、生命健康、脑科学、空天科技、深地深海等前沿领域将加速推进，前沿科技促进产业升级，补齐产业链短板，以上举措将给高精尖产业带来新的增长点。

宏观力量之三："双碳"目标。"双碳"目标将有力推进实现。中央经济工作会议指出，"实现碳达峰碳中和是推动高质量发展的内在要求"。在"双碳"目标下，绿色转型产生规模庞大的绿色经济。"双碳"目标的实现，对高精尖产业发展的影响有五：一是战略转型减排加速。高精尖企业应注意把握碳中和所催生的众多新兴产业机会，调整业务组合，探寻新的增长点。二是结构减排加快，传统高能耗产业的节能减排有力推进，可再生能源和清洁能源运用提速，开发和应用高效清洁的生产模式和技术设备将提速。三是建筑减排加速推进，建筑能耗约占全社会总能耗的9%，是"双碳"目标实现的重点，提高建筑能源效率、推进建筑材料的绿色升级是重点。四是技术减排加强，碳捕获、碳封存、氢能和生物合成燃料等新兴减碳技术将得到进一步应用。五是管理减排有力推进，推动互联网、大数据、人工智能、第五代移动通信等新兴技术与绿色低碳产业深度融合。

宏观力量之四：就业优先战略。就业优先战略将深入实施。2021年8月，国务院印发《"十四五"就业促进规划》，提出要以实现更加充分更高质量就业为主要目标，深入实施就业优先战略。随着创新驱动发展战略的深入实施，以"互联网+"、智能制造为代表的新经济将蓬勃发展，也将掀起一轮创业创新的热潮，这不仅成为拉动经济增长越来越重要的动力，而且可以创造大量新职业、新岗位。截至2021年11月1日，全国市场主体总量超1.5亿户，近10年净增1亿户。亿万市场主体的磅礴力量推动了我国经济总量、国家财力和社会财富的稳定增长。应积极支持专特精新企业发展，大量高校毕业生前往专特精新企业就业创业，既拓宽了毕业生就业渠道，又为专特精新企业注入发展新活力。同时，专特精新企业应适应高精尖企业的就业和用工特点，加快完善相关配套制度，让更多劳动者分享新经济的红利。

宏观力量之五：健康中国战略。健康中国战略将加速推进。2020 年 6 月 1 日施行的《中华人民共和国基本医疗卫生与健康促进法》，为保障公民享有基本医疗卫生服务，提高公民健康水平，推进健康中国建设提供了坚强法律保障。推进健康中国建设，健康产业将迎来重大发展机遇。2022 年北京冬奥会、冬残奥会成功举办，推动健康中国加速发展。推进健康中国战略有三个重点：一要加强自主研发能力，相较于国外投入成本占销售收入 15%～20% 的水平，我国每年对新药研究的投入成本较低；二要重点突破"卡脖子"技术，着力突破技术装备瓶颈，加快补齐高端医疗装备短板；三要充分发挥市场机制作用，充分调动社会力量提供健康产品和服务，这既有利于满足群众高质量多样化的健康需求，也有利于培育国民经济新的增长点，助力构建新发展格局。

（五）高精尖产业发展需要把握"五大中观力量"

本报告认为，高精尖产业发展需要把握产业互动、产业升级、空间重构、产业生态、数字化驱动"五大中观力量"。

中观力量之一：产业互动。产业互动是高精尖产业发展的重要方向和趋势。产业互动不仅包括三次产业之间的互动，而且包括三次产业各自内部的互动，还包括区域产业、城乡产业之间的互动。从宏观层面看，产业互动推动产业结构从不协调到协调、从低度协调到高层次协调发展，为产业结构互动升级准备条件；从微观层面看，产业互动既可以加强同一区域相同产业之间的联系，也可以加强同一区域不同产业之间的联系，更可以加强不同区域不同产业之间的联系。正因为此，高精尖产业发展要更加重视三次产业的互动发展。虽然目前我国在三次产业之间和三次产业内部、区域三次产业之间和区域三次产业内部互动取得了一定进步，在政策的大力扶持下，第一产业和第二产业占 GDP 比重逐渐降低，效率提高，第三产业发展势头十分强劲，但工业素质不高，高端服务业发展不足，仍要积极推动三次产业互动。推动产业互动，应从以下四个方面着力：一是推动数字经济与制造业、数字经济与服务业的互动，促使数字技术与三次产业深度融合，实施制造业数字化改造行动计划，推进重点企业智能化转型，加快制造业互联网建设，发展制造业电子商务、制造业大数据等新业态；二是推动低碳绿色产业与制造业的互动，加快低碳工业园区建设，通过深入实施智能制造、绿色制造等重大工程，推动制造业高端化、智能化、绿色化发展；三是推动产业内部的融合创新，围绕产业链、价值链、创新链进行融合，推进形成产业内部的发展合力；四是推动城乡产业之间的互动，积极挖潜传统文化功能，留住乡愁记忆，激发美丽乡村建设创新活力。

中观力量之二：产业升级。产业升级从产业结构优化和产业深化方面加速，前者意味着产业结构中各产业的地位和关系向更高级的方向协调演进；后者意味着产业内部生产要素的优化组合及产品质量的提高。高精尖产业升级的趋势有五：一是产业间升级，从价值链低端向价值链中高端攀升，巩固提升关键环节的核心竞争力，纳入关键环节领军企业供应链体系，加快全产业链优化升级；二是从"禀赋资产"或"自然资产"向"创造资产"升级，不断加强技术创新，集聚一批能够主持关键技术攻关、引领产业发展的领军人才队伍，围绕产业发展需求引入一批高水平的创新人才团队，培养一批基本功过硬、精益求精的工匠队伍；三是从必需品向便利品、质量高的产品升级，完善质量与标准化体系，全面提升产品服务品质；四是在价值链层级中，推动销售和分配向组装、测试、零件制造、产品开发及系统整合升级，推动先进制造业企业向全要素、全流程、多领域智能协同运营转型，构建基于智能制造的竞争新优势；五是从有形的商品类生产投入向无形的、知识密集的支持性服务升级，促进服务型制造发展。

中观力量之三：空间重构。空间肩负着提供资源基础和场所支撑的作用。我国还没有形成集聚化、联动化、差异化、生态化的高精尖产业协同发展格局，需要通过空间优化实现区域和产业协调发展。着力点有四：一是集聚化，推进高精尖产业向科技园区集聚发展，构建合理的高精尖产业空间格局体系和结构网络，优化集约高效的生产空间；二是联动化，统筹城市群与产业发展，关注点应从单一城市向实现城市群多要素转变，统筹城市群产业布局与空间优化；三是差异化，探索推进差异化的空间重构模式，根据城市不同地域的自然生态条件、地域生产模式、产业发展方向等，因地制宜地采取相应的重构路径和模式；四是生态化，基于实现可持续发展的目标定位，将高精尖产业培育、空间优化与生态价值保护有机结合。

中观力量之四：产业生态。高精尖产业生态持续优化。产业生态作为促进人、自然、社会和谐共生的一种产业发展模式，贯穿减量化、再利用、高效化、再循环的行为准则，是提高资源利用率，实现低污染、低消耗、高效化的产业发展模式。无论是宏观层面的国家产业发展政策，还是中观层面的区域产业园规划，抑或是微观层面的企业生产技术投资实践，产业生态的理念正在积极贯彻之中。产业生态的趋势有四：一是构建要素共生、互生的产业生态系统，推行"链长制"，畅通产业循环，打造具有国际竞争力的产业生态圈；二是推动产业技术基础公共服务平台建设，夯实产业基础能力；三是推广供应链协同、创新能力共享、数据协同开放和产业生态融通的发展模式；四是构建基于新原理、新技术的新业态新模式。

中观力量之五：数字化驱动。2022年1月12日，数字经济首部国家级专项规划《"十四五"数字经济发展规划》出台，对我国数字经济做出了体系化设计和整体化布局。1月15日，《求是》杂志刊发文章《不断做强做优做大我国数字经济》，强调发展数字经济意义重大，是把握新一轮科技革命和产业变革新机遇的战略选择。数字化驱动已成为高精尖产业发展的核心战略。高精尖产业如何使用数字技术，释放数据驱动效应实现业务模式和流程创新，增强客户体验、创新商业模式成为亟待解决的问题。报告认为，高精尖产业数字化驱动的趋势有四：一是数字化转型加速，数字经济成为高精尖产业发展新引擎，高精尖产业应积极培育数字化能力，以科技创新为支点，融入产品、营销、服务、风控各个环节；二是人工智能成为数字经济的核心抓手，在现有知识基础上引入了以人工智能、区块链等数字技术为核心的商业智能分析体系，推动数字化搜寻定位、数字化场景规划和数字化触点升级，能够帮助企业深化基于大数据的机会和威胁的智能预测，成为数字经济的核心抓手；三是数字技术创新加快，融合通信、工业互联网、车联网等技术创新加快，打通数据高效传输链条，大数据、人工智能、云网边端融合计算等核心技术不断取得突破，区块链、隐私计算、大数据交易、网络身份可信认证、安全态势感知等技术得到突破，数字孪生、数字内容生成、数字信用、智能化交互等技术成为新亮点；四是产业数字化成为战略基座和产业高质量发展的重点方向，加速推进智能制造、医药健康和绿色智慧能源等产业高质量发展，突破人机交互、群体控制等关键技术，以及设备互联互通、工业智能等核心技术，推进人工智能与医药健康的融合发展，推动先进信息技术与能源的深度融合发展。

（六）高精尖产业发展需要把握"五大微观力量"

本报告认为，高精尖产业发展需要把握技术引领、应用场景牵引、人才与企业的匹配、服务化创新及迭代进化"五大微观力量"。

微观力量之一：技术引领。技术是推动高精尖产业发展的核心动力。首先，高精尖企业与中低技术企业最大的区别是高精尖企业具有知识技术密集特征。高精尖企业通过知识和技术的投入来生产高附加值产品，同时，由于知识技术更新速度较快，产品更新换代速度快，对产业参与者的文化知识要求也较高，因此，高精尖企业的知识密集程度和技术密集程度都较高。其次，高精尖企业具有高成长、短周期的特征。高精尖企业凭借独特的技术优势，短期内能够实现产业集聚扩张，很快成长为行业翘楚，这是产业的成长性。但现代产业更新换代速度快，新产品周期越来越短，这使得高精尖产业变化加快，与传统产业相比，高精尖企业"创业—成长—扩张—成熟"的生命周期更短。最后，高精尖企业具有高创新、高集群特征。高精尖企业创新过程依赖新技术，新技术不停地更新换代，使得高技术产业风险加剧，为了规避风险，高精尖企业不断进行技术创新，以开发出适应市场需求的产品，获取高额收益；同时，为了规避风险，高精尖企业往往以技术合作为基础，与相关企业集聚在同一地域内，降低研发、生产成本，从而形成产业集群。以上特征决定了技术是推动高精尖产业发展的核心动力。高精尖企业只有不断对核心部件和关键技术进行研发创新，不断加大人才培养力度，才能不断突破核心技术，保持行业领先地位。实现高精尖产业技术发展需要把握两点：一是在技术先进性上做足文章，不断增加研发投入，加大企业自主创新力度，专注于细分市场的产品创新，提高自主掌握核心技术的能力；二是促进创新链与产业链、市场需求有机衔接。

微观力量之二：应用场景牵引。高精尖企业业务创新必须从业务场景出发，抓住那些真正有需求的场景，将企业、政府、用户真正结合到一起，形成解决方案。因此，对于体现实际业务价值的应用场景，通过价值和可行性评估分析投入产出；对于战略性、支撑性场景，则直接从战略维度考量是否实施。高精尖企业应基于未来的产品、服务及业务模式进行系统的场景梳理，思考这些场景能否给企业带来新的竞争力，或者能否创造新的业务价值。在这个基础上，方可对技术先进性和市场成熟度进行有效评估。

微观力量之三：人才与企业的匹配。在大力实施产业转型、转变经济增长方式的大背景下，高精尖人才队伍建设受到越来越多的关注。高精尖企业的人才战略要关注两个重点，一是企业人才结构持续优化，二是企业人才战略和企业技术发展要与市场发展协调适配，这样才能保障高精尖企业的健康发展。从产业协调的视角，劳动资源合理且有效的配置能够促进产业结构升级、技术创新以及全要素生产率的提升。不仅要持续引进人才，更要重视人才与企业的匹配，打造良好的人才成长发展环境，实现人才与其他生产或创新资源的有效匹配，获得最佳效果。

微观力量之四：服务化创新。制造业的服务创新越来越成为高精尖企业的竞争利器。随着经济增长与社会发展方式的转变，促进经济、社会、环境可持续协调发展是企业面临的外在需求。通过服务化创新实现与顾客共创价值成为高精尖企业获取新的竞争优势的内在动力。从提供单纯产品向提供产品与服务组合的服务化转型，实现顾客、企业等利益相关者共赢和社会效益、环境效益兼得。产品服务系统被认为是一种可持续的商业模式创新。我

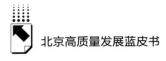

国高精尖企业应利用自身在资金、技术、产业链上的优势,基于产品制造体系开发产品与服务融合的新商业模式,寻求产品技术和产品服务之间的平衡。服务化创新已经成为高精尖企业创新战略不可或缺的部分。

微观力量之五:迭代进化。高精尖企业需要持续的迭代和进化。对于高精尖企业而言,关键在于用开发产品的理念,持续、迭代、进化地对组织进行管理,发展先进的自进化组织。在竞争情况下,高科技产品的生命周期越来越短,更新换代速度也越来越快。而在动态变化的市场环境中,迭代创新作为投入相对较少、风险相对较低的创新模式,成为高科技新产品开发的一种重要方式。迭代创新是指通过多次迭代方式进行快速、持续创新的一种创新模式。企业通过迭代创新不仅能够快速地更迭产品原型,而且能满足客户现有和潜在的市场需求,形成具有高市场接受度和强产品黏性的新产品,提升新产品开发的效率。因此,迭代创新在高精尖产品开发过程中起到重要作用。今天,产品的迭代创新能力反映了高精尖企业的技术进步水平与创新速度。

分 报 告

Topical Reports

B.2

北京经济高质量发展报告（2022）[*]

摘　要： 经济高质量发展是高质量发展的重要维度之一。本报告从经济增长、结构优化、效率提升和创新驱动四个维度构建了经济高质量发展评价指标体系。首先对 2005～2019 年北京经济高质量发展水平进行定量测度，从四个维度解析了北京经济高质量发展的关键动力；其次将北京与各维度得分较优的省份进行对比分析，识别北京经济高质量发展各维度中的弱势变量；最后基于北京经济高质量发展中的短板提出针对性政策建议。研究发现，2005～2019 年北京经济高质量发展指数提速增长，其增长的关键为创新

---

* 作者：北京市科学技术研究院高质量发展研究中心。执笔人：方力、贾品荣、姜宛贝。方力，北京市科学技术研究院党组书记、研究员，北京市习近平新时代中国特色社会主义思想研究中心特约研究员、北科院研究基地主任，北京市科学技术研究院首都高端智库主任，主要研究方向为可持续发展；贾品荣，北京市科学技术研究院"北科学者"、高质量发展研究中心主任、高精尖产业研究学术带头人，研究员，主要研究方向为技术经济及管理；姜宛贝，北京市科学技术研究院高质量发展研究中心助理研究员，管理学博士，主要研究方向为低碳发展与多元信息建模。

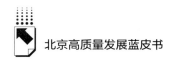

驱动与经济增长，效率提升和结构优化的贡献率相对较低。北京创新驱动指数优势明显，结构优化指数领先于其他省份，经济增长指数和效率提升指数与全国最优水平相比有一定的差距。从具体指标来看，高端制造业发展水平、资本生产率相对较低。由此，本报告从稳固创新驱动优势、保持经济增长稳定、补齐结构优化短板、推进效率提升变革等方面提出了进一步推动北京经济高质量发展的政策建议。

关键词： 经济高质量发展　经济增长　结构优化　效率提升　创新驱动

一　经济高质量发展的内涵

从经济维度，高质量发展的首要目的是经济发展，其核心是在保持一定经济增长的前提下，通过结构优化、效率提升及创新驱动，实现全要素生产率的提高，加快实现经济发展质量变革、效率变革和动力变革。经济高质量发展，不仅表现为经济总量上的持续稳健增长，而且表现为质量的持续提高，使经济从总量扩张向质量第一、结构优化、效率提升、创新驱动转变。通过结构优化使产业结构由劳动、资源密集型向知识技术密集型转变，通过效率提升使发展方式由粗放式向集约式转变，通过创新驱动使增长动力由要素驱动为主向创新驱动为主转变。

二　指标体系构建与测度结果

（一）指标体系构建

根据上文对经济高质量发展内涵的界定，本报告构建了经济高质量评价发展指标体系（见表1），包括经济增长、结构优化、效率提升和创新驱动

4 个一级指标，25 个二级指标。具体评价方法和计算方法与高质量发展的评价方法和计算方法保持一致。

经济增长。要求省区市提高经济增长的水平；扩大内需，弥补外向型经济的不足，培育经济增长的动能。基于此，本报告采用三次产业增加值、人均 GDP 衡量省区市经济增长的水平；采用最终消费支出、资本形成总额、货物和服务净出口表征消费、投资、出口"三驾马车"对经济增长的贡献。

结构优化。要求高端制造业销售产值占工业销售产值比重相对于高速增长阶段有显著提升，同时在这一阶段降低房地产占 GDP 比重，落实"房子是用来住的，不是用来炒的"的要求；合理把握第三产业占 GDP 比重、第三产业与第二产业之比及投资与消费之比，从根本上改变供给结构与消费结构升级不适应的突出矛盾，使消费结构升级成为高质量发展的内生动力。基于此，本报告采用高端制造业销售产值占工业销售产值比重、房地产占 GDP 比重、第三产业占 GDP 比重、第三产业与第二产业之比、投资与消费之比评价结构优化。

效率提升。要求以最少的要素投入获得最大的产出，实现资源配置优化。既表现为要素利用配置效率高，如投入产出效率高、单位 GDP 能耗低、产能利用率高、实现绿色低碳发展等，又表现为使微观经济主体得到恰当的激励，促进企业家与职工等各类微观经济主体之间的利益协同。基于此，本报告采用三次产业劳动生产率、全员劳动生产率、固定资产投资占 GDP 比重反映省区市的宏观要素配置效率，采用全员劳动生产率即单位劳动投入创造的产值反映社会的生产效率和劳动投入的经济效益，采用利润—税费比率、企业资金利润率、资产负债率反映微观经济经营效率。

创新驱动。要求以科技创新驱动高质量发展，贯彻新发展理念，加大创新投入力度，提高创新产出，构建符合高质量发展的技术创新体系。基于此，本报告采用地方财政科学事业费支出、R&D 投入占 GDP 比重、基础研究占 R&D 投入比重表征创新投入，采用技术市场成交额、每 10 万人发明专利授权数表征创新产出。

表1　经济高质量发展评价指标体系

维度	指标名称	权重	备注
经济增长	第一产业增加值（亿元），2005年不变价	0.0400	正向
	第二产业增加值（亿元），2005年不变价	0.0397	正向
	第三产业增加值（亿元），2005年不变价	0.0398	正向
	人均GDP（元），2005年不变价	0.0402	正向
	最终消费支出（亿元），2005年不变价	0.0398	正向
	资本形成总额（亿元），2005年不变价	0.0400	正向
	货物和服务净出口（亿元），2005年不变价	0.0410	正向
结构优化	高端制造业销售产值占工业销售产值比重（%）	0.0405	正向
	房地产占GDP比重（%）	0.0409	负向
	第三产业占GDP比重（%）	0.0405	正向
	第三产业与第二产业之比	0.0398	正向
	投资与消费之比	0.0408	正向
效率提升	第一产业劳动生产率（元/人），2005年不变价	0.0385	正向
	第二产业劳动生产率（元/人），2005年不变价	0.0404	正向
	第三产业劳动生产率（元/人），2005年不变价	0.0404	正向
	全员劳动生产率（元/人），2005年不变价	0.0405	正向
	固定资产投资占GDP比重（%）	0.0406	正向
	利润—税费比率（%）	0.0411	正向
	企业资金利润率（%）	0.0410	正向
	资产负债率（%）	0.0409	负向
创新驱动	地方财政科学事业费支出（亿元）	0.0386	正向
	R&D投入占GDP比重（%）	0.0402	正向
	基础研究占R&D投入比重（%）	0.0400	正向
	技术市场成交额（亿元）	0.0370	正向
	每10万人发明专利授权数（件）	0.0376	正向

资料来源：《中国统计年鉴》、各省级行政区统计年鉴、《中国国土资源统计年鉴》等。

（二）北京经济高质量发展情况

1. 纵向分析

2005～2019年北京经济高质量发展指数总体呈增长态势，增长速度总体有所提升。北京经济高质量发展指数由2005年的0.310增至2019年的

0.477，增长幅度为53.87%，年均增长率为3.13%。具体来看，2005～2008年的增长速度相对缓慢，年均增长率为2.00%。2008年世界出现金融危机后，北京的经济发展质量水平也受到一定影响，2009年北京经济高质量发展指数相比2008年降低了0.007。金融危机以后，北京的经济发展进入新一轮的质量提升阶段。2009～2011年，北京经济高质量发展指数由0.322上升为0.354。2012年受高端制造业销售产值比重下降的影响，北京经济高质量发展指数相比2011年有一定的下降。此后，北京经济高质量发展指数不断攀升，2012～2019年其年均增长率达到4.56%，是2005～2008年年均增长率的2倍多。2017～2019年北京经济高质量发展指数增幅为9.40%，年均增长率为4.60%。2019年北京经济高质量发展指数同比增长5.07%（见图1）。由此可见，北京经济发展处于"稳中有进"的良好态势。

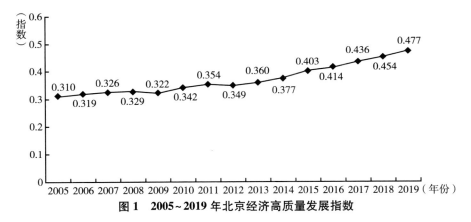

图1　2005～2019年北京经济高质量发展指数

资料来源：笔者根据指数计算结果制作，下同。

从四个子维度来看，创新驱动是北京经济高质量发展的第一动力源。2005～2019年，创新驱动指数由0.053增长为0.140（见图2），增长幅度达到164.15%，年均增长率为7.18%。创新驱动指数的绝对增长量对经济高质量发展指数提升的贡献率为52.10%，贡献率为四个子维度中最高的。分时间阶段来看，2005～2010年、2010～2015年、2015～2019年，创新驱动指数分别增长了32.08%、48.57%和34.62%，年均增长率分别为5.72%、

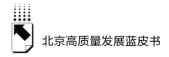
8.24%和7.71%；增长量在经济高质量发展指数增量中所占的比重分别为51.52%、56.67%和48.65%，亦为四个子维度中最高的。北京全面实施创新驱动发展战略，出台高精尖产业"10+3"政策，打造新一代信息技术和医药健康"双发动机"。系统推进"三城一区"主平台、中关村国家自主创新示范区主阵地建设。深化科技奖励制度改革，出台促进科技成果转化的条例、"科创30条"、"科研项目和经费管理28条"等系列法规政策。上述政策的实施使得科技创新中心建设取得显著成效，极大地提高了北京的创新驱动力，为经济的高质量发展注入了强大动力。

经济增长是北京经济高质量发展的重要基石。2005~2019年，北京的经济增长指数由0.055提升至0.105，增长幅度为90.91%，年均增长率为4.73%。相较创新驱动指数，经济增长指数的提升速度较慢，因此其对北京经济高质量发展的贡献相对较小。2005~2019年，其增长量占经济高质量发展指数增量的比重为29.94%，低于创新驱动的贡献率。从时间趋势来看，2005~2010年其增量所占比重相对较大，为48.48%；2010~2015年和2015~2019年所占比重相对较小，分别为28.33%和22.97%。这表明经济增长对经济高质量发展的推动作用随时间的推移逐渐减小，经济规模增长不再是北京经济高质量发展的主要目标和模式。北京经济逐渐向"创新驱动、结构优化、效率提升"的新发展阶段迈进。

效率提升进展缓慢，工业结构亟待优化。2005~2019年，效率提升指数和结构优化指数的增长幅度分别为20.83%和9.43%，年均增长率分别为1.36%和0.65%。两者均有所上升但增幅较小、增速缓慢。相比创新驱动指数和经济增长指数，效率提升指数和结构优化指数对北京经济高质量发展的推动作用较小，其占经济高质量发展指数增量的比重仅分别为11.98%和5.99%。2005年，北京第三产业比重已接近70%，2016年突破80%，2019年达到83.52%。北京已形成了以服务业为主导的经济结构。从三次产业结构来看，北京经济结构优化潜力已十分有限。但从工业内部结构来看，2019年高端制造业销售产值占工业销售产值比重为32.02%，工业结构的优化潜力还相对较大。故未来一个时期内，推进工业结构优化是北京进一步提升经济发展质量的着力点。而高技术、高增加值行业的发展也必然会带来生产效率的提升。2021年，北京发布《北京市"十四五"时期高精尖产业发展规划》，着力促进先进制造业、软件和信息服务业及科技服务业发展。北京应抓住机遇推进制造业转型升级，加快构建高精尖经济结构，促进生产效率不断提升。

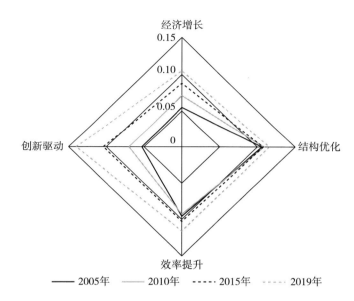

图2 2005年、2010年、2015年、2019年北京经济高质量发展各维度指数

2. 横向比较

本报告从衡量经济高质量发展的四个维度（经济增长、结构优化、效率提升和创新驱动），对北京与各维度的优势省份进行对比分析。

（1）经济增长指数

北京经济增长指数低于广东，且差距不断扩大。全国30个省份①中，广东的经济增长指数最高。北京与广东在经济增长维度上有一定的差距，且差距在2005~2019年不断扩大。2005年的差值为0.042，2019年为0.131。2005~2019年，广东经济增长指数的年均增长率为6.56%，北京经济增长

---

① 因缺少港澳台和西藏的统计数据，此处对全国30个省份进行统计分析。

指数的年均增长率为 4.73%，北京经济增长指数相对广东经济增长指数增长较慢（见图 3）。分析经济增长维度下的各指标发现，除人均 GDP 外，北京的其他经济增长指标均低于广东。从各指标的增长速度来看，北京的人均GDP、三次产业增加值、资本形成总额的年均增长率均低于广东；且货物和服务净出口的年均下降幅度远大于广东；而最终消费支出的增长率略高于广东（见图 4）。由此可见，北京经济增长指数在经济增长维度的劣势主要源于三次产业增加值以及消费、投资、出口规模相对较小。考虑到北京与广东在经济体量上的差异，上述差距存在一定的合理性。但相对于广东，北京人均 GDP、三次产业规模以及资本形成总额等方面的增速亦较慢。因此，保持经济规模稳定增长仍是目前北京经济发展的重要内容。此外，北京需发挥最终消费作为经济增长"重要引擎"的作用，积极激发经济增长新动力，从经济增长维度推动北京经济高质量发展。

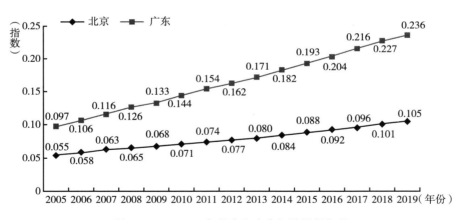

图 3　2005~2019 年北京和广东经济增长指数

（2）结构优化指数

北京结构优化指数领先于全国其他省份，高端制造业发展水平相对于上海较低。全国 30 个省份①中，北京的结构优化指数最高。选取全国经济中

---

①　因缺少港澳台和西藏的统计数据，此处对全国 30 个省份进行统计分析。

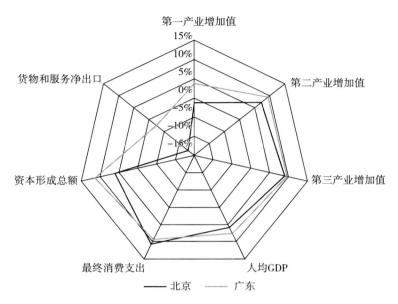

图 4　2005～2019 年北京和广东经济增长维度各指标的年均增长率

心上海与北京在该维度进行比较。结果显示，2005～2019 年，北京的结构优化指数均高于上海，差值先缩小后扩大。从增长速度来看，北京结构优化指数增长略快于上海。2005～2019 年，北京结构优化指数的年均增长率为 0.65%，上海的年均增长率为 0.51%（见图 5）。分析该维度的各指标，发现第三产业占 GDP 比重、第三产业与第二产业之比较高是北京结构优化指数高于上海的主要原因。2019 年，北京和上海第三产业占 GDP 比重分别为 83.52% 和 72.74%，第三产业与第二产业之比分别为 5.17 和 2.69。然而，从高端制造业销售产值占工业销售产值比重来看，北京相比上海表现出了一定的劣势。2019 年北京高端制造业销售产值占工业销售产值比重为 32.02%，上海为 39.62%。从指标增长速度来看，2005～2019 年北京房地产占 GDP 比重的年均增速（0.90%）低于上海（1.21%）。这说明相比上海，北京更好地落实了房地产业调控要求，因此北京的结构优化指数相比上海实现了更快的增长。综上可见，相较上海，北京形成了更为服务化的产业结构，更为有效地进行了房地产业调控，但高端制造业的发展相对

落后。因此，加快推进高精尖产业发展是下一阶段北京产业结构优化的
关键。

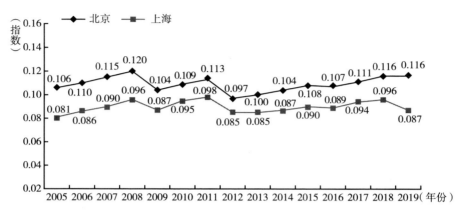

图 5 2005~2019 年北京和上海结构优化指数

（3）效率提升指数

北京效率提升指数相比山东、上海、江苏等省市较低，企业资金利润率
等资本生产率相对较低。就效率提升指数而言，上海、江苏、山东和天津分
别在不同时间段处于全国领先地位。从 2005~2019 年效率提升指数的年平
均值来看，山东的平均效率提升指数（0.143）最高，因此，本报告选择山
东省与北京在该维度进行比较。2005~2019 年，山东的效率提升指数均高于
北京，且差值总体呈扩大趋势。2005 年的差值为 0.002，2019 年为 0.068。
差值总体呈扩大趋势的原因在于北京效率提升指数的增长速度低于山东。
2005~2019 年，北京效率提升指数的年均增长率为 1.36%，山东为 4.60%
（见图 6）。从该维度的各指标来看，北京三次产业劳动生产率、固定资产投
资占 GDP 比重的增长速度均低于山东，且资产负债率（负向指标）的增速
高于山东。上述指标较低/较高的增速成为北京效率提升指数增长较慢的主
要原因。就 2019 年来看，北京固定资产投资占 GDP 比重以及企业资金利润
率亦低于山东。因此，北京未来应着力提高产业劳动生产率，抑制资产负债
率过快增长，积极推动企业资金利润率持续提升。

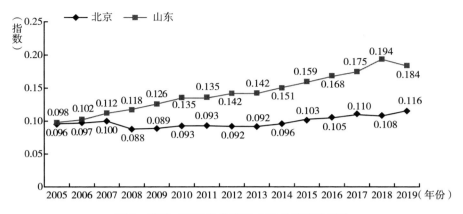

图6　2005~2019年北京和山东效率提升指数

（4）创新驱动指数

北京创新驱动指数优势明显，且随着时间的推移优势逐渐扩大。2005~2019年，北京创新驱动指数稳居全国第一。本报告选择2019年排名第二的广东与北京进行比较，发现2005~2019年，北京创新驱动指数的年均增长量（0.006）相比广东（0.005）较高。因此，北京相对广东的创新驱动优势逐渐扩大。2005年两者创新驱动指数的差值为0.035，2019年为0.058（见图7）。分析该维度的各指标发现，北京科研产出增长较为迅速。2005~2019年，北京技术市场成交额年均增长372亿元，广东仅年均增长72亿元；北京每10万人发明专利授权数年均增长16件，广东年均增长约1件。在科研投入方面，北京地方财政科学事业费支出增长相对较快，年均增长29.83亿元，广东年均增长21.29亿元。2019年，北京创新驱动维度的各项指标（地方财政科学事业费支出、R&D投入占GDP比重、基础研究占R&D投入比重、技术市场成交额、每10万人发明专利授权数）均远超广东（见表2）。上述结果表明，北京科技创新发展迅速，在国内优势已十分明显。未来，北京应对标世界科技创新前沿，持续注入研发资金，积极推动科技成果转化，以科创成果促进北京乃至全国高质量发展。

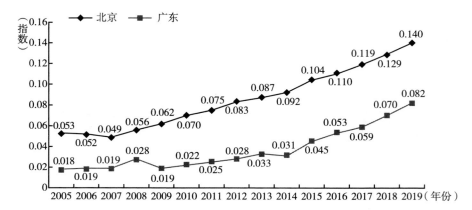

图7　2005~2019年北京和广东创新驱动指数

表2　2019年北京和广东创新驱动维度各项指标数值

地区	地方财政科学事业费支出（亿元）	R&D投入占GDP比重（%）	基础研究占R&D投入比重（%）	技术市场成交额（亿元）	每10万人发明专利授权数（件）
北京	433.42	6.31	15.91	5695	247
广东	305.76	2.10	3.84	1110	21

三　主要研究结论及政策建议

（一）主要研究结论

本报告从四个维度（经济增长、结构优化、效率提升和创新驱动）构建了经济高质量发展评价指标体系，并基于此对北京经济高质量发展状况进行纵向分析和横向比较。主要研究结论如下。

2005~2019年，北京经济高质量发展指数总体呈增长态势，增长速度总体有所提升。2017~2019年，北京经济高质量发展指数增长幅度为9.40%，年均增长率为4.60%。

2005~2019年，北京创新驱动指数显著增长，年均增长率为经济高质量发展四个维度中最高的，在不同时间段均为北京经济高质量发展的第一动力源。横向比较来看，北京创新驱动的优势明显，各项指标全面领先排名第二的广东。尤其是技术市场成交额、每 10 万人发明专利授权数等科研产出指标相对广东增长较为迅速。

2005~2019 年，北京经济增长指数的增长速度次于创新驱动指数，经济增长为北京经济高质量发展的重要基石，但其贡献率有所降低。相较于广东，北京的经济增长指数较低，三次产业增加值以及消费、投资、出口规模较小，且人均 GDP、三次产业规模以及资本形成总额等方面的增速亦较慢。

2005~2019 年，北京效率提升进展缓慢，对北京经济高质量发展的贡献率相对创新驱动和经济增长较低。横向比较而言，北京效率提升指数相比山东、上海、江苏等省市较低，企业资金利润率较低。从具体指标增速来看，北京三次产业劳动生产率、固定资产投资占 GDP 比重的增长速度相对山东较低，而资产负债率（负向指标）的增速较高。

2005~2019 年，北京结构优化指数的增长速度最慢，对北京经济高质量发展的推动作用最小。横向比较来看，北京结构优化指数领先于全国其他省份。第三产业占 GDP 比重、第三产业与第二产业之比较高是北京结构优化指数较高的主要原因。但从高端制造业销售产值占工业销售产值比重来看，北京与上海相比表现出了一定的劣势。

（二）政策建议

经济高质量发展评价结果显示，北京创新驱动优势明显，经济增长与全国最优省份（广东）有一定的差距，高端制造业发展是结构优化维度的短板，效率提升指数相对不高。由此，本报告认为进一步提高北京经济高质量发展水平需要稳固创新驱动优势，保持经济增长稳定，补齐结构优化短板，推进效率提升变革。

（1）推进国际科技创新中心建设

首先，要增强国家科技力量。加快完善国家实验室体系，建设北京怀柔综合性国家科学中心以及世界一流研发机构，充分发挥高水准科研院所和科技企业的作用；加强国际化人才的引进，将青年人才的培育作为人才建设重点，改善和优化人才发展的生态环境。其次，要加大关键核心技术攻关力

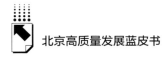
度。强化基础理论和方法等研究，从而为"从0到1"和"卡脖子"技术的突破提供坚实基础；"数据、算力、算法"支撑的公共和底层技术平台应当加速布局；鼓励发现和提出引领性和原创性的科学问题，探索新型科研组织模式的创新机制。再次，要优化创新空间布局。以科技资源优化配置为切入点，推动"三城一区"和中关村国家自主创新示范区加快建设；推动京津冀创新共同体建设，深入推进重点区域科技合作；加强首都对全国创新的辐射，促进区域创新链、产业链和供应链协同发展、优势互补。最后，要优化创新生态。搭建研发创新对接平台，优化研发服务平台环境；打造国家技术转移集聚区、知识产权和标准化服务集聚区，提高知识产权服务水平；完善风险补偿机制，降低科技融资成本。

（2）推动北京商业服务业高质量发展

2019年，北京第三产业占GDP比重达到83.52%。因此，服务业的高质量发展对北京经济稳健增长具有关键作用。具体而言，一要保持消费对经济的主力拉动作用。顺应消费升级趋势，扩大服务消费，增加优质商品供给，培育新兴消费，挖掘夜间消费，提振乡村消费，推进绿色消费；完善促消费机制，搭建促消费平台，多措并举持续激发市场主体活力，进一步稳定消费市场运行。二要优化商业设施空间布局。贯彻落实《北京城市总体规划（2016年—2035年）》和《北京市商业服务业设施空间布局规划》，坚持存量提升和增量拓展相结合，以消费新地标、农产品市场、物流、展览设施为重点，优化完善商业重点设施体系，为建设培育国际消费中心城市提供空间载体。三要推进数字经济和商业服务业深度融合。应用5G、区块链、大数据、云计算、物联网、人工智能等现代信息技术，推动线上线下融合发展，培育数字消费新模式，统筹推进跨境电商综合试验区协调发展，提高农产品流通数字化水平，提升商圈数字化水平。

（3）加快高端制造业质量、能量、体量"三量提升"

高端制造业高质量发展为北京结构优化的潜力空间所在，为此，一要做强"北京智造"四个特色优势产业。建立国家级集成电路创新平台，提升成熟工艺产线成套化装备供给能力；坚持网联式自动驾驶技术路线，加速传统汽车智能化、网联化转型；以"优品智造"为主攻方向，以装备的智能化、高端化带动北京制造业整体转型升级；推进新能源技术装备产业化，打造绿色智慧能源产业集群。二要推动"研发+高端制造"跨区协同。支持区位毗邻、资源互补的区开展产业协同试点示范。如支持"海淀区+昌平区"在智能终端领域、"丰台区+北京经济技术开发区+大兴区"在航空航天领域、"朝阳区+顺义区"在智能制造与装备领域加强协作。三要夯实产业发展基础。发展高端芯片、核心技术零部件和元器件，提高"核心技术"自给保障能力；构建以国家级制造业创新中心为核心节点的创新网络体系，优化提升产业创新平台；建设基础稳固、数智融合、共享开放、自主可控的产业基础设施；集聚壮大一批企业主体，凝聚优秀企业家、产业领军人才和专业技能过硬的技术工人，构筑高质量的产业主体基础。

（4）完善生产要素市场化配置

推动生产要素市场配置改革，促进要素有序自由流动，提高生产要素配置效率，激发社会创造力和市场活力，推动经济发展质量效益提升。为此，一要推进土地、劳动力、资本等生产要素的市场化配置。充分发挥市场机制作用，盘活存量土地和低效利用土地，深化农村宅基地制度改革试点，建立健全城乡统一的建设用地市场；健全统一规范的人力资源市场体系，营造公平的就业环境，保障城乡劳动者享有平等的就业权利；加快发展股票市场，完善债券市场，扩大金融服务有效供给，进一步推动金融业对外开放。二要加快发展技术和数据市场。深化科技成果使用权、处置权和收益权改革，坚持目标引领，强化成果导向，建立健全多元化支持机制，积极探索通过天使投资等方式推动科技成果资本化；推进政府数据开放共享，加快推动各地区、各部门间的数据共享以及交换，加大数字经济新业态和新模式的培育力度，为多领域的数据规范化开发利用场景构建提供支持。三要健全要素市场化改革。完善主要由市场决定地价、工资、利率的机制，引导市场主体依法自主制定生产要素价格，推动定价机制由政府制定具体价格向制定定价规则转变；深化要素市场交易平台建设，健全要素市场交易规则，提高要素交易监管水平，强化要素应急配置能力。

B.3
北京社会高质量发展报告（2022）[*]

摘　要： 社会高质量发展是高质量发展的重要维度之一。本报告从民生优
化、城乡统筹和风险防控三个维度构建了社会高质量发展评价指
标体系。首先对 2005～2019 年北京社会高质量发展水平进行定
量测度，评价分析了民生优化、城乡统筹和风险防控对北京社会
高质量发展的推动力度；其次将北京与各维度得分较优的省市进
行对比分析，识别北京社会高质量发展各维度中的短板；最后基
于北京社会高质量发展中的弱项提出针对性政策建议。研究发
现，2005～2019 年北京社会高质量发展指数总体增长但增幅较
小，民生优化和城乡统筹为该指数增长的主要驱动力，风险防控
的贡献相对较小。北京民生优化和城乡统筹水平居于全国前列，
风险防控指数处于全国平均水平。从具体指标来看，养老保障、
城乡居民收入差距、城市应急管理水平等仍有提升空间。由此，
本报告认为应以提高养老保障水平、缩小城乡差距以及增强城乡
应急管理能力为抓手，从民生优化、城乡统筹和风险防控三个维
度全面推进北京社会高质量发展。

---

[*] 作者：北京市科学技术研究院高质量发展研究中心。执笔：方力、贾品荣、姜宛贝。方
力，北京市科学技术研究院党组书记、研究员，北京市习近平新时代中国特色社会主义思
想研究中心特约研究员、北科院研究基地主任，北京市科学技术研究院首都高端智库主
任，主要研究方向为可持续发展；贾品荣，北京市科学技术研究院"北科学者"、高质量
发展研究中心主任、高精尖产业研究学术带头人，研究员，主要研究方向为技术经济及管
理；姜宛贝，北京市科学技术研究院高质量发展研究中心助理研究员，管理学博士，主要
研究方向为低碳发展与多元信息建模。

关键词： 社会高质量发展　民生优化　城乡统筹　风险防控

一　社会高质量发展的内涵

从社会维度，高质量发展强调以社会主要矛盾为基本出发点，能够很好地满足人民日益增长的美好生活需要。社会高质量发展有丰富的内涵[①]：第一，民生优化。民生优化是高质量发展的重要基点。高质量发展成果惠及民生，必然要求扩大基本公共服务覆盖面，提高基本公共服务保障水平，推进基本公共服务，实现教育、医疗、养老等的均等化。第二，城乡统筹。城乡统筹是社会高质量发展的内在要求。应全面推进乡村振兴战略，缩小城乡差距并构建新型城乡关系，实现城乡更加充分、更加平衡的发展。第三，风险防控。"十四五"时期要更加突出安全发展，牢固树立总体国家安全观，强化底线思维，系统构筑安全防线，妥善防范化解现代化进程中的各种风险，坚决维护首都安全稳定。提高风险防控水平是城市高质量发展的基础。本报告从民生优化、城乡统筹、风险防控三个维度对社会高质量发展进行评价。

二　指标体系构建与测度结果

（一）指标体系构建

根据上文对社会高质量发展内涵的界定，本报告构建了社会高质量发展评价指标体系（见表1），包括民生优化、城乡统筹、风险防控3个一级指标，23个二级指标。具体评价方法和计算方法与高质量发展的评价方法和计算方法保持一致。

民生优化。推动高质量发展的过程，就是民生优化的过程。高质量发展成果惠及民生，必然要求扩大基本公共服务覆盖面，提高基本公共服务保障

[①]　方力、贾品荣：《培育北京社会高质量发展发力点》，《前线》2020年第3期。

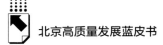

水平，推进基本公共服务，实现教育、医疗、养老等的均等化。基于此，本报告采用与民众生活密切相关的城乡居民人均可支配收入、城镇登记失业率、居民消费价格指数、城镇商品房价格与居民收入水平比率、地方财政教育事业费支出占 GDP 比重、每百名学生拥有专任教师数、每万人拥有卫生技术人员数、每千人口医院床位数、参加城乡居民基本医疗保险人数增长率、养老金增长率、参加城乡居民养老保障人数增长率指标衡量民生优化水平。

城乡统筹。城乡统筹发展是指改变"城市工业、农村农业"的二元思维方式，将城市和农村的发展紧密结合起来，统一协调，全面考虑，全面推进乡村振兴战略，构建新型城乡关系，实现城乡更加充分、更加平衡的发展。基于此，本报告采用公共交通运输能力和服务水平、城镇化率反映城乡一体化发展水平，特别增加城乡居民可支配收入之比、城乡居民恩格尔系数之比、城乡居民人均住房建筑面积之比、城乡燃气普及率之比、城乡互联网普及率之比、城乡居民平均受教育年限之比等指标衡量城乡社会发展水平的差异。

风险防控。社会高质量发展的最终目的是造福人民，提高各个阶层的人民福祉，要求每个社会阶层的福祉都能随着社会的发展而增长，虽然各个社会阶层福祉增长水平有所不同，但必须有其应有的增长，可过度的福祉分化也会形成社会的不稳定。建立科学、准确、高效的风险防控体系尤为重要。基于此，本报告采用地震应急避难场所积累个数、地震台个数反映城市应急管理水平，采用交通事故发生数增长率直观地表征"和谐交通"建设情况，采用 12345 市民热线诉求办结率、信访总量增长率反映社情民意、解决民众诉求及维护社会和谐稳定情况。

表 1 社会高质量发展评价指标体系

维度	指标名称	权重	备注
民生优化	城乡居民人均可支配收入（元）	0.0438	正向
	城镇登记失业率（%）	0.0438	负向
	居民消费价格指数	0.0438	负向
	城镇商品房价格与居民收入水平比率（%）	0.0439	负向

续表

维度	指标名称	权重	备注
民生优化	地方财政教育事业费支出占 GDP 比重(%)	0.0433	正向
	每百名学生拥有专任教师数(人)	0.0431	正向
	每万人拥有卫生技术人员数(人)	0.0435	正向
	每千人口医院床位数(个)	0.0431	正向
	参加城乡居民基本医疗保险人数增长率(%)	0.0438	正向
	养老金增长率(%)	0.0438	正向
	参加城乡居民养老保障人数增长率(%)	0.0407	正向
城乡统筹	公共交通运输能力和服务水平(万人次/万人)	0.0427	正向
	城镇化率(%)	0.0435	正向
	城乡居民人均可支配收入之比	0.0436	负向
	城乡居民恩格尔系数之比	0.0437	正向
	城乡居民人均住房建筑面积之比	0.0439	负向
	城乡燃气普及率之比	0.0439	负向
	城乡互联网普及率之比	0.0439	负向
	城乡居民平均受教育年限之比	0.0439	负向
风险防控	城市应急管理水平	0.0429	正向
	交通事故发生数增长率(%)	0.0439	负向
	12345 市民热线诉求办结率(%)	0.0438	正向
	信访总量增长率(%)	0.0435	负向

资料来源：《中国统计年鉴》、各省级行政区统计年鉴、《中国社会统计年鉴》等。

（二）北京社会高质量发展情况

1. 纵向分析

2005~2019 年北京社会高质量发展指数总体呈"N"字形增长态势。2019 年北京社会高质量发展指数为 0.816，相比 2005 年增长 13.02%，年均增长率为 0.88%，增速较慢。受养老金增长率、公共交通运输能力和服务水平等指标下降的影响，2013 年北京社会高质量发展指数相比 2012 年有所下降。除此之外，2005~2012 年以及 2013~2019 年北京社会高质量发展指数均呈现逐年上升的趋势。相较而言，2005~2012 年的增长速度较快，年均增长率为 1.44%；2013~2019 年增长速度较慢，年均增长率为 0.65%。

2017～2019 年北京社会高质量发展指数增幅为 1.62%，年均增长率为 0.81%，2019 年增幅为 0.74%（见图 1）。

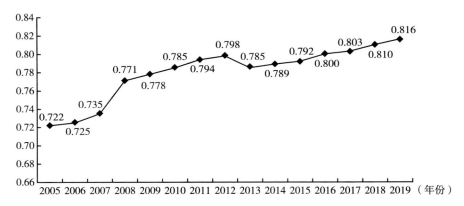

图 1　2005～2019 年北京社会高质量发展指数

资料来源：笔者根据指数计算结果自制，下同。

从三个子维度来看，民生优化加速推进，是北京社会高质量发展的关键驱动力。2005～2019 年，北京民生优化指数从 0.056 提升至 0.103，增长量为 0.047，对北京社会高质量发展的贡献率达到 50%。增长幅度为 83.93%，年均增长率为 4.45%。从不同时间段来看，民生优化指数的增长量和增长速度随时间的推移逐步提升，2005～2010 年、2010～2015 年和 2015～2019 的增长量分别为 0.004、0.018 和 0.025；年均增长率分别 1.39%、5.39%和 7.20%。民生优化水平加速提升，对北京社会高质量发展的推动作用逐渐增强。

城乡统筹水平提升速度逐渐放缓，但总体来看仍是北京社会高质量发展的主要动力源。2005～2019 年，城乡统筹指数有所上升，增长幅度为 7.31%，年均增长速率为 0.50%。从增长量来看，北京城乡统筹指数增长绝对量为 0.048，略高于民生优化指数的增量，对北京社会高质量发展的贡献率为 51%。从不同时间段来看，城乡统筹指数于 2005～2010 年增长较快，增长幅度为 8.83%，年均增长率为 1.71%。此后该指数开始下降，2010～

2015 年的年均下降率为 0.34%。2015～2019 年城乡统筹指数稳中有升，增长幅度为 0.28%，年均增速为 0.07%。可见，北京城乡统筹水平提升速度随时间的推移总体有所降低。

风险防控水平总体稳定，对北京社会高质量发展的贡献较小。2005～2019 年，北京风险防控指数由 0.009 下降为 0.008，绝对变化量为 0.001，其在北京社会高质量发展指数增量中所占的比重为 −1%。可见，风险防控对北京社会高质量发展的作用十分微弱。从历史趋势来看，风险防控指数于 2005～2010 年和 2010～2015 年有过增长，增长幅度分别为 11.11% 和 10.00%，年均增速分别为 2.13% 和 1.92%。2015～2019 年该指数开始下降，由 0.011 下降至 0.008，降幅为 27.27%，年均降速为 7.65%。由此可见，近年来北京风险防控水平的下降抑制了其对社会高质量发展的推动作用。

2. 横向比较

（1）民生优化指数

北京民生优化水平领先于全国其他各省份，养老保障等方面亟待加强。2005～2019 年，北京民生优化指数均领先于全国其他各省份，年平均值为 0.071（见图 2），高于全国平均水平（0.044）。本报告选择广东与北京进行对比分析，比较该维度 2019 年的各项指标，发现北京的地方财政教育事业费支出占 GDP 比重、每百名学生拥有专任教师数、每万人拥有卫生技术人员数、每千人口医院床位数、参加城乡居民基本医疗保险人数增长率等指标明显高于广东。然而，北京的养老金增长率和参加城乡居民养老保障人数增长率低于广东。2019 年，广东的养老金增长率为 53.49%，北京为 11.79%；广东参加城乡居民养老保障人数增长率为 −0.56%，北京为 −2.05%。此外，在城镇商品房价格与居民收入水平比率等方面，北京与广东亦存在一定的差距（见表 2）。综上可见，北京的教育和医疗水平与广东相比具有一定优势，然而养老保障方面与广东存在一定的差距。

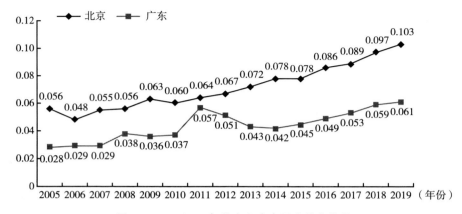

图2　2005~2019 年北京和广东民生优化指数

表2　2019 年北京和广东民生优化维度部分指标数值

单位：%

	城镇商品房价格与居民收入水平比率	养老金增长率	参加城乡居民养老保障人数增长率
北京	49	11.79	-2.05
广东	30	53.49	-0.56

（2）城乡统筹指数

北京城乡统筹水平居于全国前列，但相比上海，其城镇化率较低，城乡居民收入、燃气普及率差距较大。2005~2019 年，北京城乡统筹指数的年平均值为 0.698，位居全国第二。上海的城乡统筹指数高于北京，位居全国第一，因此本报告选择上海与北京进行城乡统筹维度的比较。由图3 可知，北京与上海城乡统筹指数的差距总体呈缩小趋势，2005 年的差值为 0.061，2019 年为 0.007。分析该维度 2019 年的各项指标，发现 2019 年北京与上海存在差距的原因在于，北京的城镇化率相比上海较低，居民收入和燃气普及率等的城乡差距相对较大（见表3）。从各指标变化趋势来看，正向指标公共交通运输能力和服务水平、城镇化率和城乡居民恩格尔系数之比的增长率均为北京高于上海；负向指标城乡燃气普及率之比的增长率则反之。2005~2019 年北京城乡统筹指数的年均增长速度高于上海，两者间的差距总体呈缩小趋势。

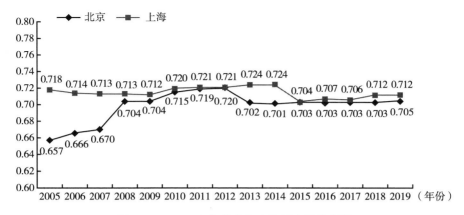

图3　2005~2019 年北京和上海城乡统筹指数

表3　北京和上海城乡统筹维度部分指标数值及其增长幅度

		公共交通运输能力和服务水平（万人次/万人）	城镇化率（%）	城乡居民人均可支配收入之比	城乡居民恩格尔系数之比	城乡燃气普及率之比
2019 年	北京	29.24	86.60	2.55	0.76	2.53
	上海	6.77	88.30	2.22	0.64	1.36
2005~2019增长幅度(%)	北京	459.39	3.57	6.23	-21.78	-21.41
	上海	60.30	-0.90	-1.90	-34.06	-10.34

（3）风险防控指数

北京风险防控指数处于全国平均水平，城市应急管理水平和信访总量增长率与山东有一定差距。2005~2019 年，北京风险防控指数的年平均值为 0.010，全国平均水平为 0.009，可见北京风险防控处于全国平均水平。风险防控指数最高的省份在不同时间段有所不同，主要包括云南和山东等。本报告选择山东与北京在该维度进行对比分析，发现 2005~2013 年北京的风险防控指数高于山东，2014 年起山东的风险防控指数开始反超北京。这主要是由于山东地震台个数急剧增长，由 74 个增长为 154 个。从变化趋势来看，北京风险防控指数相对稳定，略有下降，山东的风险防控指数增量较大（见图 4）。分析该维度指标发现，2019 年北京风险防控水平

低于山东的主要原因在于其地震台个数较少以及信访总量增长率较高。城市应急管理水平和交通事故发生数增长率降低是北京风险防控指数略有下降的主要原因。

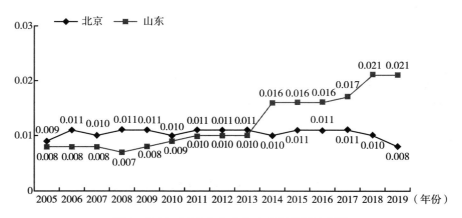

图4 2005~2019年北京和山东风险防控指数

三 主要研究结论及政策建议

（一）主要研究结论

本报告从民生优化、城乡统筹和风险防控三个维度构建了社会高质量发展评价指标体系，基于此对北京社会高质量发展状况进行测度和评价，并从各个维度与全国优势省市进行了横向比较。主要研究结论如下。

2005~2019年，北京社会高质量发展指数呈"N"字形增长态势，增长速度相对经济和环境高质量发展指数较慢。2017~2019年，北京社会高质量发展指数增幅为1.62%，年均增长率为0.81%。

2005~2019年，民生优化指数整体呈增长态势，其为北京社会高质量发展的主要驱动力。横向比较而言，北京民生优化水平领先于全国其他各省份。北京的教育和医疗水平与广东相比具有一定优势，然而养老保障方面与广东存在一定的差距。

2005~2019 年，城乡统筹指数呈现"增长—下降—增长"、总体增长的态势，为北京社会高质量发展的另一关键推动力。从全国来看，2019 年北京城乡统筹水平位居全国第二。相比全国排名第一的上海，北京城镇化率较低，城乡居民收入、燃气普及率差距较大。

2005~2019 年，风险防控指数先增长后下降，总体稳定，对北京社会高质量发展的贡献较小。横向比较而言，北京风险防控指数处于全国平均水平，由地震台个数表征的城市应急管理水平低于山东，信访总量增长率高于山东。

（二）政策建议

社会高质量发展评价结果显示，北京社会高质量发展水平有所提升但幅度不大。民生优化、城乡统筹、风险防控内部均有提升空间，提高养老保障水平，缩小城乡居民收入、燃气普及率差距以及增强城乡应急管理能力可以作为提高民生优化、城乡统筹、风险防控水平的抓手。由此，本报告认为推进北京社会高质量发展需要做好以下几点。

（1）推进养老服务优质便利化

第一，提供适宜老年人的居住环境。新建住宅应兼顾老年人的居住需求，满足老年人对居所的安全、卫生、便利和舒适等基本要求；加强社区道路设施等与老年人日常生活密切相关的设施和场所的无障碍建设；提高社区为老服务信息化水平，消除老年人"数字鸿沟"，推进老年宜居城市建设。第二，健全养老服务体系。推动养老事业和产业同步发展，鼓励普惠型养老，发展互助性养老，构建家庭、社区、机构相互补充，医疗、康健、养老相互结合的养老服务体系；对社区卫生服务资源进行合理配置，健全社区卫生服务；促进以家庭健康保健为基础，社区提供服务为支持的老年卫生保健体系，加强社区健康管理。第三，丰富老年人的精神文化生活。发展文化体育服务，扶持老年大学和老年文体组织发展；鼓励社会力量兴办老年教育，搭建全市老年教育公共服务平台，促进老年教育资源共建共享，面向全体老

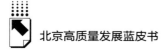

年人提供教育服务；关注老年人的心理健康，探索老年人身心健康管理方式；建设富有北京特色的北京民间艺术团老年分团，支持特色老年文化活动的开展。

（2）全面推进乡村振兴战略

农业农村现代化对城乡协调发展具有重要意义。第一，要加强农业现代化建设。加快农业转型升级，优化农业生产力布局，提升农业机械和信息化水平，促进品种、品质、品牌联动发展，提升农业科技创新水平；建立现代农业经营体系，推动农村基本经营制度进一步完善，培育和发展新型农业经营主体，创新农村集体经济发展模式；探索收益分享机制，引导和鼓励新型农业经营主体采取土地经营权入股等方式，与农户建立利益联结机制，提高农民收入水平。第二，加强乡村清洁能源工程建设。加快燃气下乡进程，为建设乡村储气罐站提供支持，为村民使用干净和安全的燃气提供保障；加大农村电网建设力度，全面巩固提升农村电力保障水平；大力发展农村生物质能源，实施秸秆资源化利用。第三，实施数字农业农村战略，提高农村互联网普及率，提高农村的信息服务水平，添加"三农"政策服务；提高远程医疗和教育的普及应用率；推动信息网络安全工程和信息化基础设施建设同步规划实施。第四，积极发展农村教育事业。采取城乡学校间教师交流、教师走教等方式推进城乡教师交流轮岗，推动城乡教育一体化发展；把乡村教师培训纳入基本公共服务体系，继续实施乡村教师素质提升计划，保障经费投入；积极发展"教育+互联网"，推进乡村学校信息化基础设施建设，促进优质数字资源共享。

（3）推动应急管理事业发展

提升应急管理水平，一要构建应急管理风险防控体系。全力推进全市自然灾害综合风险普查，精准发力，强化风险监测预警；建立更加严格规范的安全准入体系，强化企业安全生产条件和设备设施安全性能的核查，提高准入门槛；建立健全自然灾害等四大类突发事件专项指南，形成完备的风险管理体系。二要推进应急管理治理能力体系建设。加大资金和人员投入，不断建强市、区各专项应急指挥部；完善应急预案管理体系，健全应急预案定期评估和动态修订机制，强化各级各类应急预案数字化应用；加强应急救援力量建设，提升应急物资保障及运输与通信保障能力，规范灾后救助和恢复重建。三要推进应急管理智能化进程。立足突发事件应急指挥处置应用场景，依托北京市大数据平台及"一网统管"建设，构建智能应急指挥调度体系；整合优化各行业部门的监测感知数据，不断提升智能监测预警感知能力；构建企业为主体、市场为导向、产学研相结合的应急管理科技生态链；加强应急科技创新中心和产业示范园区建设，积极组织开展应急管理重大智能装备研发和安全应急产品生产制造。

B.4
北京环境高质量发展报告（2022）*

摘　要： 环境高质量发展作为高质量发展的重要组成部分，对促进高质量发展具有重要意义。本报告从环境质量、污染减排、资源利用和环境管理四个维度构建了环境高质量发展评价指标体系。首先对2005～2019年北京环境高质量发展水平进行定量测度，评价了环境质量、污染减排、资源利用和环境管理对北京环境高质量发展的贡献；其次从四个维度对北京与优势省区市进行了对比分析，识别北京环境高质量发展各维度中的弱项；最后基于北京环境高质量发展中的短板提出针对性政策建议。研究发现，2005～2019年北京环境高质量发展指数由持续增长转变为波动增长，资源利用对环境高质量发展的推动力度最大，污染减排次之，环境质量和环境管理的作用较小。北京污染减排水平稳居全国第一，资源利用水平位于全国前列，但环境质量处于全国中等偏下水平。水资源利用与保护、COD排放、农村卫生环境等方面仍需进一步改善。针对北京环境高质量发展中的不足，本报告提出了提高生态环境质量、推进水生态环境质量提升、实施农村人居环境整治行动等政策建议。

---

* 作者：北京市科学技术研究院高质量发展研究中心。执笔人：方力、贾品荣、姜宛贝。方力，北京市科学技术研究院党组书记、研究员，北京市习近平新时代中国特色社会主义思想研究中心特约研究员、北科院研究基地主任，北京市科学技术研究院首都高端智库主任，主要研究方向为可持续发展；贾品荣，北京市科学技术研究院"北科学者"、高质量发展研究中心主任、高精尖产业研究学术带头人，研究员，主要研究方向为技术经济及管理；姜宛贝，北京市科学技术研究院高质量发展研究中心助理研究员，管理学博士，主要研究方向为低碳发展与多元信息建模。

关键词： 环境高质量发展　环境质量　污染减排　资源利用　环境管理

一　环境高质量发展的内涵界定

从环境维度，高质量发展强调在经济增长的基础上和生态承载能力范围内，通过合理高效配置资源，形成经济、社会、环境和谐共处的绿色、低碳、循环发展过程，最终实现可持续发展的要求。在内涵层面，环境高质量发展更关注今天的使用不应减少未来的实际收入，体现经济的可持续性；在目标层面，环境高质量发展要求以更少的资源投入创造更多的价值，这与高质量发展理念一致；在效果层面，环境高质量发展不仅仅要求保护环境，而且要求通过带动环保投资，发展绿色产业，从而对高质量发展起到有力的促进作用。[①]

二　指标体系构建与测度结果

（一）指标体系构建

根据上文对环境高质量发展内涵的界定，本报告构建了环境高质量发展评价指标体系（见表1），包括环境质量、污染减排、资源利用和环境管理4个一级指标，20个二级指标。具体评价方法和计算方法与高质量发展的评价方法和计算方法保持一致。

环境质量。环境质量是指以人类为中心、环绕人们的各种自然因素的状态。环境高质量发展要求改善大气质量、加强土地保护、缓解水资源压力等，提升民众幸福感与获得感。基于此，本报告采用的环境质量指标由环境状态和生态状态表征，选用全年优良天数比例评价环境状态，能够综合、直

---

① 贾品荣：《推动环境高质量发展的四个维度》，《中国经济报告》2020年第5期。

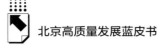

观地表征各省份的整体空气质量状况和变化趋势；用建成区绿化覆盖率、受保护地占国土面积比例、土地利用及淡水压力，来反映环境整体的状态及稳定性。

污染减排。污染减排是指减轻人类社会经济活动对生态环境造成的压力，减少废弃物和环境有害物排放，产生正的外部性。基于此，污染减排指标主要由排放强度、环境建设和绿色生活三大类构成，排放强度表征人类社会经济活动对生态环境造成的压力，包括 CO_2 排放强度、SO_2 排放强度、COD 排放强度、氨氮排放强度、工业废水排放量及城镇生活垃圾填埋处理量；环境建设体现各省份控制污染防治所进行的努力，包括城市生活污水集中处理达标率和生活垃圾无害化处理率；绿色生活反映各省份控制污染排放所取得的成效，采用农村卫生厕所普及率和城镇每万人口公共交通客运量衡量。

资源利用。资源利用是指提高资源利用效率，以较少的资源能源消耗和环境破坏实现经济发展。基于此，资源利用指标由结构优化指标和资源产出指标构成。结构优化指标主要表征社会经济系统能源结构的合理性，通过结构调整降低社会经济活动对环境的影响，采用能源产出率、水资源产出率、建设用地产出率评价；资源产出指标表征社会经济活动利用资源的效率提升情况，采用煤炭消费占能耗总量比重评价。

环境管理。环境高质量发展通过加大环境管理投入、加强环境治理，提供更多的优质生态产品，满足民众日益增长的对优美生态环境的需要。基于此，环境管理指标由环境保护投资占 GDP 比重指标构成。从机理上看，该指标能够体现各省份对环境管理的投入。

表 1　环境高质量发展评价指标体系

一级指标	二级指标	权重	备注
环境质量	全年优良天数比例(%)	0.0504	正向
	建成区绿化覆盖率(%)	0.0495	正向
	受保护地占国土面积比例(%)	0.0483	正向
	土地利用(%)	0.0498	正向
	淡水压力(%)	0.0505	负向

一级指标	二级指标	权重	备注
污染减排	CO_2排放强度（吨/亿元）	0.0504	负向
	SO_2排放强度（吨/亿元）	0.0505	负向
	COD排放强度（吨/亿元）	0.0505	负向
	氨氮排放强度（吨/亿元）	0.0505	负向
	工业废水排放量（亿吨）	0.0504	负向
	城镇生活垃圾填埋处理量（亿吨）	0.0494	正向
	城市生活污水集中处理达标率（%）	0.0504	正向
	生活垃圾无害化处理率（%）	0.0503	正向
	农村卫生厕所普及率（%）	0.0503	正向
	城镇每万人口公共交通客运量（万人次/万人）	0.0499	正向
资源利用	能源产出率（万元/吨标准煤）	0.0497	正向
	水资源产出率（元/吨）	0.0489	正向
	建设用地产出率（亿元/公里^2）	0.0500	正向
	煤炭消费占能耗总量比重（%）	0.0504	负向
环境管理	环境保护投资占GDP比重（%）	0.0498	正向

资料来源：《中国统计年鉴》、各省级行政区统计年鉴、《中国环境年鉴》、《中国国土资源统计年鉴》及《中国能源统计年鉴》等。

（二）北京环境高质量发展情况

1. 纵向分析

2005~2019年，北京环境质量总体呈现上升态势，由持续增长转变为波动增长。2005年北京环境高质量发展指数为0.553，2019年为0.720，增长幅度为30.20%，年均增长率为1.90%。与经济和社会高质量发展指数的增幅相比，北京环境高质量发展指数的增长幅度低于前者而高于后者。从历史变化来看，2005~2012年北京环境高质量发展指数持续增长，年均增长率为2.69%。此后，该指数呈现波动增长态势。2013年，全国遭遇较严重的雾霾天气，各省份包括北京在内空气质量出现断崖式下降。因此，北京2013年的环境高质量发展指数相比2012年有所下降。2015年由于环境保护投资占GDP比重下降以及工业废水排放量增加，该指数亦出现了相对明显的下降。2018年水资源产出率的降低使得该指数再次下降。除此之外，在其他年份，北京环境高质量发展指数均有所上升。总体来看，2012~2019年北京环境高质量发展指数呈现增长趋势，年均增长率为1.12%，增长速度低于2005~2012年。2019年北京环境高质量发展指数相比2017年和2018年略有增长。2017~2019年和2018~2019年的增幅分别为0.14%和0.98%，前者的年均增速为0.07%（见图1）。

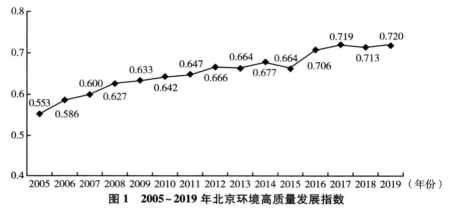

图1 2005~2019年北京环境高质量发展指数

资料来源：笔者根据指数计算结果自制，下同。

从四个子维度来看，北京资源利用水平不断提高，为环境高质量发展的第一动力源（见图2）。2005~2019年，北京资源利用指数由0.081上升为0.175，增长幅度为116.05%，年均增长率为5.66%。从增长量来看，该指数2005~2019年共增长0.094，在环境高质量发展指数增量中所占比重为56%，贡献率高于其他三个子维度指数。因此，资源利用水平提高为北京环境高质量发展的第一推动力。分时间段来看，2005~2010年、2010~2015年、2015~2019年北京资源利用指数的增长量分别为0.035、0.042和0.017，对北京环境高质量发展指数变化量的贡献率分别为39%、191%、30%。由此可见，资源利用对环境高质量发展的推动作用于2010~2015年最大。

污染减排力度较大，为环境高质量发展的第二驱动力。2005~2019年，污染减排指数均高于其他三个子维度指数，表明北京在污染减排方面力度较大、水平较高。从历史发展趋势来看，污染减排指数由2005年的0.368增长为

2019 年的 0.418，增长幅度为 13.59%，年均增长率为 0.91%，增长量为 0.050，占环境高质量发展指数增量的 30%。贡献率低于资源利用指数高于环境质量指数和环境管理指数，为环境高质量发展的第二驱动力。从不同时间段来看，污染减排指数于 2005~2010 年、2010~2015 年、2015~2019 年的增量分别为 0.038、-0.008、0.020，对环境高质量发展指数增长的贡献率分别为 43%、-36%、36%。可见，2005~2010 年和 2015~2019 年，污染减排对环境高质量发展的推动作用大于资源利用。但 2010~2015 年污染处理和减排力度有所减小，污染减排对环境发展质量提高的总体贡献低于资源利用。

环境质量指数和环境管理指数有所增长，但对环境高质量发展的推动作用较小。2005~2019 年，环境质量指数由 0.093 增长为 0.095，增长量为 0.002，在环境高质量发展指数增量中所占比重为 1%。环境管理指数由 0.011 增长为 0.032，增量为 0.021，占环境高质量发展指数增量的 13%。可见，相对于资源利用指数与污染减排指数而言，环境质量指数和环境管理指数的增量较低，对环境高质量发展的推动作用有限。分时间段来看，2005~2010 年、2010~2015 年、2015~2019 年环境质量指数的贡献率分别为 12%、-64%、

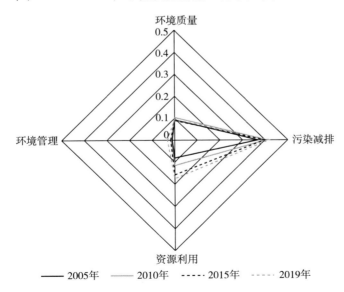

图 2　2005 年、2010 年、2015 年、2019 年北京环境高质量发展各维度指数

9%。由于受2013年雾霾天气的影响，环境质量指数于2010~2015年出现下降，其对环境高质量发展指数的提升为负向贡献。2005~2010年、2010~2015年、2015~2019年环境管理指数的贡献率分别为6%、9%、25%。可见，环境管理对环境高质量发展的贡献率随着时间的推移逐渐提高。

2. 横向比较

（1）环境质量指数

北京环境质量指数在全国处于中等偏下水平，受保护地占国土面积比例和淡水压力等指标与海南有较大差距。2005~2019年，北京环境质量指数的年平均值为0.096，低于全国平均水平（0.120）。在全国30个省份①中，海南的环境质量指数最高。因此，本报告选择海南与北京在环境质量维度进行比较。2005~2019年，海南的环境质量指数均高于北京（见图3）。就具体指标而言，除建成区绿化覆盖率外，海南其他指标均优于北京。尤其受保护地占国土面积比例差距最大，北京该指标的数值为8.33%，海南为78.82%。海南受保护地占国土面积比例是北京的9.5倍。另外，北京的用水压力也远大于海南。2019年，北京的淡水压力为169.51%，海南为18.39%。北京的淡水压力是海南的9.2倍。由此可见，北京的环境质量与全国最优省份海南的差距较大，扩大自然保护区面积、推进水资源节约利用是北京提高环境质量、缩小与海南差距的关键。

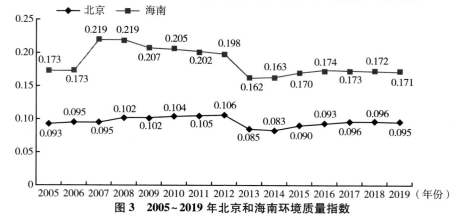

图3　2005~2019年北京和海南环境质量指数

---

①　因缺少港澳台和西藏的统计数据，此处对全国30个省份进行统计分析。

（2）污染减排指数

北京污染减排水平稳居全国第一，但农村卫生厕所普及率等方面略低于上海。2005~2019年，北京污染减排指数均高于其他各省份，位于全国第一。本报告选择排名第二的上海与北京进行比较。结果显示，2005~2019年，北京污染减排水平高于上海，但差距有所缩小。2005年，北京与上海污染减排指数的差值为0.053，2019年下降为0.020。分析两城市污染减排指数的增长速度，发现2005~2019年北京该指数的年均增长率（0.91%）低于上海（1.68%）（见图4）。可见，虽然北京污染减排水平高于上海，但历史增速相对较低。从该维度具体指标来看，2019年北京CO_2排放强度以及城镇生活垃圾填埋处理量、城市生活污水集中处理达标率等绝大多数指标优于上海，但COD排放强度相对上海较高，农村卫生厕所普及率相对上海略低。从指标增长速度来看，上海COD排放强度下降幅度（94.11%）大于北京（88.24%），而工业废水排放量的增长幅度（2.78%）小于北京（18.75%）。此外，上海城镇生活垃圾填埋处理量和城镇每万人口公共交通客运量均有较大增长，而北京这两个指标均有所下降。由此，上海污染减排指数的增速高于北京。综上，北京在污染减排方面应当进一步提高农村卫生厕所普及率，加速推进COD排放强度下降。此外，还应注重稳定垃圾处理和公共交通方面的优势，控制工业废水排放量的增长。

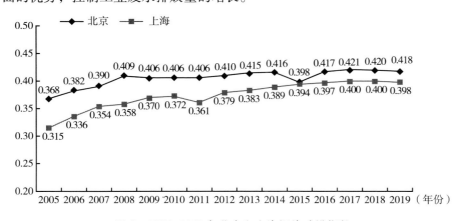

图4 2005~2019年北京和上海污染减排指数

（3）资源利用指数

北京资源利用水平位于全国前列，但水资源产出率及其增幅相比天津较低。2005～2019年，北京资源利用指数年平均值为0.132，位列全国第一。天津的资源利用指数次于北京，位列第二，且2012～2014年其资源利用指数超过北京。因此，本报告选择天津与北京在资源利用维度进行比较。总体来看，2005～2019年北京和天津在资源利用方面差距不大，资源利用指数的差值平均为0.004。从增长幅度来看，2005～2019年，北京资源利用指数的增长幅度为116%，天津为138%（见图5）。可见，虽然2005～2019年北京的资源利用水平略高于天津，但增速相对天津较低。分析2019年该维度的各指标发现，北京能源产出率和煤炭消费占能耗总量比重两项指标值优于天津，尤其是煤炭消费占能耗总量比重的优势明显。2019年北京煤炭消费占能耗总量比重为1.77%，天津为32.64%，北京煤炭消费占能耗总量比重远低于天津。但从水资源产出率和建设用地产出率来看，北京与天津相比处于劣势。2019年，天津水资源产出率和建设用地产出率均为北京的1.21倍。从各指标变化趋势来看，北京建设用地产出率的增幅和煤炭消费占能耗总量比重的降幅相对天津较大，但能源产出率和水资源产出率的增长幅度均小于天津。

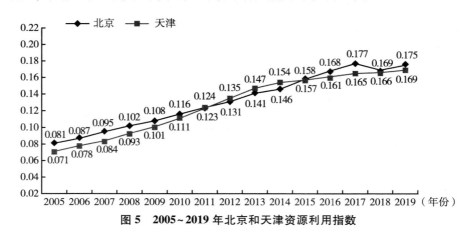

图5　2005～2019年北京和天津资源利用指数

（4）环境管理指数

北京环境管理水平相对多数省份较高，环境保护投资占GDP比重及其增幅小于新疆。2005~2019 年，北京环境管理指数的年平均值为 0.021，全国平均水平为 0.013。北京环境管理水平高于全国平均水平，且领先多数省份。2005 年以来，环境管理指数排名第一的多为新疆，因此本报告选择新疆与北京进行对比分析。2005~2010 年，北京环境管理指数高于新疆的年份数较多。2011 年起，新疆反超北京，环境管理水平开始领先。2011 年和 2019 年，新疆的环境管理指数分别为 0.021 和 0.050，北京的环境管理指数分别为 0.012 和 0.032，差值分别为 0.009 和 0.018。可见，在环境管理方面，新疆相对于北京的优势在逐渐扩大。整体来看，2005~2019 年北京环境管理指数增长了 191%，新疆增长了 317%。总体来看，新疆的环境管理水平相较北京增长较快。从具体指标来看，2019 年北京环境保护投资占 GDP 比重为 3.00%，新疆为 4.44%；2005~2019 年北京环境保护投资占 GDP 比重的增幅为 144%，新疆为 247%。由于该维度的指标仅有环境保护投资占 GDP 比重 1 项，因此环境管理指数与环境保护投资占 GDP 比重的数值特征和变化规律具有一致性。

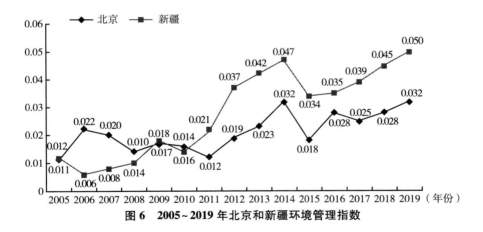

图 6　2005~2019 年北京和新疆环境管理指数

三　主要研究结论及政策建议

（一）主要研究结论

本报告从环境质量、污染减排、资源利用和环境管理四个维度构建了环境高质量发展评价指标体系，基于此分析了北京环境高质量发展的历史变化特征，并从各个维度与全国优势省区市进行了横向比较，主要研究结论如下。

2005～2019 年，北京环境高质量发展指数由持续增长转变为波动增长。2017～2019 年，北京环境高质量发展指数增幅为 0.14%，年均增长率为 0.07%。

2005～2019 年，北京环境质量指数略有增长，其对北京环境高质量发展的推动作用为四个维度中最小的。与其他省份相较而言，北京环境质量水平在全国处于中等偏下水平，受保护地占国土面积比例和淡水压力等指标与海南（全国最优水平）有较大差距。

2005～2019 年，北京污染减排水平总体呈增长态势，其对北京环境高质量发展的贡献率在四个维度中位列第二，其中 2015～2019 年排名第一。从全国来看，北京污染减排水平高于其他各省份，稳居全国第一，但农村卫生厕所普及率等方面略低于上海。

2005～2019 年，北京资源利用水平不断提高且增速较快，其为北京环境高质量发展的第一推动力。横向比较而言，2005～2019 年，北京的平均资源利用指数位列全国第一，但水资源产出率及其增速相比天津较低。

2005～2019 年，北京环境管理指数呈现波动增长态势，其对北京环境高质量发展的推动作用较小，但随着时间的推移逐渐增大。2005 年以来，环境管理指数排名第一的多为新疆，北京的环境管理水平高于多数省份。从增幅来看，北京相比新疆较小。

（二）政策建议

环境高质量发展研究结果显示，北京环境高质量发展水平明显领先于其他各省份，但环境质量水平处于全国中下游。北京的污染减排、资源利用、环境管理水平虽然相比其他省份较高，但农村卫生厕所普及率、COD 排放强度、水资源产出率等指标距离全国最优水平仍有一定差距。由此，本报告认为进一步提升北京环境高质量发展水平需要着重提升环境质量，并且强化污染减排、资源利用中的弱项。

（1）提高生态环境质量

首先，要保护重要绿色生态空间。统筹推进建设空间减量和生态空间增量，持续推进城乡建设用地减量，加强生态保育和生态建设，保障生态空间只增不减；完善自然保护地体系，构建统一的自然保护地分类设置、分级管理、分区管控制度；构建生态环境分区管控体系，建立生态环境准入清单管控体系，加强建设项目准入、污染源监管、生态环境质量改善联动管理。其次，要完善生态保护监管体系。进行"一站多点"布局，建立空天地一体化的生态质量监测体系，实现对人为干扰、生态系统质量状况等的常态化监测；制定生态环境质量评价技术规范，深入开展全市及各区生态环境质量评价，在此基础上推进形成定期评价、信息发布、绩效考评、生态补偿管理机制，逐步建立生态系统保护成效评估制度。最后，要推进生态治理与修复。开展矿山、流域生态、湿地等治理与修复，实施未治理废弃矿山分类治理；加快北运河、永定河、拒马河、潮白河等流域的治理和修复进程；保护和恢复湿地，改善城市的热岛效应；以自然恢复为重点，辅以人工修复，对浅山区的生态环境进行持续修复；修复工程项目依法实施环境影响评价，科学评估生态环境变化情况。

（2）推进水生态环境质量提升

减缓淡水压力、提高水资源产出率、提高水生态环境质量，首先需要实施水资源保护。坚持节水优先、量水发展，推广先进适用的节水技术与工艺，严格落实用水全过程精细化管理，提高用水效率；多渠道增加水源，加快推进南水北调东线进京，推动引黄工程向永定河补水常态化，充分发挥绿地、城市公园等对雨水的调蓄和消纳作用，推进工业生产、园林绿化、市政、车辆冲洗等领域优先使用再生水。其次需要开展水环境治理。加强城镇污水收集处理，补齐城镇污水处理与收集设施短板；铺设村庄污水收集管线，因地制宜地采取工程或生态措施对农村生活污水进行处理，提升农村水污染防治水平；分规模开展水质监测，开展排污口清理整治，禁止污水、垃圾入河；加强城市面源治理，推进中心城区合流制溢流和初期雨水污染治理，减少汛期溢流污水、初期雨水直接入河。最后需要保障饮用水水源安

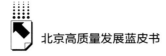
全。持续提升饮用水水源地规范化管理水平，定期开展密云水库总氮评估，探析官厅水库主要超标污染物来源，研究入库河流总氮降低及污染物削减措施；统筹实施饮用水水源保护区划定和优化调整，定期开展饮用水水源地环境状况评估，动态清理整治保护区环境问题；将风险管控措施落地，强化水源地突发事件的应急管理能力；继续坚持公开城镇饮用水水源的水质状况信息，推进农村饮用水水质状况信息公开。

（3）实施农村人居环境整治行动

改善农村人居环境，首先要加快农村厕所革命进程。逐步提高农村卫生厕所普及率，对农村公共厕所进行合理布局，支持乡村景区旅游厕所的建设；对改厕质量要进一步关注和重视，科学选择改厕技术模式，把改厕标准贯穿于农村改厕全过程；推广节水型、少水型水冲设施，研发适用于旱厕的技术和产品；对生产流通领域的农村改厕产品质量要加强监管；加强农村厕所革命与生活污水治理有机衔接，积极推动卫生厕所改造与生活污水治理一体化建设；积极推进农村厕所粪污资源化利用，推动厕所粪污就农就地消纳和综合利用。其次要强化农村生活垃圾治理能力。倡导农村生活垃圾分类，尤其是源头分类减量，减少垃圾出村处理量，易腐烂垃圾和煤渣灰土就地就近消纳，其他垃圾无害化处理；对农村有机生活垃圾和生产废弃物以及厕所粪污进行资源化回收利用，积极探索资源化利用的路径。对农药肥料包装和废旧农膜等进行回收处理，鼓励将农村建筑垃圾用于乡村道路和景观建设等。

专题报告

Special Reports

B.5
北京产业高质量发展指数报告（2022）*

摘　要： 2022 年国务院《政府工作报告》提出，"推动产业向中高端迈进"。本报告从产业基础、创新发展、协调发展、绿色发展、开放发展、共享发展六个维度建构产业高质量发展评价指标体系，对北京产业升级进程和发展特征进行评价分析，并提出针对性发展对策，为北京产业高质量发展献计献策。报告研究结果显示，2020 年，北京产业高质量发展指数为 0.7229，是 2005 年的 2.1 倍，年均增长率 5.2%。在六个维度中，产业绿色发展指数增幅最大，2020 年北京产业绿色发展指数是 2005 年的 3.3

---

* 作者：北京市科学技术研究院高质量发展研究中心。执笔人：方力、贾品荣、李德亮。方力，北京市科学技术研究院党组书记、研究员，北京市习近平新时代中国特色社会主义思想研究中心特约研究员、北科院研究基地主任，北京市科学技术研究院首都高端智库主任，主要研究方向为可持续发展；贾品荣，北京市科学技术研究院"北科学者"、高质量发展研究中心主任、高精尖产业研究学术带头人，研究员，主要研究方向为技术经济及管理；李德亮，北京市科学技术研究院高质量发展研究中心课题组成员，四川大学商学院硕士研究生，主要研究方向为管理科学与工程。

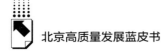

倍。其他维度亦实现了大幅增长。从贡献率分析，绿色发展指数
贡献率最高，北京产业协调发展指数贡献率亟须提升。北京产业
高质量发展具有六大特征：第一，数字基础设施升级，产业发展
再添动力；第二，构筑创新发展优势，人才驱动蓄力前行；第
三，协调发展空间打开，高精尖产业表现突出；第四，绿色发展
助力增长，减污降碳协同增效；第五，开放发展迈上新台阶，服
务贸易优势突出；第六，就业环境得到改善，共享发展更进一步。

关键词： 产业高质量发展　产业基础　创新发展　绿色协调　开放共享

一　产业高质量发展要义

产业高质量发展是指在保持合理增长速度的前提下，一二三次产业更加
重视发展质量，是产业布局优化、产业结构合理、实现产业升级、能够显著
提高产业效益的发展战略、发展模式，其要义有五。

要义之一：产业高质量发展从注重要素投入向关注要素生产率和优化配
置转变。通常而言，在经济起飞阶段，数量型经济发展主要靠增加传统生产
要素的供给，经济增长要素生产率相对较低。在这一时期，要素市场机制不
完善以及城乡之间的二元分割导致要素配置在各地区之间发生扭曲。在高质
量发展阶段，需要提高技术进步和人才等高端要素对经济增长的带动作用，
同时优化资源配置，实现更高效率的产出。

要义之二：产业高质量发展从重视高增长行业向关注产业协同发展、构
建现代化产业体系转变。高增长行业是对一国经济增量贡献率最高的行业，
但高增长行业过热会导致经济结构失衡。在一段时间内，我国原材料产业的
经济贡献率较高，但引发了重复建设，造成产能过剩。因此，在高质量发展
阶段，需要产业协同发展，使经济系统中各部门的比例关系更加合理，各部
门之间的融合程度加深，这样更有利于构建现代化产业体系。

要义之三：产业高质量发展从关注产业增加值单一维度转向生态环境质量等多个维度。生态环境质量从环境成本角度考察经济发展质量。我国在一段时间内的粗放式发展对生态环境造成了破坏，经济发展的绿色转型迫在眉睫。一方面，传统能源资源要素的供给趋紧，继续依靠高投入、高排放维持经济增长难以为继；另一方面，环境污染不仅造成巨大的经济损失，也带来严峻的社会问题。近年来，我国积极推进清洁生产，大力促进低碳绿色产业发展，经济发展的绿色转型效果明显。在高质量发展阶段，应认识到生态环境质量的改善是长期的系统工程，必须依靠技术进步改变要素投入结构，充分发挥市场配置作用，依靠市场机制提高能源和资源利用效率，不断提高我国产业发展的生态环境质量。

要义之四：产业高质量发展从产品处于国内质量阶梯前沿向产品接近世界质量边界转变。我国不仅形成了世界上较为完备的产业体系，而且我国企业积极向质量阶梯前沿攀升，我国品牌的质量不断提高。同时，我国企业在国际贸易中逐步从加工贸易环节向研发、营销两头延伸，重视提高出口产品的科技含量，进一步培育技术、品牌、质量等出口新优势。但不容忽视的是，我国一些产业仍处于全球价值链中的中低端地位。国际经验表明，接近世界质量边界能提高企业国际竞争力。世界 500 强企业能在全球竞争中处于主导地位，靠的就是产品质量处于世界质量边界。因此，在高质量发展阶段，我国企业要花大力气提高产品质量，注重效益和质量的提高，使产品质量普遍接近世界质量边界，进一步提高我国在全球价值链中的利益分配所得，从而激发经济增长的新动能。

要义之五：产业高质量发展从关注 GDP 向以人民为中心、实现共同富裕转变。经济发展的最终目的是增加社会福利和提高居民的生活水平。有效的经济发展会增加整体居民福利，表现为居民的财富分配更加合理、城乡居民收入差距不断缩小。兼顾公平和效率的分配会不断释放现阶段的经济增长动力。居民福利和财富水平的提高反过来也会促进经济发展质量的提高。福利分配和人民生活还会通过影响人力资本积累水平来影响经济发展质量。当收入分配不平等时，低收入人群会选择不进行或者少进行人力资本投资；当收入分配相对平等时，这部分劳动力就会多投入人力资本，从而由传统部门向现代部门转移。在高质量发展阶段，要以人民为中心，促进全社会积极进行人力资本投资，推动生产可能性边界向外推进，使整个社会充满创新、创业、创造的氛围。

二 六个维度衡量产业高质量发展

产业高质量发展，不仅要实现产业产值总体呈现平稳上升的趋势，而且要实现生产效率的持续提高，使产业发展从注重要素投入向关注要素生产率和优化配置转变，从重视高增长行业向关注产业协同发展、构建现代化产业体系转变，从关注产业增加值单一维度向生态环境质量等多个维度转变，从处于国内质量阶梯前沿向产品接近世界质量边界转变，从关注 GDP 向以人民为中心、实现共同富裕转变。即通过创新发展使产业具有更强的竞争力，通过协调发展使产业结构合理化，通过绿色发展实现产业的绿色生态，通过开放发展加快实现"双循环"新发展格局，通过共享发展走上共同富裕之路。

在理解产业高质量发展特征的基础上，本报告构建了由产业基础、创新发展、协调发展、绿色发展、开放发展、共享发展构成的产业高质量发展评价指标体系。

产业基础是产业高质量发展的重要支撑。产业基础是各经济主体从事生产经营和生活的基础性条件。基础设施作为产业升级、自主创新和区域经济发展的基础要素，对产业发展具有基础性、战略性、先导性作用。一般而言，基础设施建设需适度超前于经济社会发展，应提前规划，为高质量发展提供支撑和保障。产业基础由产业整体发展水平、交通运输能力、信息化配套建设、产业人才配置情况四个方面衡量，本报告选取总体产出水平、运输能力、信息化水平、人才配置 4 个二级指标表征产业基础指标。

创新发展是产业高质量发展的内生动力。科技创新投入的增加有利于提高企业的全要素生产率，而全要素生产率的提高对质量的提升具有显著的正向作用。产业的创新发展离不开产业对创新科研的持续投入和对创新成果的利用，本报告选取创新投入和创新产出两个二级指标衡量创新发展指标。

协调发展是产业高质量发展的重要手段。在产业层面，我国一二三次产业互动不够；在企业层面，龙头企业的带动作用有待提高；在区域层面，特色产业的效率发展是促进产业发展的重要抓手。因此，产业的协调发展可以用产业结构和企业结构的优化调整及具体产业的发展效率来衡量，本报告选取产业结构、企业结构、发展效率3个二级指标衡量协调发展指标。

绿色发展是产业高质量发展的根本要求。降低资源的消耗、减少污染物排放和推进环境污染治理是重点。本报告选取资源消耗、污染排放、环境治理3个二级指标衡量绿色发展指标。

开放发展是产业高质量发展的必由之路。产业的开放发展要形成以国内大循环为主体、国内国际双循环相互促进的新发展格局。现有的研究表明，贸易开放从国际贸易、国际投融资、市场内需三个方面促进产业发展。

共享发展是产业高质量发展的重要内容。共享发展具有收入分配效应，能够改善行业和企业收入分配结构，有利于促进员工劳动收入的提高。共享发展体现了人民群众对美好生活的殷切向往，本报告以社会公平和人民生活两个二级指标衡量共享发展指标。

本报告建构的指标体系见表1。

表1 产业高质量发展评价指标体系

一级指标	二级指标	三级指标	权重	指标属性
产业基础（0.1667）	总体产出水平	人均GDP（万元）	0.0774	正指标
		社会劳动生产率（元/人）	0.0430	正指标
		第一产业劳动生产率（元/人）	0.0494	正指标
		第二产业劳动生产率（元/人）	0.0364	正指标
		第三产业劳动生产率（元/人）	0.0251	正指标
	运输能力	人均快递量（件）	0.1062	正指标
		人均铁路货运量（吨）	0.0864	正指标
		人均公路货运量（吨）	0.0791	正指标
		人均机场货邮吞吐量（吨）	0.0903	正指标
	信息化水平	人均光缆线路长度（公里）	0.0993	正指标
		人均互联网宽带接入端口数（个）	0.1184	正指标

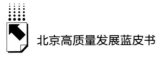

续表

一级指标	二级指标	三级指标	权重	指标属性
产业基础 (0.1667)	人才配置	高等学校 R&D 机构增速(%)	0.0575	正指标
		归国留学人数占比(%)	0.0629	正指标
		研究生毕业生数增速(%)	0.0686	正指标
创新发展 (0.1667)	创新投入	R&D 经费投入强度(%)	0.1749	正指标
		R&D 人员占比(%)	0.2172	正指标
		教育经费投入强度(%)	0.2743	正指标
	创新产出	万人科技成果登记数(项)	0.1228	正指标
		万人发明专利申请授权数(项)	0.1228	正指标
		技术合同成交额占 GDP 比重(%)	0.0881	正指标
协调发展 (0.1667)	产业结构	农业增加值占 GDP 比重(%)	0.1130	正指标
		工业增加值占 GDP 比重(%)	0.0734	正指标
		金融业增加值占 GDP 比重(%)	0.0734	正指标
		高精尖产业收入占 GDP 的比重(%)	0.0641	正指标
		二三产业协同发展指数	0.0477	正指标
	企业结构	世界 500 强企业数量(家)	0.1791	正指标
	发展效率	农机效率指数	0.1126	正指标
		高精尖产业技术合同成交额占全市比重(%)	0.0579	正指标
		全球金融中心指数排名	0.1516	正指标
		开发区用地亩均产出(亿元)	0.1271	正指标
绿色发展 (0.1667)	资源消耗	单位 GDP 能源消费量(吨标准煤/万元)	0.1544	逆指标
		单位 GDP 电力消费量(千瓦时/万元)	0.1544	逆指标
		单位 GDP 水资源消费量(千瓦时/万元)	0.1544	逆指标
	污染排放	单位 GDP 二氧化硫排放量(万吨/亿元)	0.1311	逆指标
		单位 GDP 废水排放量(吨/万元)	0.1311	逆指标
	环境治理	污水处理率(%)	0.0960	正指标
		工业污染治理总额占 GDP 比重(%)	0.0655	正指标
		区域环境噪声平均值(分贝)	0.1131	逆指标
开放发展 (0.1667)	国际贸易	服务贸易进出口总额(亿美元)	0.1532	正指标
		高技术产品进出口贸易总额占 GDP 比重(%)	0.0719	正指标
		对外经济合作完成营业额占 GDP 比重(%)	0.0915	正指标
		外商投资企业出口额占 GDP 比重(%)	0.0894	正指标
	国际投融资	外商投资企业注册资本(百万美元)	0.1857	正指标
		实际利用外资金额占 GDP 比重(%)	0.0963	正指标
		对外直接投资占 GDP 比重(%)	0.0632	正指标

一级指标	二级指标	三级指标	权重	指标属性
开放发展 （0.1667）	市场内需	社会消费品零售总额（亿元）	0.1338	正指标
		全社会固定资产投资（亿元）	0.1151	正指标
共享发展 （0.1667）	社会公平	劳动者报酬占 GDP 比重（%）	0.1678	正指标
		城乡居民恩格尔系数之比	0.1110	逆指标
	人民生活	就业人数（万人）	0.3018	正指标
		房价收入比	0.1658	逆指标
		人均医疗卫生财政支出（元）	0.1743	正指标
		产品质量合格率（%）	0.0793	正指标

三　评价方法

本报告采用基于层次分析法的 BP 神经网络评价模型对产业高质量发展指数进行评价，分析当前北京产业发展水平。

（一）层次分析法

本报告对各指标权重的赋予采用的是层次分析法。这是一种将定量分析和定性分析系统性地组合在一起的决策方法。层次分析法首先要确定研究问题的性质，然后确定想要达到的最终目标，接着将与最终目标有关的因素分为不相同的影响因素，按照影响因素的不同性质，聚合成不同层次，最后形成一个完整的分析结构模型。层次分析法最大的优点就是能够衡量各指标之间的相对重要程度，使分析评价结果更有价值。具体有五个步骤。

1. 构建层次结构模型

考虑各指标之间的相对重要程度，建立起相应的层次结构模型。层次结构模型由三层组成，分别为目标层、准则层及方案层。目标层位于最上面一层，一般只有一个预期目标，代表决策者最终的预期目标；准则层位于中间层，代表能否满足决策者预期目标的判断标准；而方案层位于最下面一层，代表具体的判断标准。

2. 建立判断矩阵

先对两层之间进行重要程度比较，然后将方案层内的各指标进行相互对比，形成判断矩阵。每一次的重要程度对比，一般是专家按照 1~9 的重要程度打分，称为 1~9 标度法。将两个指标之间进行重要程度对比记为 X_{ij}，$i=1$，2，$\cdots$，m，$\cdots$，n；$j=1$，2，$\cdots$，m，$\cdots$，n；详细比较标准见表 2。

表 2　判断矩阵比较标准

标度 X_{ij}	定义
1	i 跟 j 相同重要
3	i 比 j 稍稍重要
5	i 比 j 比较重要
7	i 比 j 非常重要
9	i 比 j 绝对重要
2,4,6,8	i 比 j 的重要程度介于相邻等级之间
1/2,1/3,1/4,1/5,1/6,1/7,1/8,1/9	X_{ij} 跟 X_{ji} 相互为倒数

如果下一层的评价指标 B_1，B_2，$\cdots$，B_n 对上一层的评价指标 B 有一定的影响，那么判断矩阵见表 3，其中 a_{ij} 表示的是在评价指标 B 下，下一层指标 B_m 对于 B_n 的相互重要程度的数值表示。

表 3　判断矩阵数值表示

B	B_1	B_2	$\cdots$	B_n
B_1	a_{11}	a_{12}	$\cdots$	a_{1n}
B_2	a_{21}	a_{22}	$\cdots$	a_{2n}
$\cdots$	$\cdots$	$\cdots$	$\cdots$	$\cdots$
B_n	a_{n1}	a_{n2}	$\cdots$	a_{nn}

判断矩阵都具备以下三个特点：

$$a_{ij} > 0 \tag{1}$$

$$a_{ij} = 1/a_{ji} \tag{2}$$

$$a_{ii} = 1 \tag{3}$$

从公式（1）（2）（3）可以看出判断矩阵是对称的，并且如果某个判断矩阵都满足上面三个特点，那就说明该判断矩阵具有一定的一致性。但在通常情况下，还需要进行一致性检验来最终确认该判断矩阵是否通过。

3. 每层权重排序

进行层次间的权重排序最常用的是最小二乘法、方根法等，本报告采取方根法进行权重计算。

计算判断矩阵中每一行的乘积 N_i

$$N_i = \prod_{j=1}^{n} a_{ij} \tag{4}$$

计算 N_i 的 n 次方根 $\overline{W_i}$

$$\overline{W_i} = \sqrt[n]{N_i} \tag{5}$$

对特征向量 $\overline{W} = [\overline{W_1}\ \overline{W_2}\cdots\overline{W_n}]$ 进行正规化处理，求出层次内的评价指标权重

$$W_i = \frac{\overline{W_i}}{\sum_{j=1}^{n} \overline{W_i}} \tag{6}$$

计算该判断矩阵的最大特征值 λ_{max}

$$\lambda_{max} = \sum_{i=1}^{n} \frac{(AW)_i}{nW} \tag{7}$$

其中，$(AW)_i$ 表示 AW 的第 i 个元素。

4. 计算判断矩阵是否通过一致性检验

对评价指标的一致性 CI 进行计算，如果 CI 越大，就越说明判断矩阵存

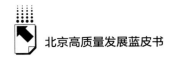
在不一致现象。

$$CI = \frac{\lambda_{\max} - n}{n - 1} \tag{8}$$

其次，为了衡量 CI 的大小，引入随机一致性指标 RI。判断矩阵同一层次的一致性指标 CI 与随机一致性指标 RI 的比值记为 CR。

$$CR = \frac{CI}{RI} < 0.1 \tag{9}$$

说明判断矩阵一致性检验通过，计算出来的权重符合要求。

5. 构建评价模型

将各个评价指标的数值和对应权重相乘进而得到评价结果。

（二）BP 神经网络模型

BP 神经网络模型是机器学习中常用的预测方法，它由输入层、隐含层及输出层三层结构组成，它将数据输入 BP 神经网络，经 BP 神经网络模拟训练，再通过反向传递机制将实际输出与期望输出的误差减小到一定的范围内，最后输出最优结果。BP 神经网络模型的基本结构见图 1。

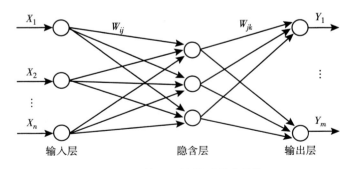

图 1 BP 神经网络模型基本结构

运用 BP 神经网络模型进行评价的基本思路如下。

第一，对收集到的评价指标进行标准化处理，作为 BP 神经网络模型的输入，然后将由层次分析法得出的各指标权重与相应处理过的评价指标数据相乘，得到的结果为 BP 神经网络模型的期望输出。本报告使用极差标准化方法处理数据。一般而言，如果评价指标数值越大越好时定义为正指标，采用公式（10）对数据进行标准化处理；如果评价指标数值越小越好时定义为逆指标，采用公式（11）对数据进行标准化处理。

$$\overline{X_i} = 0.1 + \frac{X_i - X_{i\min}}{X_{i\max} - X_{i\min}} \times 0.9 \tag{10}$$

$$\overline{X_i} = 0.1 + \frac{X_{i\max} - X_i}{X_{i\max} - X_{i\min}} \times 0.9 \tag{11}$$

第二，进行 BP 神经网络模型的设计，包括神经网络的层数选择、每层神经元个数的选择、激励函数的选择、学习速率等。本报告选择三层神经网络，输入层神经元个数为 53，隐含层神经元个数为 4，输出层神经元个数为 1，激励函数选择 ReLU 函数，学习速率选择默认设置。

第三，进行 BP 神经网络模型的模拟训练，将处理好的评价指标数据分为两部分，一部分为训练集，一部分为测试集。先将一部分训练集数据输入 BP 神经网络模型，然后把 BP 神经网络模型模拟得到的实际输出与期望输出相互对比，如果误差小于 5%，就说明该 BP 神经网络模型已经搭建完成；如果误差超过 5% 就要进行参数调整，重新训练直到达到误差范围标准。

第四，利用 BP 神经网络模型进行模拟评价。本报告利用 2005～2014 年北京产业评价指标数据训练模型，再使用 2015～2020 年北京产业评价指标数据检验模型效果。实验结果见表 4。

表 4 BP 神经网络模型实验结果

	年份	期望输出	实际输出	误差
训练结果	2005	0.3383	0.3276	0.0107
	2006	0.3762	0.3759	0.0003
	2007	0.3817	0.3846	0.0029
	2008	0.4399	0.4436	0.0037

续表

	年份	期望输出	实际输出	误差
训练结果	2009	0.4257	0.4330	0.0073
	2010	0.4614	0.4705	0.0091
	2011	0.5178	0.5213	0.0035
	2012	0.5827	0.5736	0.0091
	2013	0.6119	0.6148	0.0029
	2014	0.6480	0.6500	0.0020
模拟结果	2015	0.6986	0.6893	0.0093
	2016	0.6894	0.6909	0.0015
	2017	0.7301	0.7253	0.0048
	2018	0.7366	0.7308	0.0058
	2019	0.7889	0.7730	0.0159
	2020	0.7229	0.7182	0.0047

由表4可以得知，10组训练结果中误差最大的为0.0107，最小的为0.0003，满足小于5%的精度要求，并且模拟结果中误差最大仅为0.0159，也没有超过5%的误差范围，说明该BP神经网络模型适合使用该数据进行模拟预测。

四 北京产业高质量发展呈现六大特征

本报告评价结果显示，北京产业高质量发展呈现六大特征。

（一）数字基础设施升级，产业发展再添动力

2005年，对北京产业基础指数贡献率最高的是人均铁路货运量，其次是人均公路货运量（见图2）；2020年对北京产业基础指数贡献率最高的是人均互联网宽带接入端口数，其次是人均快递量（见图3）。这反映了北京大力培育新经济产业，新型基础设施加速建设，支撑未来产业高质量发展。

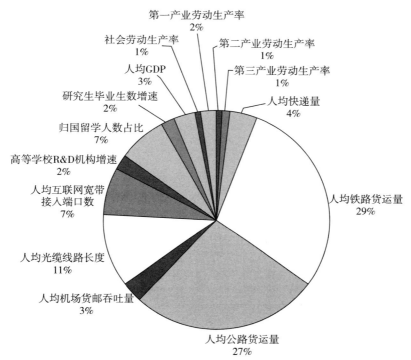

图2　2005年北京产业基础指数各三级指标贡献率

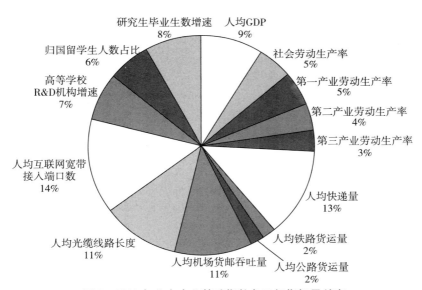

图3　2020年北京产业基础指数各三级指标贡献率

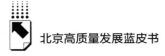
反映这一特征的第一个核心指标为人均互联网宽带接入端口数。如图 4 所示，2020 年北京人均互联网宽带接入端口数 0.86 个，比 2005 年多 0.59 个，年均增长率 8%。产业互联网是北京建设全球数字经济标杆城市的重要内容，是驱动产业高质量发展的核心力量。预计到 2023 年，北京工业互联网核心产业规模将达到 1500 亿元。

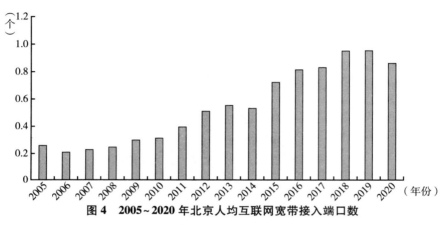

图 4　2005~2020 年北京人均互联网宽带接入端口数

资料来源：国家数据平台（2005~2020）。

反映这一特征的第二个核心指标为人均快递量。如图 5 所示，2020 年北京人均快递量高达 93.78 件，比 2005 年多 92.61 件，年均增长率 34%，

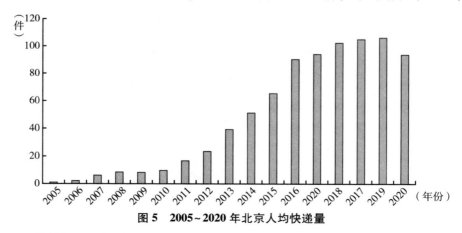

图 5　2005~2020 年北京人均快递量

资料来源：国家数据平台（2005~2020）。

清楚地显示出快递业对北京产业发展的带动和支撑作用，从侧面反映了线上销售、直播电商、物流运输等新业务、新活力的发展，线上线下交易频繁，为产业高质量发展奠定了基石。

（二）构筑创新发展优势，人才驱动蓄力前行

2005 年，对北京创新发展指数贡献率最高的是万人科技成果登记数，其次是教育经费投入强度（见图6）；2020 年，对北京创新发展指数贡献率最高的是教育经费投入强度，其次是 R&D 人员占比（见图7）。教育经费投入强度是政府重视教育环境的重要体现，反映出人才培养是驱动创新发展的重要因素。北京加快建设国际科技创新中心，2020 年国家高新技术企业达到 2.9 万家，独角兽企业 93 家，数量居世界城市首位。2020 年技术合同成交额 6316.2 亿元，同比增长 10.9%。

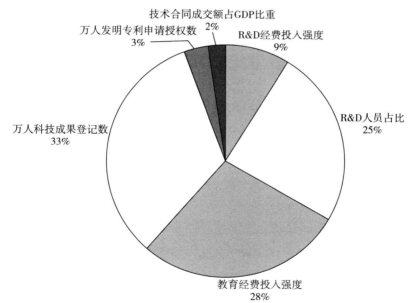

图 6　2005 年北京创新发展指数各三级指标贡献率

反映这一特征的第一个核心指标为教育经费投入强度。如图8所示，北京教育经费投入总体呈增长态势，营造出良好的教育氛围，持续输出创新人

才。2020 年北京教育经费投入强度为 3.3%。值得一提的是，北京提出，在 2025 年高等教育聚焦国家前沿方向、北京特色需求，大力进行学科交叉融合，开展一系列前沿、基础及应用研究；打破现有学科壁垒，推进新工科、新医科、新文科等建设，加快培养行业高精尖人才，助力产业迈向高质量发展。

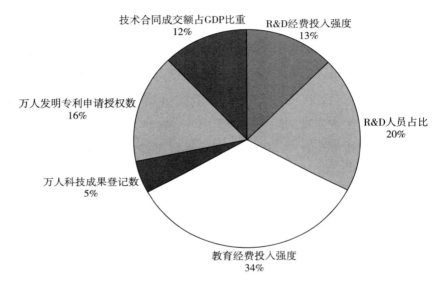

图 7　2020 年北京创新发展指数各三级指标贡献率

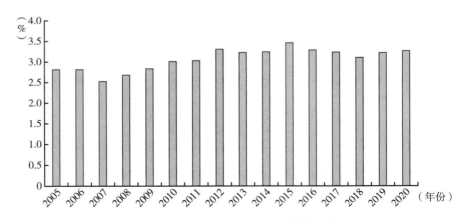

图 8　2005~2020 年北京教育经费投入强度

资料来源：国家数据平台（2005~2020）。

反映这一特征的第二个核心指标为技术合同成交额占 GDP 比重。如图 9 所示，北京技术合同成交额占 GDP 比重从 2005 年的 8.2% 增长至 2020 年的 16.1%，年均增长率 4.6%。技术合同成交额是衡量技术市场的核心指标，是反映一个区域技术贸易、科技成果转化活跃度，科技成果吸纳能力，科技中介机构服务能力的重要数据，在一定程度上反映了区域科技创新能力和科技成果供给能力。2021 年，北京技术合同成交额 7005.7 亿元，全国排名第一，推动了北京高新技术产业规模化发展，积极促进了产业升级转型。

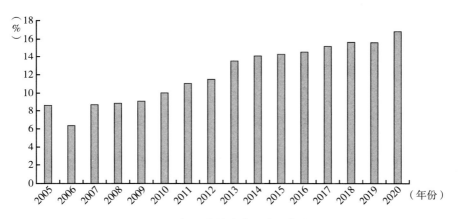

图 9　2005~2020 年北京技术合同成交额占 GDP 比重

资料来源：国家数据平台（2005~2020）。

（三）协调发展空间打开，高精尖产业表现突出

2005 年，对北京协调发展指数贡献率最高的是农业增加值占 GDP 比重，其次是全球金融中心指数排名和工业增加值占 GDP 比重（见图 10）；2020 年，对北京协调发展指数贡献率最高的是世界 500 强企业数量，其次是开发区用地亩均产出（见图 11）。北京拥有的世界 500 强企业数量全球第一，超过纽约和东京拥有数量的总和，对北京协调发展指数的贡献率提升显著。

反映这一特征的第一个核心指标为世界 500 强企业数量。如图 12 所示，世界 500 强企业数量由 2005 年仅有的 12 家上升到 2020 年的 55 家。北京世界

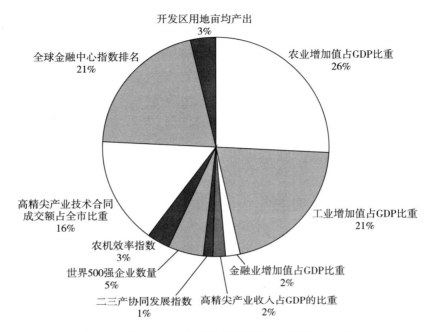

图 10　2005 年北京协调发展指数各三级指标贡献率

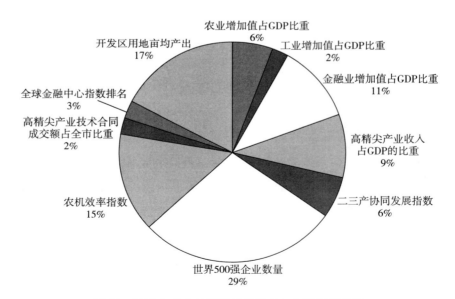

图 11　2020 年北京协调发展指数各三级指标贡献率

500 强企业数量总体稳健增长，实现了对企业结构的优化，推进了区域配套产业的升级改革，带动了区域产业协调发展。

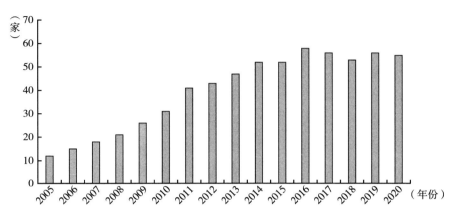

图 12　2005~2020 年北京世界 500 强企业数量

资料来源：美国《财富》杂志（2005~2020）。

反映这一特征的第二个核心指标为二三产业协同发展指数。如图 13 所示，2005 年北京二三产业协同发展指数为 0.2250，到 2020 年为 0.8974。这显示出北京产业协同发展已取得显著成效，产业协同优势明显。

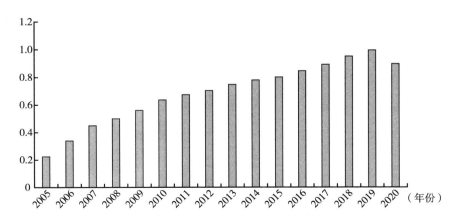

图 13　2005~2020 年北京二三产业协同发展指数

资料来源：《北京统计年鉴》（2006~2021）。

反映这一特征的第三个核心指标为高精尖产业收入占 GDP 的比重。如图 14 所示，北京高精尖产业收入占 GDP 的比重 2005 年为 8%，2020 年为 15%。当前，北京产业重点打造高精尖产业，2020 年北京实现高精尖产业增加值 9885.8 亿元，占 GDP 的比重达到 27.4%，且在高精尖产业发展水平综合评分中排第二名。预计 2025 年，北京高精尖产业收入占 GDP 比重将达到 30.0% 以上，万亿级产业集群数量达到 5 个，大力打造具有首都特点的高精尖产业体系。

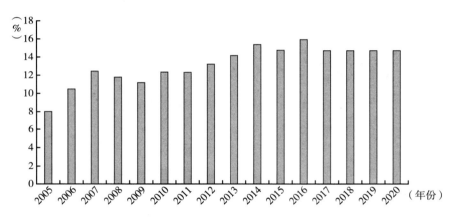

图 14　2005~2020 年北京高精尖产业收入占 GDP 的比重

资料来源：《中国高技术统计年鉴》（2005~2020）。

（四）绿色发展助力增长，减污降碳协同增效

2005 年，对北京绿色发展指数贡献率最高的是区域环境噪声平均值，其次是工业污染治理总额占 GDP 比重（见图 15）；2020 年，对北京绿色发展指数贡献率最高的是单位 GDP 能源消耗量、单位 GDP 电力消费量、单位 GDP 水资源消耗量，其次是单位 GDP 二氧化硫排放量（见图 16）。

反映这一特征的第一个核心指标为单位 GDP 二氧化硫排放量（见图 17）。北京制造业高端绿色发展效果明显。2016 年，北京单位 GDP 二氧化硫排放量为 0.0001 万吨/亿元，此后一直保持在极低范围内。2005~2020 年

北京单位 GDP 二氧化硫排放量一直处于快速下降趋势。说明北京在 2016 年开始向绿色循环经济转型，在保持高产出的同时降低对环境的污染。

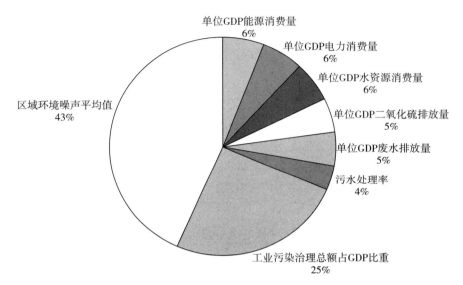

图 15　2005 年北京绿色发展指数各三级指标贡献率

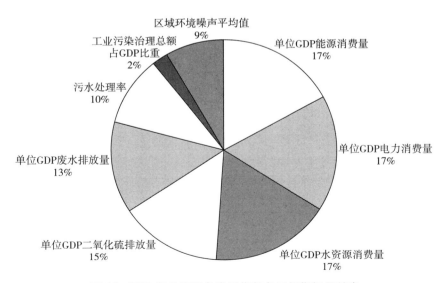

图 16　2020 年北京绿色发展指数各三级指标贡献率

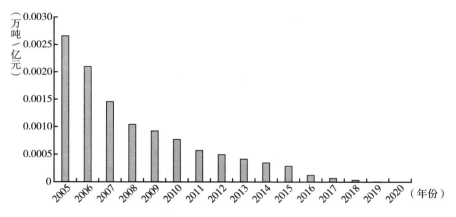

图17　2005~2020年北京单位GDP二氧化硫排放量

资料来源：《北京统计年鉴》（2006~2021）。

　　反映这一特征的第二个核心指标为污水处理率。北京污水处理率总体呈上升趋势，政府治理有力。如图18所示，2005年北京污水处理率只有62.4%。而到了2020年为91.6%，比2005年提升了46.8%。2005~2020年，北京污水处理率总体呈现缓慢上升趋势，2017年以后北京市政府重拳出击治理工业废水排放，废水乱排放得到控制。

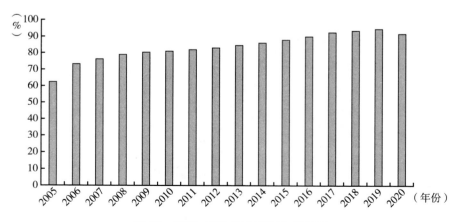

图18　2005~2020年北京污水处理率

资料来源：《北京统计年鉴》（2006~2021）。

（五）开放发展迈上新台阶，服务贸易优势突出

2005 年，对北京开放发展指数贡献率最高的是外商投资企业出口额占 GDP 比重和实际利用外资金额占 GDP 比重，其次是对外经济合作完成营业额占 GDP 比重（见图 19）；2020 年对北京开放发展指数贡献率最高的是外商投资企业注册资本，其次是服务贸易进出口总额（见图 20）。这标志着北京主动服务和融入新发展格局，助力构建经济"双循环"。

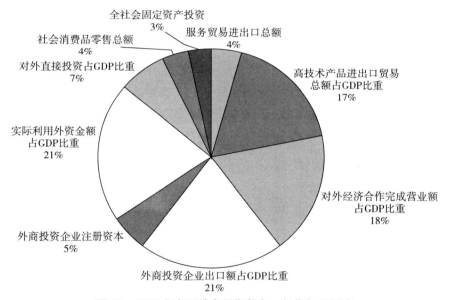

图 19　2005 北京开放发展指数各三级指标贡献率

反映这一特征的第一个核心指标为对外经济合作完成营业额占 GDP 比重。如图 21 所示，2005~2020 年北京对外经济合作完成营业额占 GDP 比重呈现上下波动态势，其中 2016~2020 年出现较大的波幅，主要因为这几年中美贸易摩擦频繁，对外经济合作受限，在一定程度上影响了贸易高质量发展的实现。

反映这一特征的第二个核心指标为社会消费品零售总额。如图 22 所示，2005~2020 年北京社会消费品零售总额总体处于快速增长阶段，2005 年仅为 2911.7 亿元，到了 2020 年提升至 13716.4 亿元，年均增长率为 10.9%。

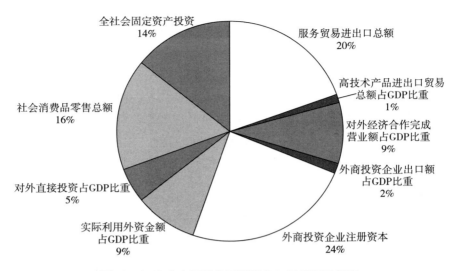

图20 2020北京开放发展指数各三级指标贡献率

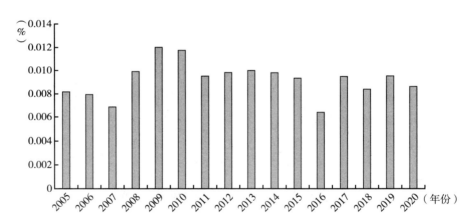

图21 2005~2020年北京对外经济合作完成营业额占GDP比重

资料来源：《北京统计年鉴》（2006~2021）。

（六）就业环境得到改善，共享发展更进一步

2005年，对北京共享发展指数贡献率最高的是房价收入比，其次是就业人数（见图23）；2020年，对北京共享发展指数贡献率最高的是就业人数，

其次是劳动者报酬占 GDP 比重（见图 24）。这表明北京的就业环境得到改善，提供了大量新兴岗位，促进了社会和谐发展，北京城镇调查失业率持续低于5%，全国最低。劳动者报酬占 GDP 比重和人均医疗卫生财政支出贡献率上升，说明民众收入增加，城市幸福感提升，稳定推进全面建成小康社会。

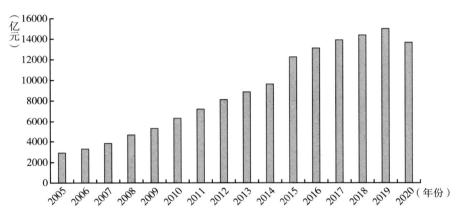

图 22　2005～2020 年北京社会消费品零售总额

资料来源：国家数据平台（2005～2020）。

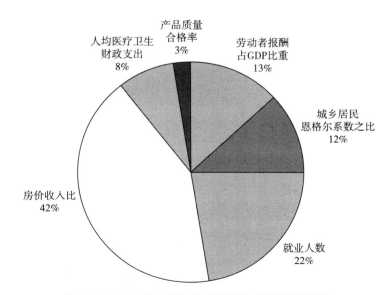

图 23　2005 年北京共享发展指数各三级指标贡献率

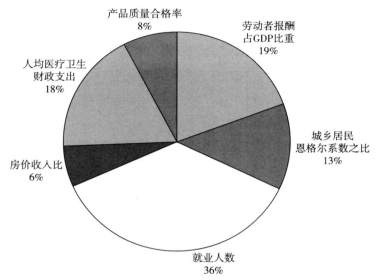

图24 2020年北京共享发展指数各三级指标贡献率

反映这一特征的第一个核心指标为城乡居民恩格尔系数之比。如图25所示，城乡居民恩格尔系数之比在2009年达到峰值1.09，到2020年下降到0.80。这说明城乡居民之间生活水平差距逐渐缩小，并且生活质量得到提升，这得益于产业发展驱动经济增长。

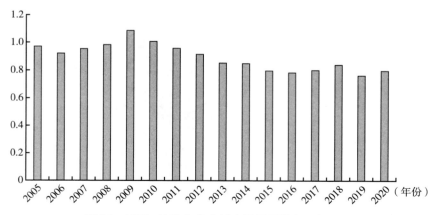

图25 2005~2020年北京城乡居民恩格尔系数之比

资料来源：国家数据平台（2005~2020）。

反映这一特征的第二个核心指标为人均医疗卫生财政支出。北京市政府抓住社会和谐发展的核心要点——医疗建设，使人民群众看得起病，吃得起药，病有所医。如图 26 所示，2005 年北京人均医疗卫生财政支出不到 1000元，而 2020 年北京人均医疗卫生财政支出达到了 2053.2 元。

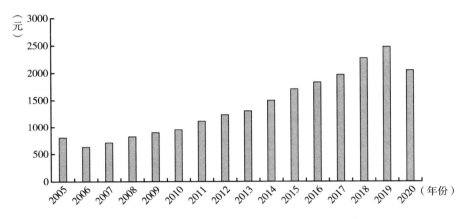

图26　2005～2020 年北京人均医疗卫生财政支出

资料来源：《北京统计年鉴》（2006～2021）。

五　北京产业高质量发展指数分析

本报告测算了北京产业高质量发展指数（见图 27）。经测算，2020 年北京产业高质量发展指数是 2005 年的 2.1 倍。2005～2020 年，北京产业高质量发展指数由 0.3383 快速增长到 0.7229，年均增长率 5.2%。

（一）六个维度分析

2020 年北京绿色发展指数是 0.8645，增长幅度最大，是 2005 年的 3.3倍，年均增长率 8.3%（见图 28），增速在六个维度中位居第一，这充分显示了绿色循环经济对北京产业高质量发展的引领作用。

2020 年北京产业基础指数为 0.7289，相比于 2005 年增长了 1.5 倍（见

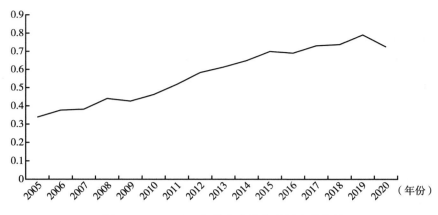

图27 2005~2020年北京产业高质量发展指数

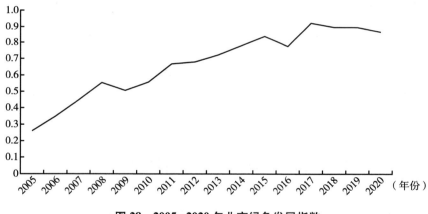

图28 2005~2020年北京绿色发展指数

图29），体现出北京市政府重视产业配套建设，为产业发展带来各项便利，更为产业高质量发展奠定了基础。

2020年北京创新发展指数为0.6483，相比2005年增长了73.8%（见图30），体现出北京强化创新核心地位，加快建设国际科技创新中心，大力推动经济高质量发展。

2020年北京协调发展指数为0.5927，比2005年增长了67.5%，为带动经济增长做出贡献。2009年受金融风暴影响，北京产业结构受到巨

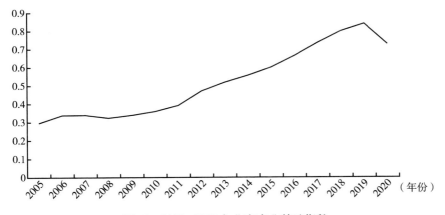

图 29　2005～2020 年北京产业基础指数

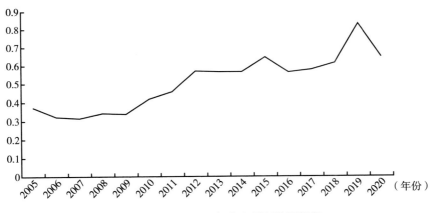

图 30　2005～2020 年北京创新发展指数

大冲击，协调发展指数突然下滑。近年来，协调发展指数趋向稳定（见图 31）。

2020 年北京开放发展指数为 0.7343，比 2005 年增长了 1.1 倍，呈现"V"字形发展态势，其中 2013 年全球贸易市场低迷，开放发展指数大幅下滑。近几年受中美贸易摩擦影响，开放发展指数稳定在 0.70～0.80（见图 32）。

2020 年北京共享发展指数为 0.7690，比 2005 年增长了 94.9%。2015～

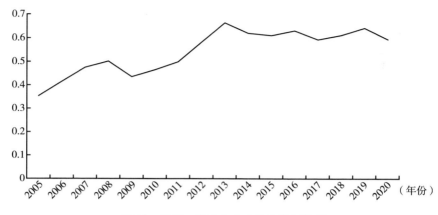

图 31　2005~2020 年北京协调发展指数

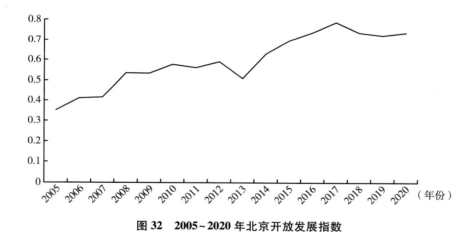

图 32　2005~2020 年北京开放发展指数

2020 年共享发展指数持续保持在高水平线上（见图 33），体现出产业高质量发展给人民群众生活带来巨大改变，城乡收入差距进一步缩小，社会福利变好，推进小康社会按时全面建成。

（二）贡献率分析

如图 34 所示，2020 年北京产业高质量发展指数中，绿色发展指数贡献率第一，为 20%，其已成为北京产业高质量发展的第一驱动因素；

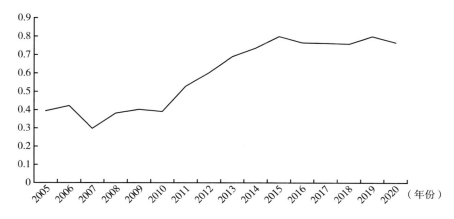

图 33　2005～2020 年北京共享发展指数

共享发展指数、产业基础指数、开放发展指数、创新发展指数对北京产业高质量发展的贡献率处于 15%～18%；协调发展指数贡献率为 13%，亟须提升。

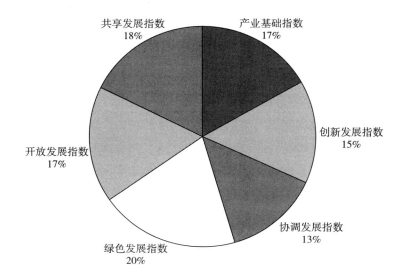

图 34　2020 年北京产业高质量发展指数各维度贡献率

六 促进北京产业高质量发展的建议

本报告认为，促进北京产业高质量发展有六个着力点。

一是进一步加强新型基础设施建设。习近平总书记指出，"要抓住产业数字化、数字产业化赋予的机遇，加快 5G 网络、数据中心等新型基础设施建设"①。产业高质量发展离不开信息化建设，而信息化建设的基础就是新型基础设施建设。新型基础设施是当前政府稳步推进的建设重点。大数据、云计算、人工智能等新兴技术在北京新冠肺炎疫情防控和经济建设过程中发挥了重要作用，应进一步推动 5G 基站建设，加快智能机器人发展，加速大数据平台建设，助力数字产业化、产业数字化发展，带动产业升级改革。

二是不断提高企业前沿技术创新能力和创新链、产业链、供应链的协同水平。美国产业高质量发展的重要经验是依靠研究型大学支撑的企业前沿技术创新能力，不断引领全球前沿技术，促进产业发展。对于北京而言，值得借鉴的是大力加强企业创新能力。北京应注意借鉴创新型企业华为的经验。华为之所以在电子通信设备制造业处于全球领先地位，是因为华为在主营业务领域持之以恒地进行技术创新，始终坚持电子通信设备制造和研发的主业，同时，华为员工能够分享公司的股权和盈利，建立了有效的企业员工激励机制，保持了企业的凝聚力和依靠创新发展的动力。这些技术创新和管理创新机制值得借鉴。同时，应积极推进创新链、产业链、供应链的协同。由于城乡发展差异、企业发展差距和关键技术不强等原因，北京单个链条各环节协同优势不大，链条之间的交互作用不强，进而抑制了创新链、产业链、供应链的协同。一要以大企业为核心，鼓励其与上下游企业建立基于技术合作、定制生产的相互依存关系；二要支持企业基于产业链、供应链、创新链建立网络平台，提高新一代信息技术在其中的应用深度；三要大力推动服务

---

① 《新基建如何加速落地》，"新华网"百家号，2020 年 6 月 7 日，https：//baijiahao. baidu. com/s? id=1668801188907649632&wfr=spider&for=pc。

型制造发展，在产业链基础上推进总集成总承包，提供整体解决方案等。

三是大力推进传统制造业与高新技术产业的协调发展。德国产业高质量发展的重要经验是新兴技术与传统产业融合创新。传统制造业与高新技术产业的协调发展是产业高质量发展的重要内容，传统制造业转型升级为高新技术产业发展带来了重要市场机会和空间。要大力推进传统制造业与高新技术产业的融合，有三个着力点：一是持续提升传统制造业的工艺、质量、设计与效率，巩固已有的竞争优势，通过应用先进技术提升改造传统产业，将其发展为先进制造的重要内容；二是为新兴产业与技术发展提供重要市场，譬如在一些传统产业"机器换人"的过程中，释放了机器人、先进装备的大量需求；三是为高新技术产业的发展提供重要支撑，高新技术产业的发展需要传统产业的精密制造能力或者精益加工能力为其提供保障。

四是继续加强产业绿色循环经济发展。日本产业高质量发展的重要经验是大力推进绿色制造，持续推进制造业绿色发展。发展绿色循环经济是实现绿色发展的重要路径。产业绿色发展重点在于污染物减排和环境治理。其中，针对污染物减排，应依托区域环境特点，确定产业未来的低碳化发展方向，颁布相关政策积极引导，大力推动节能减排工程实施，充分调整优化产业结构，发掘产业潜力，推进产业低碳、绿色发展。对于环境治理，要做到帮扶资源循环利用，重点推动各种工业固体废物再利用，加强农业废弃物资源再利用，打造资源循环利用、新能源全生命周期、生产环境治理三大产业链，推动产业高质量发展提质增效，进一步规范污染产业的市场准入门槛，着重关注环保类、低碳类产业。同时，加快制造业向绿色制造靠齐，淘汰末尾产业，推进绿色循环经济建设，完善绿色生态，指导企业或产业新旧动能转换，提高资源的有效利用效率，建立产业绿色发展体系。

五是持续推动产业开放合作。自从习近平总书记提出"一带一路"倡议以来，产业如何"走出去"成为关注的焦点。加快实现制度开放，是产业对外开放的第一步。深入推进产业对外开放，关键在于对外开放的方针政策。当前中美贸易摩擦在一定程度上阻碍了产业对外合作。建议通过政策引导和结构调整，统筹推进产业国际化，将产业跨国合作放在开放发展的首位，积极构建产业高质量开放体系，扩大产业对外合作范围，共同推动产业发展进步。

六是共享产业高质量发展成果。产业共享发展的核心在于保障就业稳定和提高劳动者报酬。保障就业稳定首先需要宏观政策的指引和加大对重点产业的扶持力度，促进产业规模化发展，创造更多的就业岗位，同时提供公平的就业环境。提高劳动者报酬的核心在于建立完善的工资增长机制，让劳动者报酬随着产业高质量发展而增长，从而保证提高劳动者报酬与保持产业竞争力相互协调，进而共享产业高质量发展成果。

参考文献

王劲雨：《推动北京高精尖产业发展》，《北京日报》2021年9月28日，第10版。

田秋生：《高质量发展的理论内涵和实践要求》，《山东大学学报》（哲学社会科学版）2018年第6期。

洪银兴：《改革开放以来发展理念和相应的经济发展理论的演进——兼论高质量发展的理论渊源》，《经济学动态》2019年第8期。

任保平、宋雪纯：《以新发展理念引领中国经济高质量发展的难点及实现路径》，《经济纵横》2020年第6期。

肖周燕：《中国高质量发展的动因分析——基于经济和社会发展视角》，《软科学》2019年第4期。

张军扩等：《高质量发展的目标要求和战略路径》，《管理世界》2019年第7期。

王维平、牛新星：《试论"双循环"新发展格局与经济高质量发展的良性互动》，《经济学家》2021年第6期。

国家发展改革委经济研究所课题组：《推动经济高质量发展研究》，《宏观经济研究》2019年第2期。

B.6
北京新一代信息技术产业
高质量发展报告（2022）[*]

摘　要： 北京新一代信息技术产业有良好的发展环境和坚实的发展基础，以先发优势、全要素生产率领先、产业附加值高、产业集群构建形成发展的内源动力，通过将创新思维和创新技术引入制造业、服务业等行业，加快新兴产业技术与传统行业融合向纵深发展。在此基础上，北京市面临专利申请不足、产出投入效率较低、后备人才不足等问题，同时国内领先优势不明显、国际竞争能力仍需要提高。因此，本报告指出，要持续加大产权保护力度、培育数字人才、优化产业内部结构、依托京津冀重要的区位优势，培育北京信息技术产业发展的长期动能。

关键词： 新一代信息技术产业　数字素养　北京

一　北京新一代信息技术产业的特征

（一）起步早、发展快，引领作用明显

《国务院关于发挥科技支撑作用促进经济平稳较快发展的意见》提出以

　＊　作者：北京市科学技术研究院高质量发展研究中心。执笔人：王昕宇，北京市科学技术研究院高质量发展研究中心课题组成员，北方工业大学副教授，博士，主要研究方向为管理科学与工程。

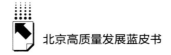
来，北京市加快落实"科技北京"行动计划（2009—2012 年）、《北京技术创新行动计划（2014-2017 年）》、《加快科技创新发展新一代信息技术等十个高精尖产业的指导意见》等政策文件，逐步布局信息科技创新前沿，为北京新一代信息技术产业营造了良好的发展环境、奠定了坚实的发展基础，促进了北京新一代信息技术产业较早的起步。基于上述背景，北京新一代信息技术产业得以快速发展，综合来看：5G 产业建设领跑全国；集成电路产业居于全国领先地位；核心大数据产业稳步发展；互联网进程加快，网络安全产业居全国首位；软件和信息服务业企业规模效应突出；人工智能产业呈现集群发展。北京新一代信息技术产业快速发展的同时，也发挥着强有力的带动作用。

以区块链产业发展为例，从范围和时间来看，北京是较早布局区块链产业的少数几个城市之一，最早可以追溯到 2016 年。北京作为全国科技创新中心，可以说对区块链技术和产业的布局有显著的先发优势，而且北京各个区先后出台了 10 余项关于助力区块链发展的政策，并将区块链与各行各业进行融合应用，如北京互联网法院的"天平链"平台、蚂蚁金服及京东推出的生鲜食品溯源服务平台等。北京是发布区块链政策最多的城市之一，也是区块链产业园区数量最多的城市之一，截至 2019 年底，北京拥有 250 家备案区块链企业，相关企业数量位居全国首位，成为整个产业的创新集中地、策源地之一。

北京市着力推进区块链"高地"建设，引领京津冀地区的区块链产业发展。新一代信息技术产业串联起产业链上下游，高度渗透进产业生产的各个环节，以创新凝铸核心竞争力。北京市的区块链产业发展起步比较早，在政策的大力支持下，目前区块链产业初具规模，并且在京津冀地区起到了良好的带动作用，形成了以北京为代表的环渤海地区区块链产业集聚区，是全国四大区块链产业聚集区之一。京津冀城市群成为全球第一个区块链城市群也是在北京市的引领下实现的。

（二）产业全要素生产率领先

在北京，具有划时代的战略性关键性产业，例如 5G、区块链等高精尖产业成长十分迅速，新一代信息技术产业对北京经济发展与竞争力提升的引领作用越发明显。在创新驱动战略的引领下，北京市的技术创新对经济增长展现强有力的带动作用，特别是近年来，北京市经济增长的"引擎"已经转向全要素生产率，半数发展贡献是全要素生产率带来的，并且呈现稳步上涨的趋势。其中，以新一代信息技术产业为代表的新经济的贡献不容小觑，特别是新一代信息技术产业在北京市经济增长中起到了"引擎"的作用。2017 年以来，北京市新经济增加值逐年上升，从 2017 年的 9085.6 亿元增加到 2020 年的 13654 亿元；占 GDP 的比重逐年上升，从 2017 年的 32.4% 上升到 2020 年的 37.8%（见图 1）。

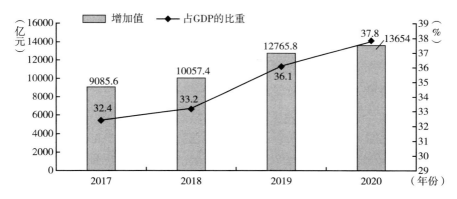

图 1　2017~2020 年北京市新经济增加值及其占 GDP 的比重

资料来源：2018~2021 年《北京统计年鉴》。

北京市新一代信息技术产业在自身发展的同时，通过与其他产业的深度融合，不断带动其他产业全要素生产率的提升。其通过将创新思维和创新技术引入制造业、服务业等行业，加快大数据、人工智能、区块链等技术与传统行业融合向纵深发展，有助于实现各行业全产业链智能化改造，从而提升各产业的全要素生产率水平，最终促进经济高质量发展。

（三）产业附加值高

我国信息技术产业不断凸显出规模效应与结构转型升级效应，产业附加值水平不断提升。北京市着力推进大数据、人工智能、物联网、云计算、区块链等新一代信息技术产业的发展，这些产业具有技术含量高、产品附加值高的特点，例如，京东方的显示器件产品结构的优化就是提升该企业净利润的重要原因。

2011~2020年，北京市软件和信息服务业总值占GDP的比重上升速度较快。2011年北京市软件和信息服务业总值占GDP的比重为9.38%，2020年北京市软件和信息服务业总值占GDP比重达15.35%（见图2）。

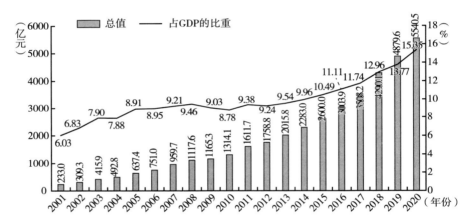

图2　2001~2020年北京市软件和信息服务业总值与其占GDP的比重

资料来源：2002~2021年《北京统计年鉴》。

（四）产业集群初步形成，重要领域形成体系

经过多年的发展，北京市新一代信息技术产业呈现显著的集聚特征——显著的空间集聚和虚拟集聚。环渤海地区是我国新一代信息技术产业的四大区块链产业集聚区域之一，并且呈现明显的溢出效应。

传统的产业链模式促使产业上下游企业在空间上不断集聚，形成相关集聚区。但是随着数字经济的发展，"互联网+"等新的经济发展战略和模式使得交易成本降低，集聚的知识溢出效应不再依赖于地理邻近性，从而使得新一代信息技术产业呈现新的空间组织形态——虚拟集聚。

以人工智能产业为例，在人工智能产业发展方面，北京市集聚了首钢 5G 示范园区、北京经济开发区 5G 建设应用示范区、房山 5G 自动驾驶示范区等（见表1）。北京为旷视科技、商汤科技、寒武纪、地平线等一大批具备颠覆性原创核心技术的企业提供了技术创新的孵化地与技术应用场景，促使企业同相关产业发展相融合，在上下游产业链上实现布局，带动高精尖产业集群化发展。北京在多个关键竞争领域，例如生物识别、人工智能与金融分析等都具有先发优势，使企业成长速度快、规划布局广、技术含量高，使产业相对集中。

表1　我国部分省（市）5G 产业园区集聚情况

省（市）	5G 产业园区名称	省（市）	5G 产业园区名称	省（市）	5G 产业园区名称
北京市	首钢 5G 示范园区	浙江省	中国（杭州）5G 创新谷	广东省	广州市 5G 产业园
北京市	北京经济开发区 5G 建设应用示范区	浙江省	嵊州 5G 产业园	广东省	深圳市福田区 5G 高端创新产业园
北京市	房山 5G 自动驾驶示范区	浙江省	三门县 5G 产业园	广东省	深圳市宝安区"5G+AloT"产业示范园区
山东省	青岛城阳 5G 产业园	浙江省	萍乡丰达兴 5G 产业园	广东省	东实东莞 5G 产业园区
江苏省	江苏如皋 5G 新材料产业园	浙江省	余姚 5G 智慧产业园	四川省	成都市高新区新川创新科技园
安徽省	合肥庐阳大数据产业园	福建省	泉州市永春县 5G 智慧制造示范产业园	重庆市	重庆 5G 产业园
安徽省	蚌埠市高新区 5G 生态产业园	江西省	赣州信丰高新区 5G 产业园	河南省	许昌 5G 泛在小镇
安徽省	金寨春兴精工 5G 科技产业园	湖南省	三一重工长沙 5G 智造产业园	河南省	鹤壁 5G 产业园

资料来源：中商产业研究院。

二　北京新一代信息技术产业高质量发展的突出问题

（一）国际专利申请蓄势，距离世界先进水平仍有距离

新一代信息技术的国际专利申请代表着一国的竞争潜力，在国际市场中

竞争越发激烈。

从企业 PCT 国际专利申请数量来看，在 2020 年 PCT 国际专利申请量全球排名前十的企业中，中国企业有 4 家，分别是华为、京东方、OPPO 和中兴科技，其中华为以 5464 件申请量居于首位，并且连续 4 年成为国际专利申请量最多的申请主体。在 2020 年 PCT 国际专利申请量全球 50 强中，中国企业有 13家，其中珠海、武汉、杭州各有 1 家企业，北京有 2 家，东莞有 3 家，深圳有 5家（见图 3）。聚集高校与科研机构的北京的专利申请较其他主体更加积极，但缺失企业等主体的参与将导致专利成果的转化效率降低，时间周期更长。

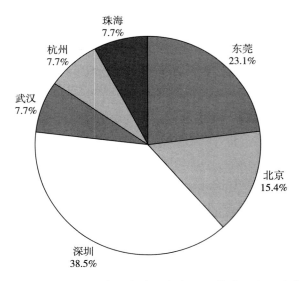

图 3　2020 年 PCT 国际专利申请量全球 50 强的中国企业地域分布

资料来源：PCT 国际专利申请量全球 50 强榜单。

总体来看，在企业 PCT 国际专利申请数量地域分布、PCT 国际专利申请量（见图 4）方面，北京与深圳、广东存在较大差距，说明北京对新一代信息技术产业领域面向国际竞争的技术研发缺乏重视，使得核心关键技术仍有些不足，与世界先进企业还尚有距离，这成为影响北京新一代信息技术产业发展的重要因素。

图 4　北京、广东及全国的 PCT 国际专利申请量

资料来源：2015~2020 年《知识产权统计年报》。

（二）行业投入产出仍然需要进一步提升

以电子及通信设备制造业为例，从 R&D 经费投入来看，北京电子及通信设备制造业的 R&D 经费投入每年都在增长，从 2014 年的 401957.6 万元增长到 2019 年的 632353.7 万元。

从省（区、市）的情况来看，以 2019 年为例，2019 年北京电子及通信设备制造业的 R&D 经费投入为 632353.7 万元，占全国总投入的比重为 2.6%，占东部地区的投入比重为 3.3%，在全国排名第 10，低于广东（10339313.3 万元）、江苏（3059235.2 万元）、浙江（1875187.7 万元）、福建（1310551.3 万元）、湖北（1137786.8 万元）、上海（863401.8 万元）、安徽（721319.6 万元）、四川（711710.7 万元）、山东（710513.8 万元）（见图 5）。

从专利情况来看，北京电子及通信设备制造业的专利申请数量和有效发明专利数量在全国都不是位于最前列（见图 6）。

从投入产出比角度来看，将电子及通信设备制造业新产品销售收入与新产品开发经费支出做对比作为投入产出比的衡量指标，北京电子及通信设备制造业的投入产出比低于河南、山西、黑龙江、宁夏等地（见表 2），说明投入产出比并未达到最佳。

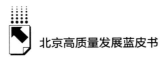

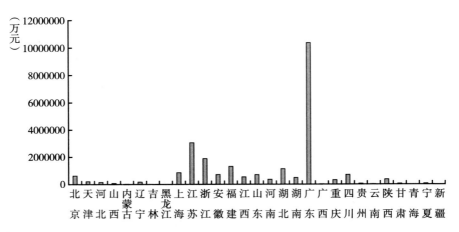

图5　2019年我国29个省（区、市）电子及通信设备制造业的R&D经费投入情况

注：其余省（区、市）数据暂未公布。

资料来源：《中国高技术产业统计年鉴2020》。

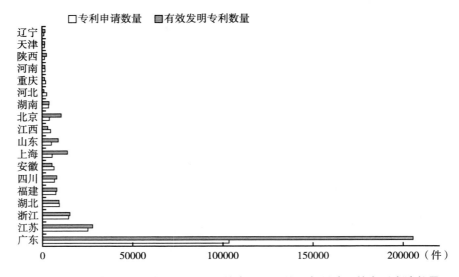

图6　2019年我国18个省（区、市）的电子及通信设备制造业的专利申请数量
和有效发明专利数量

注：其余省（区、市）数据暂未公布。

资料来源：《中国高技术产业统计年鉴2020》。

表 2　2019 年我国 28 个省（区、市）电子及通信设备制造业的投入产出比

省（区、市）	新产品销售收入/新产品开发经费支出	省（区、市）	新产品销售收入/新产品开发经费支出	省（区、市）	新产品销售收入/新产品开发经费支出	省（区、市）	新产品销售收入/新产品开发经费支出
河　南	71.49	云　南	14.32	江　苏	10.96	上　海	9.04
山　西	25.00	江　西	14.12	广　东	10.41	甘　肃	7.66
黑龙江	24.79	浙　江	13.89	湖　南	10.41	吉　林	6.29
宁　夏	24.32	福　建	13.31	四　川	10.31	山　东	6.17
北　京	7.49	安　徽	11.89	重　庆	9.98	内蒙古	3.48
青　海	15.53	河　北	11.62	贵　州	9.83	辽　宁	3.39
天　津	15.15	广　西	11.51	湖　北	9.58	陕　西	3.29

注：其余省（区、市）数据暂未公布。
资料来源：《中国高技术产业统计年鉴 2020》。

（三）后备人才不足，底层系统的人才明显紧缺

目前，北京自身的创新要素存量不足以支撑产业创新发展，需要将"触角"进一步向外延伸，通过高效汇聚增量资源，反哺北京创新产业发展。以数字人才为例，从整体来看，虽然北京掌握数量众多的人才培育孵化机构，拥有更加充足的人才资源与强大的科研创新动能，但是从信息技术的高端发展层次来看，相应的人才资源依然短缺，需要外来人才补上缺口。

近年来，北京市数字人才规模增长较快，但是仍然存在数字人才外流现象。根据清华大学经济管理学院互联网发展与治理研究中心（CIDG）与 LinkedIn（领英）中国于 2019 年 11 月联合发布的《数字经济时代的创新城市和城市群发展研究报告》，与世界主要城市群的核心城市相比，南京市、北京市和天津市都属于数字人才净流出区域，数字人才流出要大于数字人才流入，相反，上海市、杭州市、苏州市等城市目前对于数字人才的吸引力更强（见图 7）。

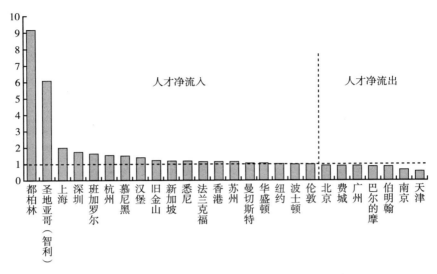

图7 核心城市的数字人才吸引力

资料来源：《数字经济时代的创新城市和城市群发展研究报告》。

三 北京新一代信息技术产业高质量发展的环境分析

（一）国内环境：国家战略对于新一代信息技术产业的新指引

新一代信息技术产业正成为我国战略性新兴产业重点发展的七大产业之一，是赋能经济、科技和社会发展的一支重要力量。国家十分重视其发展，通过在政策上以全产业链与全要素的视角为其谋划战略布局，为其发展提供了强有力的规划支撑，特别是在《中共中央关于制定国民经济和社会发展第十四个五年规划和二〇三五年远景目标的建议》中提出发展战略性新兴产业。加快壮大新兴产业，培育新的经济发展点，包括能源、材料、电子装备、汽车、环保、航天等重要的战略性产业，推动各产业实现融合发展，并推动向先进制造业集群的转变，着眼于战略性新兴产业中有特色、增互补、优结构的增长引擎，培育新技术、新产品、新业态、新模式的四新发展模式。这一政策建议在方向与要求上为战略性新兴产业做好了规划。

随着我国经济"双循环"发展格局的形成，国内市场成为整个"双循环"的根基，面对国家大力发展战略性新兴产业的导向，北京市也积极按照国家战略导向，围绕全国科技创新中心建设的定位，先后推出了一系列组合政策文件（表3），着力推动以新一代信息技术、集成电路、医药健康、智能装备、节能环保、新能源智能汽车、新材料、人工智能、软件和信息服务以及科技服务业等为代表的产业发展，为新一代信息技术产业的发展提供了良好的发展环境。

表3 北京市推动新一代信息技术产业发展的部分政策文件及其内容

发布单位和时间	文件名称		内容摘要
北京市经济和信息化局 2021年2月18日	《数字经济领域"两区"建设工作方案》		打造世界级新一代信息技术产业集群，发展芯片设计和制造、集成电路装备制造，支持高端产业片区
北京市人民政府 2021年1月23日	《政府工作报告》		新一代信息技术和医药健康产业双引擎作用持续发挥，优化高精尖产业发展政策
北京市经济和信息化局 2019年12月18日	《北京市经济和信息化局关于印发〈北京市机器人产业创新发展行动方案（2019—2022年）〉的通知》		支持新一代信息技术；智能工厂等项目建设融合5G等新一代信息技术
中共北京市委 2017年12月20日	《中共北京市委北京市人民政府关于印发加快科技创新构建高精尖经济结构系列文件的通知》	《北京市加快科技创新发展新一代信息技术产业的指导意见》	为进一步加快北京市新一代信息技术产业发展，充分发挥新一代信息技术产业对经济社会发展的重要带动作用，推动新一代信息技术产业向技术高端化、企业品牌化、应用泛在化发展
		《北京市加快科技创新发展集成电路产业的指导意见》	
		《北京市加快科技创新发展智能装备产业的指导意见》	
		《北京市加快科技创新培育人工智能产业的指导意见》	
		《北京市加快科技创新发展软件和信息服务业的指导意见》	
		《北京市加快科技创新发展科技服务业的指导意见》	

发布单位和时间	文件名称	内容摘要
北京市经济和信息化委员会 2017 年 9 月 22 日	《北京制造业创新发展领导小组关于印发〈北京市推进两化深度融合推动制造业与互联网融合发展行动计划〉的通知》	加大对为两化融合提供新供给能力的新一代信息技术发展的支持力度
北京市人民政府 2017 年 1 月 11 日	《北京市人民政府关于印发〈北京市"十三五"时期信息化发展规划〉的通知》	推动新一代信息技术广泛应用
北京市人民政府办公厅 2015 年 12 月 9 日	《北京市人民政府关于印发〈《中国制造2025》北京行动纲要〉的通知》	以新一代信息技术、先进材料、生命科学等领域为重点;大数据云计算等新一代信息技术在制造业的深度应用

资料来源:北京市政府网站。

(二)国际环境:国际竞争激烈化的新探索

现阶段,国际竞争的激烈程度加剧,为新兴产业发展带来诸多挑战。2020 年新冠肺炎疫情的全球暴发,使得世界经济增长持续放缓,而且从目前全球疫情的发展情况来看,在短期内疫情结束的可能性渺茫,为全球经济发展蒙上长期波动风险的阴影。我国新兴产业国际化发展的道路受到了极大的阻碍,部分产业的国外市场需求受到了明显冲击,不得不转向国内拓宽市场的消费潜能,北京市发展新一代信息技术产业也脱离不了这一现状。

此外,各国极度重视战略性新兴产业发展,美国实施"再工业化"战略,推出"先进制造伙伴计划"等措施,德国推出"工业 4.0",日本推行"第四次工业革命"计划等。北京市着力推进高精尖产业建设,为建设科技创新之都而努力,势必会与发达国家产生激烈的竞争。从世界范围来看,北京市成为全球科技制高点、成为具有国家竞争力的科技之都,存在相关的科技服务业的制约、孵化投资功能的局限等不足。

北京市发展新一代信息技术产业面临着全球产业合作格局重构,国际分工体系全面调整的新形势。在这一背景之下，研发和创新的重要性凸显，并且得到更多资源的倾斜，使得发达国家与新兴国家间的国际竞争正越来越从错位竞争向正面直接竞争转变。这就使得北京市发展新一代信息技术产业不能再依靠全球化带来的技术扩散红利，而需要提高自主创新能力。

（三）融入产学研体系重要环节的新内容

科研与产业脱节是困扰政府、企业、高校和科研机构的主要问题之一。解决这一问题的关键在于构建全要素、全链条、全周期的产学研结合的创新发展生态。产学研合作体系对激发各行业的创新活力，促进创新技术落地、产业化有着重要意义。创新资源聚集的有效互动需要通过公共政策引导来实现，推动产业链和研发链融合形成创新发展的助推器，实现由创新资源集群向产业集群的转变。而"产学研"的协作是高新技术产业集群的一个突出特点，因此北京市发展新一代信息技术产业要主动融入产学研体系，充分发挥北京市拥有的全国领先的教育与基础研究资源，发挥北京市各个高等学校、科研院所和大型骨干企业的研发优势[1]，形成资源合力效应。

（四）前沿技术交互支撑是搭建专业产业体系的新要求

习近平同志曾多次强调指出，要加快建设实体经济、科技创新、现代金融、人力资源协同发展的产业体系。我国目前的发展正面临转型的重要节点，传统的高速增长的经济发展模式不再是常态，取而代之的是强调高质量的发展模式。该模式更加注重对于结构层面的调整转型，增强内部的发展动力，并着力构建高质量发展的现代产业体系。在此要求下，就需要以新一代信息技术产业为代表的前沿技术相互支撑，帮助搭建专业化的产业体系。

当前，科技革命和产业变革站在革新的重要历史关口，全球科技创新迈入密集活跃的时期，前沿技术呈现集中突破态势。目前，人工智能、大数

---

[1] 美国《自然》杂志增刊《自然指数》指出，在 2017 年中国地区科研工作中，北京产出量排名第一，中科院在全球研究机构产出中位列第一。

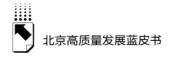

据、云计算、虚拟现实等是创新聚焦的关键领域，量子信息、第五代移动通信、物联网、区块链等新兴技术应用普及速度也在加快。

这些前沿技术实现交叉融合、相互渗透，实现产业技术之间的发展动力支撑，实现向高端产业集群演变的路径，并形成突破合力，在应用层面上注重增量与质量的双重发展要领，推动新一代信息技术成为新一代的重要基础性技术，引领数字经济新范式的到来，信息化、网络化、数字化、智能化日益成为所有产业发展的基点，促使全面涌现的链式发展局面的形成。

众多颠覆性创新呈现几何级渗透扩散，在引领以新一代信息技术为代表的战略性新兴产业实现加速发展的同时，以革命性方式对传统产业产生全面冲击，促进了实体、金融和人才多维度的协同发展。这对北京市新一代信息技术产业的发展提出了新的要求。有学者认为北京市产业体系是站在汇聚全国资源的制高点上，主动参与全国、全球的经济分工、产业协作与价值分配的结果，而不是工业化发展到一定程度才形成的，也不是单纯从高技术制造业起步，因此虽然有着自身的优势，但是同时存在与本地实体经济发展融合不充分、与传统工业结合不紧密、与周边地区协作不充足的劣势。因此，北京市在发展新一代信息技术产业的过程中，要注重从产业融合、产业跨界、产业业态创新的视角出发，推进产业融合与军民融合，推进京津冀产业协同发展。

四　北京新一代信息技术产业高质量发展的对策建议

（一）加大知识产权保护力度，增强新一代信息技术产业自主研发能力

目前，我国孕育了庞大的创新基础动能，在基础研究环节的能力提升已经形成了体系化的架构路径，但是核心层面的关键环节，尤其是创新链的上游仍然被少数发达国家所掌握。"十四五"时期，我国面临的内外部环境都

发生了巨大变化。

国家科技创新中心的建设进程在北京逐步推进，作为自主创新的重要示范地区，也作为知识创新与技术创新的引擎，北京担起了引领创新国家战略的重要主体的责任，为实现创新型国家建设和达成《中国制造2025》的目标发挥主体支撑的作用。

对北京市来说，要明确科技创新的基础和发挥科技创新的重要支撑作用。北京市作为科技创新之都，虽然在新一代信息技术产业发展方面取得了长足的进步，但是仍然存在对知识产权保护力度不足、对国际专利申请不够的情况。因此，在新一代信息技术产业的发展中要进一步集聚和高效利用科技创新资源，将其高效配置到以新一代信息技术为核心的产业当中，激发高精尖产业发展核心环节与领域的解决效能，挖掘技术向纵深发展的途径，促进北京市乃至我国新一代信息技术产业自主研发能力的提升；注重作为研发主体的企业协同其他研发主体展开合作，梳理出一条技术与知识转化的有机链条，这对提高新一代信息技术产业自主研发能力也是关键的一步。创新链与产业链有机协同、相互融合是推进高技术产业化的关键，因此，北京市在发展新一代信息技术产业的过程中，尤其需要注意着力推进创新链和产业链的有机协同和相互融合。

（二）依托区域资源与优势产业，协同京津冀战略推动发展进程

在北京新一代信息技术产业的发展进程中，京津冀协同发展战略引导各个主体承担具有特异属性的任务，起到了产业结构的内部调整与地理转移的重要作用，在地区内部探索合理的功能布局，以点带面实现整体的经济发展。

基于京津冀协同的国家发展战略要求，产业合作机制、项目布局引导、产业园共建等成为京津冀协同发展的主要举措，根据京津冀各地区不同的产业发展阶段对其内部的产业发展进行布局，并随着发展形势的变化动态调整规划，现代制造业、服务业和新兴产业不断优化发展路径，逐步构成了京津冀区域内战略性产业的核心组成部分。随着北京迈入后工业化发展时代，需

要天津、河北的广泛支援，在产业模式层面承担着对于原始创新重要的基础性研究工作，同时如何建设总部研发基地成为培育基础创新动能的关键问题，最终目标是要不断整合内部各个产业部门的主体，依托自身的运转发挥区域资源与产业资源的优势，形成高度集群化与高度专业化主导下的战略性产业布局。

（三）培育数字人才，提高数字素养

在信息化普及的现代社会，数字素养被认为是健全当代公民、增强全社会对信息技术运用的能力、发挥关键信息技术带来的生产力大发展的核心素养之一。这一核心素养的普及将为人才队伍提供能够充分运用信息技术的人才资源，从而加速企业内部转型与信息化社会发展的桥梁搭建。普及数字化教育，以发展数字教育作为重要的导向型任务，基于公民的数字学习需要，由数字素养层面入手，规范各层级学生的数字素养教育的指导准则，在全市进行布局规划，并且将日常生活层面、产业发展层面与数字素养教育相结合，建立以素养和能力相结合为培养导向的体系。

（四）推进新一代信息技术产业内部结构不断优化

北京在新一代信息技术产业的基础与研发领域具有强大的优势，容纳了传统与新兴产业的尖端领域，需要在资源层面考量政策优势与要素发展优势，将优势转化为行业转型升级、关键技术研发及装备自主研发的重要动能，实现高精尖领域下战略性企业的发展，并加快各个中心技术环节的整合与升级，推动自主品牌向国际市场迈进，使品牌成为带动发展的重要引力，细分、理顺新一代信息技术产业各个行业发展的智能化、低碳化、独特性的前景，针对不同产业的发展需要，根据发展特点制定不同的发展战略。例如，对于人工智能产业，支持外国先进的人工智能企业在北京孵化高新技术，建设基础研究机构，挖掘技术发展潜能，搭建一系列能够深度契合新型人工智能研发机构创新发展需求、提供原始创新动力的资源共享与服务平台。

以集成电路产业为例，北京市的先发优势与潜在发展空间优势明显，且

已经赶上了全球技术先进水平，占据前沿阵地。北京应基于该条件建设引领全球行业发展的关键产业，搭建中关村集成电路设计园等世界一流的国家级集成电路创新平台服务体系；争取突破目前关键核心技术发展图圈，注重集成电路设计产业对于关键产业发展的底层逻辑，加快相关配套产业的建设进度。

北京软件和信息服务产业面向国家重大战略需求，在夯实行业发展基础的同时，要通过助力与整合不同的科研主体，尤其是高校、企业、相关的社会科研机构，集合相关力量构建一批世界一流的实验室和创新中心，推进强基工程尤其是关系到战略产业发展的工程，例如基础软件制造与创新中心建设及基础硬件、软件平台。

参考文献

江曼琦、刘晨诗：《京津冀地区电子信息产业结构优化与协同发展策略》，《河北学刊》2016 年第 6 期。

王能岩等：《北京新兴信息服务业发展模式研究》，《科技管理研究》2014 年第 2 期。

周伟：《北京建设世界城市、实施创新驱动的路径研究——基于高新技术产业发展的视角》，《经济研究参考》2013 年第 53 期。

孙妮、陈进：《信息服务产业贸易竞争力对比研究——以京津沪渝计算机与信息服务贸易为考察域》，《求索》2012 年第 11 期。

邓丽姝：《生产性服务业的经济服务功能——以北京市为例》，《中国流通经济》2013 年第 7 期。

黄鲁成等：《基于专利的北京新一代信息技术产业 SWOT 分析》，《中国科技论坛》2013 年第 1 期。

孙中伟：《京津冀电子信息产业的竞合模式与转移路径研究》，《地理与地理信息科学》2012 年第 4 期。

卢明华、李丽：《北京电子信息产业及其价值链空间分布特征研究》，《地理研究》2012 年第 10 期。

B.7
北京医药健康产业
高质量发展报告（2022）*

摘　要：　本报告对北京医药健康产业的定位与规模进行了阐述，分析了其
发展特征，识别了其存在的问题，同时分析了其重点领域的发
展。具体来说，北京医药健康产业的发展具有创新能力增强、经
济效益较好、技术发展得到突破、产业结构内部存在分化、产业
集群竞争力不断提升等特征；存在的问题为缺乏知名大企业，园
区基础研究投入和成果转化能力不足等。从重点领域来看，生物
医药领域的产业基础有所夯实、产业格局得到优化、国际竞争力
有所提高；医疗仪器设备及仪器仪表制造业的财务状况有所改
善，研发经费略有下降。针对北京医药健康产业发展存在的问
题，本报告结合发达国家经验给出了相应对策。

关键词：　医药健康产业　产业集群　医药协同　北京

党的十九届五中全会和六中全会上，习近平总书记强调了要推动高质量
发展。而高精尖产业的发展，可以引领高质量发展。医药健康作为北京十大
高精尖产业之一，是未来北京市实现高质量发展的重点产业。

---

* 作者：北京市科学技术研究院高质量发展研究中心。执笔人：杨茜淋，北京市科学技术研究
院创新发展战略研究所副研究员，博士，主要研究方向为宏观经济学。

一　医药健康产业的定位与规模

（一）医药健康产业的定位

《北京市十大高精尖产业登记指导目录》（2018 年版）指出，医药健康大类下共 16 个新兴小类，其中，12 个小类属于制造业，4 个小类属于服务业。16 个新兴小类的名称分别是化学药品制剂制造，中成药生产，兽用药品制造，生物药品制造，基因工程药物和疫苗制造，医疗诊断、监护及治疗设备制造，口腔科用设备及器具制造，医疗实验室及医用消毒设备和器具制造，医疗、外科及兽医用器械制造，机械治疗及病房护理设备制造，康复辅具制造，其他医疗设备及器械制造，互联网生活服务平台，互联网科技创新平台，人工智能医学应用软件开发，新一代医疗行业应用软件开发。

近年来，国家为了推动医药健康产业的发展，出台了多项政策，如《国务院办公厅关于促进医药产业健康发展的指导意见》等。北京更是在2018 年发布了《北京市加快医药健康协同创新行动计划（2018—2020年）》，把医药健康作为重点发展的高精尖产业。发展医药健康产业，是北京建设全国科技创新中心、构建高精尖经济结构的重要部分，北京在"十四五"时期将大力发展医药健康等战略性新兴产业，医药健康和新一代信息技术是支撑北京创新发展的"双发动机"。

（二）医药健康产业的规模

对于医药健康产业的发展，国家在政策上不断给予支持，比如 2013 年国务院出台的《国务院关于促进健康服务业发展的若干意见》，以及随后在 2016年 10 月 25 日国务院印发的《"健康中国 2030"规划纲要》等。2016 年，习近平总书记指出"没有全民健康，就没有全面小康"[①]。2018 年北京市人民政

---

① 《全国卫生与健康大会 19 日至 20 日在京召开》，中国政府网，2016 年 8 月 20 日，http://www.gov.cn/xinwen/2016-08/20/content_ 5101024. htm。

府办公厅发布的《北京市加快医药健康协同创新行动计划（2018—2020 年）》预测，到 2020 年，北京市医药健康产业的主营业务收入将达到 2500 亿元。

2019 年，中国大健康市场规模达到 8.78 万亿元，较 2018 年增加 1.51 万亿元，同比增长 20.8%，2019 年中国大健康市场规模的增长率远高于 2018 年 10.7% 的增长率。2014～2019 年，中国医药与大健康产业整体营业收入保持增长，2019 年营业收入规模超过 5 万亿元。①

2019 年，北京市规模以上医药制造业总产值 1221.6 亿元，较 2018 年 1142.7 亿元增长了 6.9%；2019 年，北京市医药制造业营业收入 1298 亿元，较 2018 年增长了 12.6%，利润总额 214 亿元，较 2018 年增长了 4.6%。营业收入和利润总额约分别占全国的 5.4% 和 6.7%，规模远高于上海。2019 年，北京市医药制药业企业达到 235 家，较 2018 年增加了 18 家，从业人员由 2018 年的 7.7867 万人增加到 2019 年的 8.136 万人，增长了 4.5%。

2019 年，中国医药工业主要经济指标的增速明显回落。2019 年，中国医药工业营业收入为 26147.4 亿元，较 2018 年增长了 8.0%，增速较 2018 年的 12.6% 有所下降。其中，化学药品制剂制造主营业务收入 8576.1 亿元，同比增长 11.5%；中成药生产主营业务收入 4587.0 亿元，同比增长 7.5%；生物药品制造主营业务收入 2479.2 亿元，同比增长 10.3%；制药专用设备制造主营业务收入 172.3 亿元，同比增长 12.6%；医疗仪器设备及器械制造主营业务收入 2814.8 亿元，同比增长 11.6%（见表 1）。2019 年，中国医药工业出口交货值 2116.9 亿元，同比增长 7.0%，增长率较 2018 年的 11.3% 有所下滑。

表 1　2019 年中国医药工业中医药健康产业子行业主营业务收入与利润情况

单位：亿元，%

子行业	主营业务收入	同比增长	利润总额	同比增长	利润率
化学药品制剂制造	8576.1	11.5	1172.7	14.6	13.7
中成药生产	4587.0	7.5	593.2	-1.8	12.9

① 《2019 年中国大健康行业发展现状分析：大健康行业规模持续扩大》，产业信息网，2020 年 9 月 3 日，https://www.chyxx.com/industry/202009/892974.html。

子行业	主营业务收入	同比增长	利润总额	同比增长	利润率
生物药品制造	2479.2	10.3	485.4	14.0	19.6
制药专用设备制造	172.3	12.6	5.2	55.7	3.0
医疗仪器设备及器械制造	2814.8	11.6	404.4	13.3	14.4

资料来源：《2019年中国医药工业经济运行报告》。

  2019年，中国医药工业利润总额3456.7亿元，较2018年增长7.0%，增长率较2018年的11.0%有所下降。其中，化学药品制剂制造利润总额1172.7亿元，同比增长率14.6%，利润率为13.7%，中成药生产利润总额593.2亿元，同比下降1.8%，利润率达到12.9%，生物药品制造利润总额485.4亿元，同比增长14.0%，利润率达到19.6%，制药专用设备制造利润总额5.2亿元，同比增长55.7%，利润率仅3.0%，医疗仪器设备及器械制造利润总额404.4亿元，同比增长13.3%，利润率14.4%。

  2019年，中国医药工业增加值增速为6.6%，高于全国规模以上工业增加值的增速（5.7%）。2015～2019年，中国医药工业增加值增长率呈现先上升后下降的趋势，2018年以前，中国医药工业增加值增长率都远高于全国规模以上工业增加值增长率，2017年，中国医药工业增加值增长率达到最高（12.4%），全国规模以上工业增加值增长率只有6.6%。但是在2019年，中国医药工业增加值增长率为6.6%，全国规模以上工业增加值增长率为5.7%，两者较接近（见图1）。

  通过与高精尖产业目录做比较发现，医药健康产业与医药制造业和医疗仪器设备及器械制造业相比，存在许多重合：医药制造业中除了5类以外其他都在医药健康产业中，医疗仪器设备及器械制造业中除眼镜制造以外其他都在医药健康产业中。医药健康产业与医药制造业和医疗仪器设备及器械制造业相比，多了服务业中的互联网生活服务平台、互联网科技创新平台和两个应用软件开发。

  2020年，北京市医药健康产业新产品销售收入约为396亿元，比2019

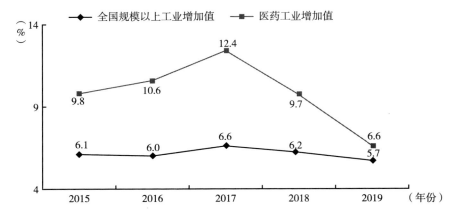

图 1　2015~2019 年全国规模以上工业及医药工业增加值的增速情况

资料来源：《2019 年中国医药工业经济运行报告》。

年增长了 18.2%，增长率较 2019 年的 13.9% 有所提高；营业收入约为 1554
亿元，较 2019 年增长了 6.7%，利润总额 249 亿元，较 2019 年增长了
2.0%，两者的增长率较 2019 年，都下降了（见表 2）。

表 2　2018~2020 年北京市医药健康产业规模情况

单位：亿元

年份	新产品销售收入	营业收入	利润总额
2018	294	1275	226
2019	335	1456	244
2020	396	1554	249

二　从关键指标看医药健康产业的发展

（一）创新能力增强

《2019 年度中国医药知识产权行业发展状况报告》显示，2019 年，中
国医药健康方面专利申请量达到 198932 项，较 2018 年的 136670 项和 2017

年的 119051 项有了大幅提高。其中，全年公开实用新型专利 93175 项，较 2018 年的 36971 项和 2017 年的 33658 项有较大幅度的增加。2019 年，中国医药制造业与医疗仪器设备及仪器仪表制造业 R&D 经费支出 1069.90 亿元，较 2018 年的 1009.8 亿元增加 60.1 亿元，同比增长近 6.0%。2019 年，北京市已拥有亿元品种 100 余个，医药健康领域源头创新品种全国最多。2019 年，北京市医药健康产业在推进产业创新示范应用方面成果显著，在医药健康产业创新上，北京市启动建设 5 个示范性研究型病房，创新医疗器械申请和获批数量均居全国第一。

2019 年，中关村生命科学园累计支持企业 180 家，其中重大高精尖成果产业化项目 65 项，部分技术品种全球领先或打破国外垄断，带动投资超过百亿元，品种上市后预计使北京市新增销售额超过 500 亿元。2019 年，文丰天济、百济神州分别新获批一类新药，10 家企业 15 个品规新获国产药品批件；新获三类医疗器械批件 159 件，其中创新医疗器械 3 件，累计 21 件，获批数量约占全国 1/3，居全国首位。[①]

（二）经济效益较好

2019 年，中国医药工业利润总额 3456.7 亿元，较 2018 年增长 7.0%，增长率较 2018 年的 11.0% 有所下降。其中，化学药品制剂制造利润率为 13.7%，中成药生产利润率达到 12.9%，生物药品制造利润率达到 19.6%，医疗仪器设备及器械制造利润率达到 14.4%。2019 年，北京市医药制造业利润率为 16.5%[②]，远高于同年北京市高技术产业的利润率（8.92%），与 2018 年的利润率（17.77%）相比有所下降。[③]

2019 年，在全国医药制造业的营业收入和利润总额都出现了负增长的大背景下，北京市的医药制造业营业收入较 2018 年增长了 12.60%，增长率高于上海，也高于北京市高技术产业营业收入的增长率（10.5%）。北京市

---

① 《中关村科技园区年鉴 2020》，北京出版社，2020。

② 该利润率为利润总额与营业收入之比。

③ 《中国高技术产业统计年鉴 2020》，中国统计出版社，2020。

医药制造业的利润总额增长率为 4.58%，远低于上海的增长率。与医药制造业相比，北京市医疗仪器设备及仪器仪表制造业的营业收入与利润总额增长都较快，尤其是利润总额，2019 年较 2018 年增长了 23.97%，远高于上海、重庆，同时也高于全国该行业利润总额的增长率（见表 3），但低于北京市高技术产业利润总额增长率（32.2%）。

表 3　2019 年部分城市及全国医药制造业和医疗仪器设备
及仪器仪表制造业的营业收入与利润总额增长率

单位：%

	医药制造业		医疗仪器设备及仪器仪表制造业	
	营业收入	利润总额	营业收入	利润总额
北京	12.60	4.58	18.66	23.97
上海	11.07	35.68	3.35	11.53
重庆	4.17	4.12	10.76	2.45
全国该行业	−0.14	−0.09	1.90	5.11

资料来源：《中国高技术产业统计年鉴 2020》，中国统计出版社，2020。

（三）技术发展获得突破

北京市医药健康产业技术水平提高较快，北京中关村在医药领域的靶向药物，新型的联合疫苗、抗体和免疫检查点等方面取得了突破。同时 2019 年，北京实现自主研发抗癌新药海外上市"零突破"。2020 年，北京医药健康产业专利申请数约为 2000 个，较 2019 年的 1500 个增长了 33%，较 2018 年 1117 个，增长了 79%；有效发明专利数 4201 个，较 2019 年增长 13.8%。

（四）产业结构内部存在分化

医药健康产业包含的细分产业规模普遍增长，但增长的幅度有分化，比如 2019 年制药专用设备制造的主营业务收入增长达到 12.6%，而中成药生产的主营业务收入只增长了 7.5%，体现在医药健康产业结构上，就是生物医药份额上升，中成药生产份额下降。

（五）产业集群竞争力不断提升

北京市医药健康产业在布局上形成了"一南一北"的产业机制，积极打造"北部基础研发、南部高端制造"两大产业集聚区。北部基础研发主要以海淀区、昌平区为主，集中在中关村生命科学园，发挥其在基础研究、前沿技术方面的优势，对产业发展形成有力支撑。南部以北京经济技术开发区、大兴区为主，集中在亦庄的生物医药园、大兴的生物医药产业基地。"一南一北"形成了两大产业集群，也形成了生物医药医疗器械和健康服务的产业板块。2020 年 10 月，生命谷产业基地在昌平区挂牌成立，将围绕新药创制、生物技术、精准医疗、高端医疗器械等领域，承载国内外领先企业的重大成果转化，打造具有国际影响力的医药健康创新产业生态园。

2019 年，中关村管委会提出支持临床实验、药品上市许可持有人制度、保费补贴等 25 条措施，形成了成果转化、临床试验、生产上市、销售推广的全链条政策体系。《北京市加快医药健康协同创新行动计划（2018—2020年）》指出，北部海淀区和昌平区要聚焦发挥基础研究和前沿技术方面的科研优势；南部经济技术开发区和大兴区，新增空间优先用于发展医药健康产业，进一步提升高端制造聚集优势。

从 2019 年 11 月 27 日举办的第四届北京国际医药健康创新展览会可知，大兴生物医药产业基地将扩区 8.4 平方公里，集聚企业和人才优势吸引生物医药类高校、医疗中心等入驻，承接"三城一区"成果转化，利用 5 年时间打造千亿级生物医药产业集聚。2019 年，该产业基地已启动规划编制，将通过"1+N"产业政策体系等吸引生物医药类高校、医疗中心等入驻，逐步形成"研、产、商、展、疗"一体发展的健康新城；2020 年，规划面积 13.8 平方公里的中关村大兴生物医药产业基地已经有 3000 余家企业、单位入驻，年总收入达到 280 亿元。

北京经开区将生物技术与大健康产业作为四大主导产业之一，持续引聚高端企业强化产业链条，优化创新发展环境使企业加速成长，推动该产业规

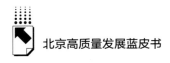
模日益壮大。未来，北京经开区还将重点围绕生物技术、靶向药物、细胞治疗、基因检测、智能医疗器械、远程医疗等新兴业态，强化载体建设，完善服务体系，引培重点企业，实现产业长足发展。

三 北京医药健康产业高质量发展存在的问题

2019 年，北京市医药健康产业在推进产业创新示范应用方面成果显著。虽然北京市医药健康产业的创新能力增强、经济效应较好、技术发展取得突破，但是其发展仍旧存在一系列显著的问题。

（一）缺乏知名大企业

北京市医药健康产业领域的企业多为小型企业，而年销售额超过 50 亿的大企业寥寥无几，销售额大于 1 亿元的企业只有 200 多家。同时，小型企业生产的产品，技术含量低，企业之间产品的仿制现象比较普遍，R&D 经费投入较少。

在新药研发方面与国际药企相差甚远，科研经费投入与科研人员投入都不足，产品没有创新性，多为老产品、重复产品、低档产品，缺少独家产品、新产品、高档产品。

（二）园区的问题

首先，园区的医药健康产业基础研究投入不足，生命科学前沿技术探索存在短板，转化、孵化能力不足，原创药品种稀少。其次，科技成果转化能力不强，新技术和新产品进入临床应用时存在衔接不顺畅的情况。再次，临床研究水平存在提高空间，溢出效应不够显著。然后，缺少龙头企业，核心竞争力有待提升。最后，产业发展要素有待完善，营商环境需要优化。产业链、资金链、政策链需要更深程度的协调发展，与产业发展更加配套的政策需要完善。

四 发达国家医药健康产业发展的经验

美国医药健康领域的研发费用持续在所有领域中保持第一，例如，美国2017年的医药健康研发预算占美国非国防研发投入的45.7%。日本、德国等发达国家陆续颁布战略规划，布局医药健康产业，抢占医药健康发展的制高点。发达国家的医药健康产业发展较早，且占GDP的比重远高于我国医药健康产业占GDP的比重。我国可以借鉴发达国家在发展医药健康产业方面的经验和举措。

美国的医药健康产业发展较早，2019年，美国健康市场规模达到1742.7亿美元。美国政府为在未来建立健全知识产权保护体系，相继出台了相关法律法规，同时规定科研人员可以从技术转移的收益中得到分红，这样大大提高了研究人员的研发积极性。美国政府在医药健康方面集中大量科研力量研发具有垄断水平的应用技术，从而使得美国的医药企业能够充分利用这些垄断技术生产出具有垄断能力的专利产品，继而拥有在市场上获得丰厚利润的能力，并将利润的一部分作为研发投入，继续进行技术研发活动。在整个过程中，美国形成了由政府、企业、研发机构构成的良好循环体系。

日本政府对医药健康产业的重视，主要通过以下几个方面来表现。首先，日本特别重视科技型技术和应用研究的教育，为培养自主创新型人才奠定坚实的人力基础。其次，日本非常重视技术的引进，通过溢出效应吸收引进的先进技术，通过积累形成一定的基础后开始自主创新。最后，日本特别重视成果转化，当某项医药健康技术获得进展后，日本政府立即调整产业发展政策，为技术研发和成果转化提供良好的政策环境。在日本政府的主导下，医药健康产业形成了一个较完备的技术创新体系。

欧洲的德国、英国、瑞士和法国医药健康产业的发展水平在全球处于领先地位。2019年，《财富》世界500强排行榜中有11家医药企业，其中5家来自欧洲。德国政府在医药健康领域的发展经验主要在政策和资金两个方面，通过形成区域层面技术创新体系，推进产业园区建设，吸引新生的医药健康企业、科研机构进入园区，形成企业间、科研机构间、企业与科研机构间的技术扩散、成果共享和合作共赢来推动企业及园区的共同发展。

无论是美国、日本还是德国，政府都在医药健康产业发展中起着决定性作用，所以，我国不仅要借鉴这些政府在促进医药健康产业发展中所采取的措施，更要注重加强政府本身在医药健康产业发展引导方面的能力建设，提高政府对发展的感知度与政策制定的有效性，根据国家所处的实际环境与发展阶段，制定适宜的发展方针和策略。

五　北京医药健康产业重点领域的分析

2020 年，北京市政府发布了"新增产业的禁止和限制目录"，禁止医药健康产业中的化学药品原料药制造、中药饮片加工、兽用药品制造 3 个小类的新建和扩建，主要是因为这 3 个小类的扩大发展并不符合首都核心功能发展的需要。本报告选取生物医药、医疗仪器设备及仪器仪表制造业、新一代医疗行业应用软件开发这些北京市将要大力发展的、符合首都功能定位的医药健康子领域进行重点分析。

（一）生物医药领域

北京市生物医药产业的发展与中关村生命科学园的发展紧密相连，可以说，中关村生命科学园承载着过去 20 多年北京市生物医药产业的发展。2000 年 11 月 25 日，中关村生命科学园启动建设，成立初期，园区先后引入三大国家级项目，对生命科学等领域的关键技术进行自主探索、研发。园区的成立吸引了一批生物学家相继回国效力。国家级项目的入驻、前瞻性的顶层设计和基础设施的建设，有效整合了研发、中试生产、销售流通、医疗服务等产业环节，中关村生命科学园的生物医药产业实现了集聚。

2019 年 11 月 15 日，百济神州宣布，其自主研发的抗淋巴瘤新药——泽布替尼获美国食品药品监督管理局（FDA）批准上市，实现中国新药在美上市"零突破"。2020 年，突如其来的新冠肺炎疫情席卷全球，中关村生命科学园内多家研究院所、企业展开新冠检测试剂、疫苗的研发工作，支援全球抗疫。

（二）医疗仪器设备及仪器仪表制造业

2019 年，北京市医疗仪器设备及仪器仪表制造业共有 278 家企业，营业收入达到 543 亿元，较 2018 年增长 18.66%，利润总额 81 亿元，利润率达到 14.8%，较 2018 年的 14.2% 增长 0.6 个百分点。[①]

2019 年，北京市医疗仪器设备及仪器仪表制造业引进技术经费支出 28446 万元，购买境内技术经费支出 472 万元，都比 2018 年有所减少，其中引进技术经费支出降低的幅度较大，从 44014 万元下降到 28446 万元，下降了 35.37%（见表 4）。这可以说明，2019 年北京市医疗仪器设备及仪器仪表制造业对国外技术的引进少了，依赖进口的程度降低了。

表 4　2018~2019 年北京市医疗仪器设备及仪器仪表制造业技术获取和技术改造情况

单位：万元，项

年份	引进技术经费支出	购买境内技术经费支出	技术改造经费支出	新产品开发项目数	新产品开发经费支出	新产品销售收入	出口
2018	44014	666	2680	1342	284158	1428787	114369
2019	28446	472	2707	1518	342660	1678447	139572

资料来源：《中国高技术产业统计年鉴 2020》，中国统计出版社，2020。

与 2018 年相比，2019 年新产品开发项目数增加了 176 项，新产品开发经费支出、新产品销售收入和出口都增加了。这可以说明，2019 年北京市更注重技术研发，产出增加，国外对我国产品的需求增大。

从北京市医疗仪器设备及仪器仪表制造业的 R&D 经费情况可以发现，R&D 经费内部支出从 2018 年的 204038 万元减少到 2019 年的 189655 万元（见表 5），但从经费来源看，主要是因为来自企业的资金减少了，来自政府

---

① 《中国高技术产业统计年鉴 2020》，中国统计出版社，2020。

的资金不降反增，政府资金的体量远远小于企业资金的体量，所以总体来看 R&D 经费内部支出是减少的。综合以上数据，新产品开发经费支出增加近 6 亿元，R&D 经费减少 1.65 亿元，这说明北京市医疗仪器设备及仪器仪表制造业新产品的研究、设计、模型研制、测试、试验等费用支出增加了，基础研究、应用研究和试验发展三类项目的费用支出以及用于这三类项目的管理和服务的费用支出减少了。

表 5　2018~2019 年北京市医疗仪器设备及仪器仪表制造业 R&D 经费情况

单位：万元

年份	R&D 经费内部支出	#人员劳务费	#仪器和设备	#政府资金	#企业资金	R&D 经费外部支出
2018	204038	104845	5259	4982	192448	6448
2019	189655	92955	6158	11033	178622	4303

资料来源：《中国高技术产业统计年鉴 2020》，中国统计出版社，2020。

截至 2019 年底，北京市共有医疗器械生产许可证 810 张，较 2018 年减少 4 张。医疗器械生产备案 103 件，较 2018 年减少 7 件。全市共有医疗器械经营企业许可证 12861 张，比 2018 年增加 1084 张，第二类医疗器械经营备案 20347 件，比 2018 年增加 3244 件。可以看出，2019 年医疗器械的经营规模较 2018 年有了大幅度的扩张。

六　北京医药健康产业高质量发展的对策建议

2017 年以来，北京市实施了一系列促进医药健康产业发展的政策，比如 2018 年发布的《北京市加快医药健康协同创新行动计划（2018—2020年）》指出，到 2020 年，产业主营业务收入达到 2500 亿元，重点围绕创新转化、医药协同、产业发展、营商环境等 4 个方面，提出了 20 项重点任务。目前来看，北京市医药健康产业的发展取得了一定的成绩。随着我国"十四五"时期的到来，在国际新形势下，医药健康产业的发展更加迫切。针对北京市医药健康产业发展面临的主要问题，本报告对北京市政府提出几点建议。

第一，要发挥企业的自主研发能力，给予企业更多的发展空间。政府要制定适宜的政策，根据企业实际需要加以扶持，最大限度地提高企业的研发创新能力。在这个过程中，政府不能闭门研究，要与企业代表及时沟通，了解企业遇到的实际困难，参考企业需要的解决办法，制定出最适合的政策。这需要政府建立良好的沟通机制，其中，要重点考虑如何提高政府相关部门与企业沟通的积极性。

第二，对于"卡脖子"技术，这种无法单纯通过提高企业自主创新能力在短时间解决的问题，政府应强化国家战略科技力量，依靠新型举国体制，协助企业，合理攻克医药健康产业发展的技术难题。

第三，政府要随着产业发展的实际情况，制定相应的产业政策。医药健康产业的发展，需要政府及时、正确的引导与支持，政府在宏观上要制定行业发展的方针政策，在微观上要协助医药健康企业发展。这种产业政策的支持要想做到及时、准确，就需要政府对产业发展情况进行深入了解，这对政府的职能发挥是一个重大考验。

北京市要将自身打造成科技创新中心，这会为医药健康产业的发展创造技术支持优势。大力发展医药健康产业是民生的需要，也是发展的需要。北京市在"十四五"时期，要将医药健康产业加快发展和医药卫生体制深化改革结合起来，更好地惠民生、促增长，为高质量发展贡献一分力量。

参考文献

陈仁君：《技术进化视域下我国健康产业技术进步问题研究》，硕士学位论文，渤海大学，2015。

张舒逸、杨婧、李彩霞：《医药健康产业的国外经验借鉴研究》，《科技和产业》2020年第11期。

B.8
北京科技服务业高质量发展报告（2022）[*]

摘　要： "十四五"规划把科技创新作为国家现代化建设的战略支撑，科技服务业作为北京高质量发展的重要力量，充分释放科技服务业发展红利、支撑其他部门经济转型升级是其未来一段时期发展的重要目标。本报告对科技服务业已有研究、北京科技服务业发展现状及成效进行了梳理，通过构建数理模型，运用指数评价体系对北京、上海、江苏、浙江、广东的科技服务业规模、投入、产出等进行了比较研究，并对北京科技服务业发展存在的问题进行了剖析。为更好地给北京科技服务业发展献言献策，本报告从国家、集群发展、国家首都三个层面剖析了国外科技服务业发展经验，总结提炼更好发展北京科技服务业的关键要素，结合实证研究结论，从完善科技服务业发展政策支持体系、践行科技创新与人力资本协同发展、强化科技服务业细分业态的多向协作互动、提高科技成果转化率四个方面提出加快发展北京科技服务业的对策建议。

关键词： 科技服务业　产学研一体化　北京市

---

[*] 本报告为北京市财政项目"共同富裕目标下北京高质量发展水平测度与发展路径研究"（项目编号：KF0022）阶段性成果。作者：北京市科学技术研究院高质量发展研究中心。执笔人：胡曾曾，北京市科学技术研究院创新发展战略研究所助理研究员，博士，主要研究方向为高质量发展、可持续发展。

一　引言

中国科技服务业市场规模增长迅速，科技服务业贡献凸显。科技服务业规模从 2015 年的 1.32 万亿元提高到 2019 年的 2.23 万亿元。[①] 根据《2020 年国民经济和社会发展统计公报》相关数据，2020 年，第三产业增加值占比达到 54.5%，规模以上战略性新兴服务业营业收入比 2019 年增长了 8.3%，规模以上服务业利润总额比 2019 年下降了 7.0%，软件和信息技术服务业收入达到 81616 亿元，比 2019 年增长了 13.3%。受新冠肺炎疫情影响，2020 年服务进出口总额比 2019 年下降了 15.7%，但科技服务业表现突出。一是科技服务业主要行业的产业增加值持续提升，2020 年，金融业、信息传输与软件和信息技术服务业增加值分别达到 84070 亿元和 37951 亿元，比 2019 年分别增长了 7.0%、16.9%；租赁和商务服务业增加值达到 31616 亿元，仅比 2019 年下降了 5.3%。二是科技服务业蓬勃发展的基础进一步夯实。截至 2020 年末，正在运行的国家重点实验室、国家工程研究中心、国家企业技术中心、大众创业创新示范基地、国家级科技企业孵化器、国家备案众创空间分别达到 522 个、350 个、1636 家、212 家、1173 家和 2386 家。三是投入产出率同步提升。2020 年，研究与实验发展（R&D）经费支出比 2019 年增长了 10.3%，达到 24426 亿元；授予专利权数量比 2019 年增长 40.4%，达到 363.9 万件；境内有效发明专利数量达到 221.3 万件，技术合同成交金额比 2019 年增长 26.1%，达到 28252 亿元。在中国科技服务业蓬勃发展、重要性益发凸显的背景下，作为全国科技创新中心的北京，对其科技服务业发展进行研究的重要性不言而喻。

2020 年，课题组通过相关计算得到北京市 42 部门的影响力系数和感应度系数，以此来探讨各部门对促进北京高质量发展的贡献。研究结果显示：

[①]《科技服务业市场规模 2020 科技服务行业现状及发展前景分析》，中研网，2020 年 7 月 30 日，https://www.chinairn.com/hyzx/20200730/140351303.shtml。

科技服务业对北京经济发展的重要性日益凸显。具体从科技服务业细分部门研究结果来看，科学研究和技术服务业的影响力系数大于 1，说明科学研究和技术服务业对其他部门生产的影响力超过社会平均影响力水平；信息传输、软件和信息技术服务业的感应度系数大于 1，说明信息传输、软件和信息技术服务业为其他部门提供的产出强度超过平均水平。科技服务业作为引领北京高精尖产业以及竞争力较强的产业，其如何高质量发展是急需研究的问题。科技服务业作为北京高质量发展的重要力量，充分释放科技服务业发展红利、支撑其他部门经济转型升级是其未来一段时期发展的重要目标。

二　科技服务业概念界定

关于科技服务业概念的界定，现有研究文献较多，分别从内涵、研究对象、功能、服务方式、行业分类等角度对其概念进行阐述，目前国内外学者还没有对其概念达成共识，但是在对科技服务业概念界定的核心要件中，从不同角度进行剖析，有三种代表性的观点。

第一种是基于 Bell 提出来的"知识密集型服务业"，该概念强调了知识、创新、聚集三个关键要素。科技服务业在国外的文献中经常被称为"知识密集型服务业"或者"知识型服务业"，比如经济合作与发展组织（OECD）将科技服务业定义为知识密集型产业。对知识密集型服务业的内涵界定范畴经历了从概念产生到企业机构层面再逐渐扩展到产业维度的发展过程，Bell 在 1974 年率先提出"知识型服务业"概念，提出知识型服务业是随着科学与技术的发展而产生的一种新型关系。① Hertog 侧重企业方面，提出科技服务业即知识密集型服务业，主要依靠专业领域的机构或企业提供以知识为产出的服务。② Muller 则侧重产业层面，指出科技服务业依托专业

---

① D. Bell, *The Coming of Post Industrial Society* (New York: American Education Book 1td, 1974).

② D. P. Hertog, "Knowledge-intensive Business Services as Co-producers of Innovation," *International Journal of Innovation Management* 4 (2000).

科技和技术等知识，随着与用户的交互程度不断加深，企业与用户单向转移知识产品的局限性被打破，且基于该行业与客户之间特有的上下级关系使得该产业产生空间聚集现象，为产业发展提供了基础。[1] 目前学者广泛认同的是，知识、创新、集聚是知识密集型服务业的关键维度，可以极大改善服务业的技术创新，尤其是在大都市地区效果明显。

第二种是基于科技服务业行业分类相关文件角度进行界定。该概念强调科技服务业主要行业，以主要行业表征科技服务业全貌。目前，我国科技服务业统计分类的最新依据为《国家科技服务业统计分类（2018）》，其将科技服务业分为科学研究与试验发展服务、科技推广及相关服务等7大类（见表1），相比2017版和2015版，2018版有些细分行业有所调整。由于国家统计局没有专门列出科技服务业的统计数据，而是以第三产业大类进行统计，细分行业被分散归入第三产业大类统计中。这导致相关学者对科技服务业进行概念界定时，统筹考虑定量分析以及统计数据的方便获取等，只选取科技服务业主要行业。有的学者根据第三产业大类，提出科技服务业主要集中在科学研究和技术服务业与信息传输、计算机服务和软件业两大行业中。[2] 有的学者从科技服务业不同侧重的专业方向，提出科技服务业主要包含研究开发、技术转移、创业孵化、检验检测认证等六大专业科技服务行业。[3]

表1 我国科技服务业细分行业（2018版）

7大类	24个中类	88个小类
科学研究与试验发展服务	自然科学、工程、农业和医学研究	自然科学研究和试验发展、工程和技术研究和试验发展、农业科学研究和试验发展、医学研究和试验发展
	社会人文科学研究	社会人文科学研究

---

① E. Muller, D. Doloreux, "What We should Know about Knowledge in Tensibe Business Services," *Technology in society* 31（2009）.

② 朱相宇、严海丽：《北京市科技服务业的发展现状与比较研究》，《科技管理研究》2017年第23期；杨茜淋、张士运：《北京市科技服务业产业拉动作用研究——基于非竞争型投入产出表》，《科技管理研究》2019年第14期。

③ 顾乃华：《科技服务业发展模式研究》，暨南大学出版社，2019。

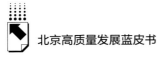
续表

7大类	24个中类	88个小类
专业化技术服务	专业化技术公共服务	气象服务、地震服务、海洋服务、测绘地理信息服务、环境与生态监测检测服务、地质勘查、规划设计服务
	检验、标准、检测、认证和计量服务	质检技术服务
	工程技术服务	工程管理服务、工程监理服务、工程勘察活动、工程设计活动
	专业化设计服务	工业设计服务、专业设计服务
科技推广及相关服务	科技推广与创业孵化服务	技术推广服务、科技中介服务、创业空间服务
	知识产权服务	知识产权服务
	科技法律及相关服务	科技法律服务、科技公证服务、其他科技法律服务
科技信息服务	信息传输科技服务	固定电信科技服务、移动电信科技服务、其他电信科技服务、有线广播电视传输科技服务、无线广播电视传输科技服务、卫星传输科技服务
	互联网技术服务	互联网接入及相关服务、互联网信息科技服务、互联网平台、互联网安全服务、互联网数据服务、其他互联网服务
	软件和信息技术服务	软件开发、信息系统集成服务、物联网技术服务、运行维护服务、信息技术咨询服务、信息处理和存储支持服务、集成电路设计、其他未列明信息技术服务业
科技金融服务	货币金融科技服务	货币银行科技服务、融资租赁科技服务、财务公司科技服务、汽车金融公司科技服务、小额贷款科技服务、消费金融公司科技服务、网络借贷科技服务、其他非货币银行科技服务、银行理财科技服务
	资本投资科技服务	资本投资科技服务
	保险科技服务	财产保险科技服务、保险公估科技服务、保险资产管理科技服务、其他保险科技服务
	其他科技金融服务	金融信托与管理科技服务、控股公司科技服务、非金融机构支付科技服务、金融资产管理科技服务、其他未列明科技金融服务
科技普及和宣传教育服务	科普服务	图书馆科普服务、档案馆科普服务、博物馆科普服务、其他科技推广服务业
	科技出版服务	科技出版服务
	科技教育服务	普通高校科技教育服务

续表

7大类	24个中类	88个小类
综合科技服务	科技管理服务	科学技术政府管理服务、科学技术社会组织服务、科技企业管理服务
	科技咨询与调查服务	会计、审计及税务科技服务，市场调查科技服务，环保咨询，专业咨询科技服务
	信用担保科技服务	信用科技服务、非融资担保科技服务、融资担保科技服务
	职业中介科技服务	职业中介科技服务
	其他综合科技服务	租赁科技服务、广告科技服务、科技会展服务、包装科技服务、办公科技服务、其他未列明综合科技服务

资料来源：《国家科技服务业统计分类（2018）》。

第三种是基于不同角度或科技服务业内涵特点进行界定。1992年，我国首次提出"科技服务业"①。有的学者从功能和方式角度指出，科技服务业是运用科学技术和专业知识，为科技创新及其成果转化提供支撑或服务的服务机构总称。② 有的学者从产业链角度指出，科技服务业是以创新链为基础，围绕创新全过程，提供全链条式、系统性服务的新兴产业，是现代服务业与高新技术产业融合发展的知识密集型新兴产业。③ 百度百科对科技服务业的释义则是基于综合角度，涵盖了各主要和专业技术行业方向、行业功能及其方式。也有一部分学者聚焦于对科技服务业内涵特征的解析阐释，有的学者提出科技服务业的主要特征包括科技服务性、综合性、社会性、延续性、知识密集性和效益优化性。有的学者提出科技服务业是科技与服务的交叉点，主要包括人才智力密集、产业附加值大、科技含量高、辐射带动作用强等特征。有的学者提出科技服务业具有投入产出均是知识、沟通密集性、

---

① 原国家科学技术委员会于1992年发布《关于加速发展科技咨询、科技信息和技术服务业的意见》。

② 吴标兵等：《大数据背景下科技服务业发展策略研究》，《科技管理研究》2015年第10期。

③ 王仰动、杨跃承、赵志强：《高技术服务业的内涵特征及成因分析》，《科学学与科学技术管理》2007年第11期；王宏起、王冕、李玥：《生态关系视角下区域科技服务业构成及持续发展研究》，《中国科技论坛》2021年第1期。

解决特色问题、需求频繁性等特征。①

综上所述，本报告提出科技服务业是以科学技术和其他专业知识为依托，运用现代科技知识、技术、经验、信息等要素向社会提供智力服务或科技创新及其成果转化服务的新兴产业，具有知识密集性、效益优化性、产业附加值大等特点。本报告根据《国家科技服务业统计分类（2018）》的标准，从科学研究与试验发展服务、专业化技术服务、科技推广及相关服务、科技信息服务、科技金融服务、科技普及和宣传服务、综合科技服务七大类行业角度入手对北京科技服务业进行分析测算，同时为了数据的可比性，依据最新标准，将历年相关数据以2018版的行业统计标准进行计算。

三 北京市科技服务业发展特征

为具体分析北京科技服务业发展现状，本报告选取典型性代表指标描述北京科技服务业发展状况。基于数据可得性、可比性等原则以及前文对科技服务业的阐述，本报告从北京和北京各区以及主要行业角度入手，通过核心指标的分析，得到北京市科技服务业发展具有以下特点。

（一）科技服务业宏观层面特征分析

科技服务业的各类行业为第三产业，从北京科技服务业宏观环境来分析，选取典型指标进行刻画，可知北京科技服务业发展从宏观层面来看具有以下四大特征。

1. 科技研发重视度凸显，研发投入产出率持续提升

北京的研发经费支出持续增加，说明北京对科学研究和技术尤为重视。相关研究表明，经费投入在一定程度上直接决定了该行业的发展速度和收益，② 地

---

① 王霄琼：《科技服务业若干基本问题探析——兼论中国情境下科技服务业研究趋势》，《科技管理研究》2020年第6期。
② 李文川：《基于"互动—耦合—支撑"视角的江西省科技服务业发展模式及策略》，经济科学出版社，2018。

区对该行业重视的大环境会显著影响该行业的发展。如图 1 所示，北京 GDP 和第三产业总产值呈显著增长态势，R&D 经费内部支出持续增长，R&D 投入强度也在相应提升，尤其是 R&D 经费内部以年均 15.0%的增速快速增加，到 2019 年达到 2233.6 亿元，是 2000 年的 14.3 倍。北京市的 R&D 投入强度总体呈直线上升态势，对北京市的贡献率逐步提高，从 2000 年的 4.85%增长到 2019 年的 6.31%，年均增速为 1.39%。

从国民统计分类中可知，科技服务业各行业主要集中在第三产业中的科学研究和技术服务业以及信息传输、软件和信息技术服务业两大产业。从宏观层面来看，2019 年，北京市对科学研究和技术服务业的 R&D 经费内部支出达到 1182 亿元，比重达到 53%，信息传输、软件和信息技术服务业为 407 亿元，占 18%。作为全国的科创中心，近几年北京市对科学研究和技术服务业尤为重视，投入强度远超其他科技服务业。从 2019 年北京各区规模以上企业 R&D 经费投入来看，大兴区和海淀区发展优势凸显。"规模以上企业 R&D 经费投入"这个指标在一定程度上可体现企业研发投入强度。北京市 16 个区中大兴区发展优势最明显，主要是受北京经济技术开发区的影响，2019 年，开发区 GDP 达到 1932.8 亿元，规模以上高新企业研发投入 135 亿元，对北京市经济贡献显著；其次是海淀区，主要是受中关村国家自主创新示范区和中关村科学城发展的影响。

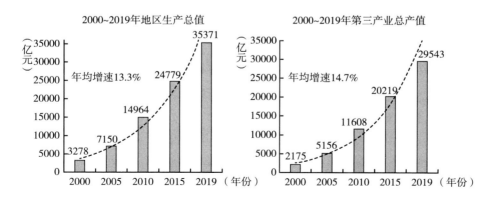

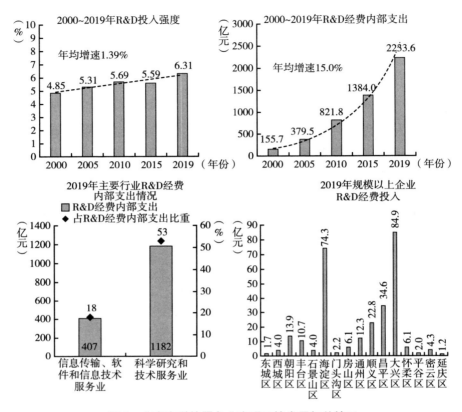

图1 北京市科技服务业宏观环境发展相关情况

注：年均增速通过在 EXCEL 中输入公式＝[POWER（选择期数据/基期数据，1/选择期－基期－1）－1]×100%得到，以北京地区生产总值为例，年均增速＝[POWER（35371/3278，1/19）－1]×100%≈13.337%≈13.3%，图2、图3相同，此后不赘。

资料来源：根据 2001～2020 年《北京统计年鉴》、《北京区域统计年鉴 2020》及 EPS DATA 整理计算得到。

2. 科技成果转化率提高，行业发展活跃度显著增强

科技专利产出率逐年攀升，技术市场蓬勃发展。相关研究表明，"专利有效量"指标可有效衡量地区的知识产权拥有量，在一定程度上表征地区的科技创新水平。"技术合同成交额"可在一定程度上表征地区科技成果转化率情况和科技服务业发展的经济基础。① 如图 2 所示，随着研发经费的持

———————

① 关峻：《北京市科技服务业发展状况研究与前景分析》，科学出版社，2013。

续加大投入，北京市专利有效量呈持续快速增长态势，科技成果转化率也在持续提升。北京市专利有效量从 2006 年的 3.7 万件增长到 2019 年的 65.3 万件，年均增速达到 24.8%，专利产出率的增速超过研发经费投入增速，说明研发经费投入产生了倍增效应，极大地提高了专利产出率。北京市技术合同成交额也从 2000 年的 140.3 亿元增加到 2019 年的 5695.3 亿元，年均增速达到 21.5%，在一定程度上反映了北京市科技服务业活跃程度得到显著提高；北京市 16 个区中，海淀区的发明专利授权量和技术合同成交总额均表现出明显优势，其次是朝阳区，城六区（东城区、西城区、朝阳区、海淀区、丰台区和石景山区）总体贡献突出。2019 年，海淀区的发明专利授权量达到 26779 件，占全市的 50.41%，其技术合同成交额以 1899 亿元远超其他区。西城区的发明专利占授权量的比重仅次于海淀区，达到 51%。朝阳区发明专利授权量达到 10070 件。朝阳区和丰台区的技术合同成交额分别以 1160 亿元、1006 亿元紧随海淀区。总体来看，海淀区、朝阳区、西城区、丰台区、东城区发展科技服务业的实力相对雄厚，这五个区的发明专利授权量占全市的 87.5%，其技术合同成交总额占市的 83.7%。可见除了这五个区外，其他区科技服务业发展情况并不理想。

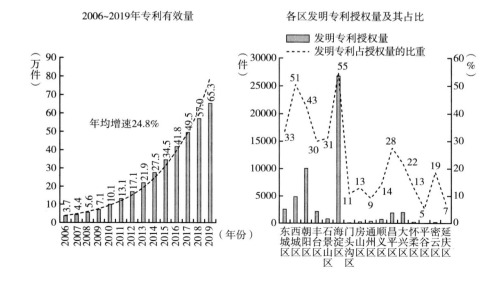

2006~2019年专利有效量　　　各区发明专利授权量及其占比

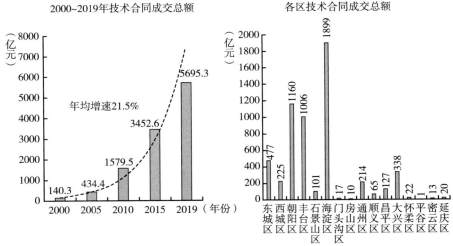

图2 北京市科技专利产出及技术合同成交总额情况

资料来源：根据《北京区域统计年鉴2020》《北京统计年鉴2020》及北京市知识产权局、北京技术市场管理办公室相关数据整理得到。

3. 新创造价值能力偏弱，产业生产效率提升是关键

鉴于科技服务业多集中分布在第三产业分类中的信息传输、软件和信息技术服务业与科学研究和技术服务业①两大产业，故通过对这两大产业的增加值探析北京科技服务业宏观发展情况。

北京科技服务业产业增加值均有显著增长，其中科学研究和技术服务业增速最快。如图3所示，2005~2017年，信息传输、软件和信息技术服务业与科学研究和技术服务业的增加值均取得了显著成绩，均保持10%以上的年均增速。其中增加值增速最快的是科学研究和技术服务业，年均增速达到19.2%。

第三产业中，科技服务业新创造价值能力潜力亟待提升。为探析北京科技服务业总体的新创造价值能力、盈利能力以及对劳动投入的感应度，本报告选取了具有代表性的指标"产业增加值与总投入之比""劳动者报酬与产

---

① 科学研究和技术服务业2011年以前为科学研究、技术服务和地质勘查业，故本部分其2005~2010年相关数据为科学研究、技术服务和地质勘查业数据。

业增加值之比""营业盈余与产业增加值之比"进行定量测算分析。相关研究表明，衡量产业生产过程中创造的新价值占总投入的水平，可采用代表性指标"产业增加值与总投入之比"进行表征；衡量产业创造的新价值中劳动所起到的拉动作用，可采用代表性指标"劳动者报酬与产业增加值之比"进行表征；衡量产业创造新价值的盈利能力，可采用代表性指标"营业盈余与产业增加值之比"进行表征。[①] 根据分析和表2的计算结果，可得出以下结论。一是信息传输、软件和信息技术服务业创造新价值的能力亟待提高。信息传输、软件和信息技术服务业生产过程中新创造出来的价值占总投入的比重下降幅度较大，从2012年的51%降到2017年的35%，与此同时，科学研究和技术服务业增加值占总投入的比重保持相对稳定状态。二是提高产业生产效率是关键。2012年和2017年，两大产业劳动者报酬占产业增加值的比重均保持在50%以上，其中科学研究和技术服务业的劳动者报酬占产业增加值的比重达到65%左右，说明在两大产业创造出来的新价值中劳动所起的作用相对较大。三是盈利能力均亟须提高。信息传输、软件和信息技术服务业拉动产业增加值的能力虽然高于科学研究和技术服务业，但盈利

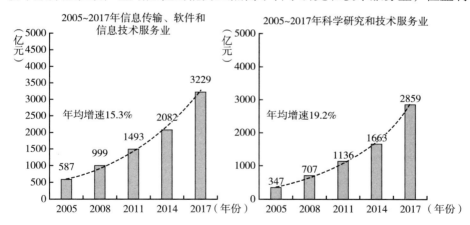

图3　2005～2017年北京市第三产业中科技服务业增加值情况

资料来源：根据2006～2019年《北京统计年鉴》及EPS DATA整理计算得到。

① 杨茜淋、张士运：《北京市科技服务业产业拉动作用研究——基于非竞争型投入产出表》，《科技管理研究》2019年第14期。

能力均偏弱。信息传输、软件和信息技术服务业与科学技术和科技服务业盈利水平虽然保持稳定态势，但均亟待提升。到2017年，信息传输、软件和信息技术服务业的营业盈余只占增加值的25%，科学技术和科技服务业则仅为15%。总的来说，两大产业新创造的价值占总投入的比重均有所下降，均需提升产业生产效率。相对而言，劳动所起的作用较大，在北京需减量发展和非首都功能疏解背景下，探讨如何将信息传输、软件和信息技术服务业与科学研究和技术服务业发展成拉动北京发展的主要力量是重点。

表2　2012年和2017年北京市第三产业中科技服务业产业增加值中的劳动者报酬与营业盈余情况

单位：%

	年份	信息传输、软件和信息技术服务业	科学研究和技术服务业
产业增加值/总投入	2012	51	35
	2017	35	31
劳动者报酬/产业增加值	2012	54	66
	2017	45	64
营业盈余/产业增加值	2012	23	13
	2017	25	15

注：因统计类别目录的调整，为保持2012年和2017年统计口径一致，2017年科学研究和技术服务业相关数据是由研究和实验发展与综合技术服务业相关数据计算得到。

资料来源：根据《2012年北京投入产出表》《2017年北京投入产出表》相关数据计算得到。

4. 行业发展区域性明显，海淀区和朝阳区优势显著

为具体分析北京市各区科技服务业发展情况，本报告从北京市各区第三产业分类中的主要两大产业分布分析入手，基于第四次全国经济普查对北京市各区各类行业的详细统计数据，选取具有代表性的指标"法人单位"和"营业利润"（均是以企业会计准则为标准口径的数据）对北京市各区科技服务业主要行业发展状况进行分析。"法人单位"可在一定程度上表征各区行业发展规模，"营业利润"可在一定程度上表征各区各行业的盈利水平及其产出效率。具体分析结果如下。

科技服务业发展凸显区域集聚特色，核心区盈利能力最强。北京市市场监管局公布的数据资料显示，2019年，北京市有73.7万个科技服务机构，比2018年新增了10.2万个；2019年，海淀区的科技服务业机构总量已经达到了17.2万个，比2018年新增了1.7万个，主要得益于中关村国家自主示范区科技服务业发展对其的拉动；西城区科技服务业法人单位虽然总体不多，但是盈利能力最强，其次是东城区，主要得益于总部经济效应和企业总部集聚效应。

科技服务业集中分布在海淀区和朝阳区。2017年，朝阳区和海淀区的科技服务业规模遥遥领先，两大产业的法人单位数位居前二的均是海淀区和朝阳区。具体来看，2017年，海淀区的信息传输、软件和信息技术服务业与科学研究和技术服务业法人单位最多，分别为25208家和45950家（见图4），其次是朝阳区，这两个区的信息传输、软件和信息技术服务业与科学研究和技术服务业法人单位数量分别占全市的50.6%和55.6%；科技金融服务业也集中分布在海淀区和朝阳区，作为CBD的朝阳区在这方面优势较为明显，其次是以科技金融服务业为特色的海淀区。根据北京市市场监管局公布的数据，2019年，金融业位居前三的分别是朝阳区、海淀区和西城区，三个区的金融机构数合计占全市的51.9%，且增量明显。2019年，朝阳区新增金融机构77个，海淀区和西城区分别为42个和38个。与此同时，科技和金融融合持续深入，朝阳区和海淀区因其具有金融业发展的雄厚基础，其科技金融服务业发展也相对较强。2019年，北京市有5455个金融科技机构，依旧集中分布在海淀区和朝阳区，2019年比上年新增了148个科技金融机构和23个外资金融机构。

北京市科技服务业的盈利主力是核心区，尤其是西城区。尽管2017年海淀区在信息传输、软件和信息技术服务业与科学研究和技术服务业的法人单位数量方面分别约是西城区的8.2倍和10.1倍，但是在营业利润方面，西城区分别约是海淀区的4.6倍和1.8倍。这主要是因为核心区的法人单位虽然少，但是企业总部居多，总部经济效应显著，尤其是西城区，其企业总部集聚效应明显。

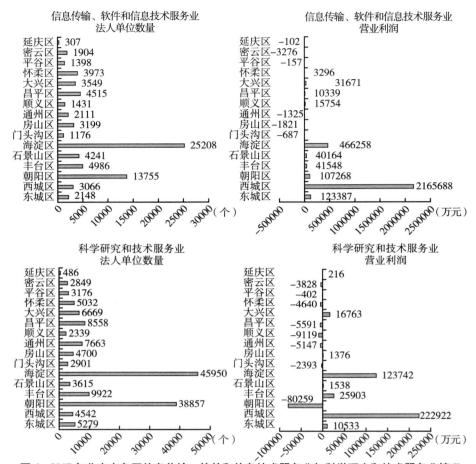

图4 2017年北京市各区信息传输、软件和信息技术服务业与科学研究和技术服务业情况

资料来源：根据《北京经济普查年鉴2018》、2006~2019年《北京统计年鉴》及EPS DATA整理计算得到。

（二）科技服务业各行业发展特征分析①

从2013年和2018年北京科技服务业七大行业相关数据（见图5）来看，其具有以下四大特征。

———————————

① 该部分资产总额、营业收入以及营业利润的真实数据有多位小数，而文中以及图中仅显示部分，故年均增长率存在一定误差。

156

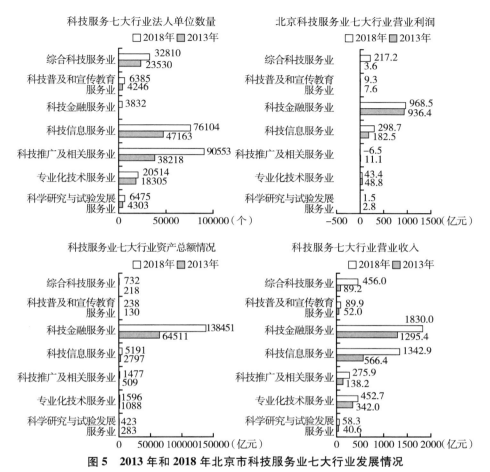

图5 2013年和2018年北京市科技服务业七大行业发展情况

注：北京科技服务业七大行业的相关数据按照国家统计局分类标准，根据各小类行业数据进行加总计算。

资料来源：2004年、2008年、2013年、2018年《北京经济普查年鉴》、网站资料。

1.科技金融服务业盈利能力显著，但增速偏低

北京市科技服务业七大行业中科技金融服务业实力最强。科技金融服务业不仅以最少的法人单位创造了最高的营业利润，同时资产总额和营业收入也远超其他六大行业。依据历年《北京经济普查年鉴》，通过各细分行业汇总计算可知，2018年，北京科技金融服务业法人单位有3832家，资产总额和营业收入分别达到138451亿元和1830.0亿元，营业利润为968.5亿元。

2013~2018 年，北京科技金融服务业资产总额、营业收入、营业利润年均增速分别为 16.5%、7.15% 和 0.68%，其中营业利润年均增速相较于科技信息服务、科技普及和宣传教育服务等行业的来说偏低，存在后劲不足的问题。从科技金融服务业的各细分行业来看，盈利能力表现突出的是货币银行科技服务业和控股公司科技服务业，2018 年其营业利润分别为 484.16 亿元和471.74 亿元；盈利能力表现较弱的是金融资产管理科技服务业和资本投资科技服务业，其营业利润分别为 -52.79 和 -51.85 亿元。

2. 科学研究与实验发展服务业资产总额偏低，需加大投入

北京市科技服务业七大行业中科学研究与试验发展服务业的资产总额相对偏低。北京研究和试验发展行业资产总额在 2018 年仅为 423 亿元，营业收入、营业利润分别为 58.3 亿元、1.5 亿元。2013~2018 年，北京研究和试验发展行业资产总额、营业收入、营业利润年均增速分别为 8.34%、7.49% 和 -12.07%，其中营业利润年均增速呈负增长态势，这在侧面反映出研发投入急速增长的同时科技成果市场化效益还未明显显现。从科学研究与试验发展服务业的各细分行业来看，工程和技术研究和试验发展行业相对实力最强，不仅资产总额最高，为 306.33 亿元，营业利润也是最高，为 2.37亿元，当然负债总额也是最高的。医学研究和试验发展行业实力相对较强。但是自然、农业科学研究和试验发展行业，社会人文科学研究行业营业利润均为负，其中社会人文科学行业的资产总额、营业收入均是最少的。

3. 科技推广及相关服务业利润较低，潜力待激发

北京市科技服务业七大行业中科技推广及相关服务业的营业利润较低。2018 年，北京科技推广及相关服务业的营业利润为 -6.5 亿元，但是该行业的法人单位是最多的，达到 90553 个，资产总额、营业收入分别为 1477 亿元、275.9 亿元。2013~2018 年，北京科技推广及相关服务业资产总额、营业收入、营业利润年均增速分别为 23.75%、14.83% 和 -189.97%，其中营业利润呈显著负增长态势，这在侧面表明该行业亟须提升发展潜力。从科技推广及相关服务业的各细分行业来看，技术推广服务业中的新能源技术推广服务业实力相对最强，不仅资产总额最高达到 225.27 亿元，营业利润为

3.72 亿元，且相较 2013 年，该细分行业增速较为显著。创业空间、知识产权服务业表现也相对较好，营业利润均为正。

4. 科技信息服务业保持稳定增长，支撑作用凸显

北京市科技服务业七大行业中科技信息服务业保持稳定增长态势。2018年，北京科技信息服务业的营业利润仅为 298.7 亿元，资产总额、营业收入分别为 5191 亿元、1342.9 亿元，均仅次于科技金融服务业。2013~2018年，北京科技信息服务业资产总额、营业收入、营业利润年均增速分别为13.17%、18.85% 和 10.35%，均保持平稳增长态势，尤其是营业利润年均增速保持平稳快速增长态势，对北京科技服务业的支撑作用明显。从科技信息服务业的各细分行业来看，软件和信息技术服务业实力相对最强，不仅资产总额最高达到 2023.25 亿元，将近科技信息服务业的一半，而且营业收入为 803.43 亿元，是拉动科技信息服务业的主力行业。

（三）北京科技服务业的主要特征与存在的问题

通过对北京科技服务业现状以及比较研究的实证分析，可得出以下结论。

从宏观层面来看，北京科技服务业发展具有四大特征：第一，科技研发重视度凸显，研发投入产出率持续提升；第二，科技成果转化率提高，行业发展活跃度显著增强；第三，新创造价值能力偏弱，产业生产效率提升是关键；第四，行业发展区域性明显，海淀区和朝阳区优势显著。

从各行业发展来看，北京科技服务业具有四大特征：第一，科技金融服务业盈利能力显著，但增速偏低；第二，科学研究与实验发展服务业资产总额偏低，需加大投入；第三，科技推广及相关服务业利润较低，发展潜力待激发；第四，科技信息服务业保持稳定增长，支撑作用凸显。

北京科技服务业区域集聚特征明显。海淀区和朝阳区科技服务业发展优势凸显，在研发投入、科技专利产出率、技术市场、产业规模等方面遥遥领先。尽管海淀区和朝阳区科技服务业发展体量和潜力最大，但是在盈利能力上，表现远不如核心区的东城区和西城区，尤其是总部集聚效应明显的西城区。

北京科技服务业发展存在以下问题：第一，主要行业新创造价值占总投入的比重有所下降，需提升产业生产效率；第二，北京科技服务业的需求无法有效带动其他行业，未完全释放科技服务业快速发展红利；第三，科技金融服务业发展优势后劲不足，科学研究与试验发展服务业仍需加大投入，科技推广及相关服务业发展潜力亟待激发；第四，北京市 16 个区的科技服务业发展基础实力相差悬殊。

四　从北上苏浙粤比较中看北京科技服务业发展

为了具体分析北京科技服务业在全国所处的水平，本报告选取了全国科技服务业具有发展优势和潜力的四个省（市）（上海、江苏、浙江、广东）与北京进行比较研究，主要从科技服务业发展规模、投入、产出三个方面选取典型性指标进行对比分析。

行业的机构数量和从业人员可在一定程度上反映该行业的发展规模。本报告选取了科技服务业主要行业（科学研究和技术服务业、租赁和商务服务业与信息传输、软件和信息技术服务业）的机构数及新兴产业的从业人员等代表性指标衡量这五个省（市）科技服务业规模；科技服务业投入主要包括资本和人员投入，本报告选取了"R&D 经费投入强度"（内部支出和占 GDP 比重）表征资本投入，选取了"R&D 项目（课题）参加人员折合全时当量"表征人员投入水平；现有研究文献中，对科技服务业的产出水平评价大多选取"国内有效专利"和"科技论文"、"技术市场交易额"等典型性指标进行评价，[①] 本报告基于已有研究成果，选取了"国内有效专利""科技论文""技术市场交易额"指标，并考虑到盈利前景，新增了"新产品销售收入"指标。具体分析结果如下。

---

① 李文川：《基于"互动—耦合—支撑"视角的江西省科技服务业发展模式及策略》，经济科学出版社，2018。

（一）北京科技服务业发展优势

与上海、江苏、浙江、广东相比，北京科技服务业仅在"众创空间从业人员""R&D经费投入强度""科技论文"三个二级指标上具有显著优势。

1. 创新型企业规模最大

"众创空间"作为创新型孵化器，是极具活力的新兴产业，在一定程度上可表征科技服务业市场创新活力度。截至2020年4月，科技部确定我国共有498家众创空间。北京的众创空间从业人员达到24.7万人，分别约是广东、上海的1.6倍和4.3倍。北京众创空间从业人员占全国的13.0%（见表3），说明其发展空间仍旧较大。

表3　2019年北上苏浙粤科技服务业规模比较

一级指标	二级指标	全国	北京	上海	江苏	浙江	广东
科技服务业规模	R&D人员（万人）	712.9	46.4	29.3	89.8	71.4	109.2
	有R&D活动的企业机构数（万个）	12.9	0.1	0.2	2.7	2.0	2.1
	科学研究和技术服务业机构数（万个）	119.5	15.3	2.5	12.4	5.9	19.1
	信息传输、软件和信息技术服务业机构数（万个）	91.3	7.7	2.3	7.2	5.5	16.5
	租赁和商务服务业机构数（万个）	250.5	18.3	6.8	18.3	15.5	51.0
	在孵企业从业人员（万人）	294.9	16.0	8.5	51.5	18.7	40.8
	众创空间从业人员（万人）	191.0	24.7	5.7	13.2	13.0	15.6

资料来源：《中国科技统计年鉴2020》《中国统计年鉴2020》。

2. R&D经费投入支出最高

北京2019年的R&D经费投入占GDP的比重最高，其投入强度最大，约是全国R&D投入强度的2.8倍，分别约是上海、广东的1.6倍和2.2倍（见表4），表明北京的科技服务业发展的经济基础相对较为雄厚。

表4 2019年北上苏浙粤科技服务业投入比较

一级指标	二级指标	全国	北京	上海	江苏	浙江	广东
科技服务业投入	R&D经费投入强度（%）	2.23	6.31	4.00	2.79	2.68	2.88
	R&D经费内部支出（万元）	22144	2234	1525	2780	1670	3098
	R&D项目（课题）参加人员折合全时当量（万人年）	454	30	19	60	51	77

资料来源：《中国科技统计年鉴2020》《中国统计年鉴2020》。

3.高校等科技资源最丰富

在科技服务业产出方面，北京在"科技论文"方面领先，这主要得益于北京丰富的高校资源，在理论文章的产出方面遥遥领先。科技论文在2019年达到11.4万篇，分别约是上海、广东的2.1倍和2.6倍（见表5）。

4.技术交易市场优势微弱

北京在"技术市场交易额"方面以微弱优势领先广东。2019年，北京技术市场交易额为3224亿元，而广东以3126亿元紧随其后。

表5 2019年北上苏浙粤科技服务业产出比较

一级指标	二级指标	全国	北京	上海	江苏	浙江	广东
科技服务业产出	国内有效专利（万个）	881.2	65.3	44.4	110.4	102.3	180.4
	R&D项目课题数（万个）	454.3	30.5	19.3	60.2	50.9	76.6
	科技论文（万篇）	68.8	11.4	5.4	7.2	3.2	4.4
	新产品销售收入（亿元）	212060	5220	10141	30102	26099	42970
	技术市场交易额（亿元）	22398	3224	881	1767	1115	3126

资料来源：《中国科技统计年鉴2020》《中国统计年鉴2020》。

（二）北京科技服务业发展劣势

由前文可知，北京科技服务业仅仅只在部分指标上体现出优势。为了探讨北京科技服务业与上海、江苏、浙江、广东的相比所处的水平，本报告基于以上分析，构建了科技服务业分析评价指标体系，采用极差标准化方法对数据进行处理，采用客观赋予权重—变异系数法计算得到北上苏浙粤的科技服务业规模、投入、产出和综合指数得分（见表6）。

表6　2019年北上苏浙粤科技服务业对比分析评价指标体系

一级指标	二级指标	权重
科技服务业规模	R&D人员（万人）	0.055
	有R&D活动的企业机构数（万个）	0.098
	科学研究和技术服务业机构数（万个）	0.073
	信息传输、软件和信息技术服务业机构数（万个）	0.080
	租赁和商务服务业机构数（万个）	0.091
	在孵企业从业人员（万人）	0.080
	众创空间从业人员（万人）	0.056
科技服务业投入	R&D经费投入强度（%）	0.049
	R&D经费内部支出（万元）	0.036
	R&D项目（课题）参加人员折合全时当量（万人年）	0.057
科技服务业产出	国内有效专利（万人）	0.062
	R&D项目课题数（万个）	0.057
	科技论文（万篇）	0.060
	新产品销售收入（亿元）	0.080
	技术市场交易额（亿元）	0.065

1. 科技机构研发活力不足和研发规模偏小

北京科技服务业规模指数得分为0.192，排名第三。广东、江苏分别是0.463、0.337（见图6）。具体来看，北京有R&D活动的企业机构数最少，江苏在该指标上远超北京，说明北京在企业研发活力方面存在不足。

2. 科技人力资本投入总体低于广东

北京科技服务业投入指数得分为0.076，位列第二。排名第一的是广东，为0.096。从前文可知，北京在R&D经费投入强度方面领先，但是在人力资本投入方面却偏低。具体来看，北京R&D人员少于广东、江苏和浙江；R&D项目（课题）参加人员折合全时当量较少。这说明北京科技服务业在吸纳从业人员方面总体上与广东差距较为明显。

3. 科技服务业产出效率偏低

通过定量指标的综合评价结果来看，北京科技服务业在产出方面存在较大的劣势，具体来看，北京国内有效专利和 R&D 项目课题数均低于广东、江苏、浙江。

4. 总体盈利水平最弱

北京新产品销售收入最少，说明北京科技服务业在盈利水平方面总体表现较弱。

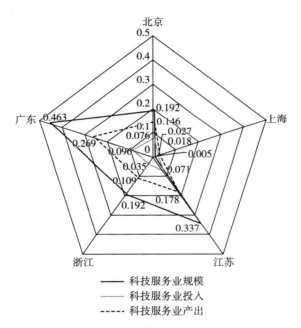

图 6 2019 年北上苏浙粤科技服务业规模、投入、产出指数

五 发达国家科技服务业的发展经验与启示

19 世纪中叶，科技服务业在英法美德等西方发达国家出现，到 20 世纪 40 年代后期，第三次科技革命为科技服务业发展插上腾飞的翅膀，科技服务业成为各国经济发展中的重要产业。本报告从三个视角剖析国外科技服务业发展经验。一是选取典型发达国家，从宏观角度剖析其发展模式或经验，为北京科技服务业整体发展提供可借鉴经验；二是选取典型的科技服务业集群，从区域创新和集聚发展角度，为北京"三城一区"等集群发展提供发展经验；三是选取典型的国家首都发展较好的科技服务业主要行业，从行业发展角度，为北京科技服务业主要发展行业提供经验借鉴。本报告通过总结三个视角下国外科技服务业发展经验，提炼可更好地发展北京科技服务业的关键要素。

（一）发达国家科技服务业发展经验

在科技服务业发展过程中，各国都在不断地探索创新，目前科技服务业在美国、德国、英国等西方发达国家和亚洲的日本、韩国等地区发展较好。科技服务业在美国、德国、英国已有一百多年的历史，根基相对深厚。以色列独立以来70多年的时间里，成长为与美国硅谷齐名的全球创新中心，其科技服务业的贡献功不可没。故本报告从宏观层面选取了美国、德国、英国、日本、韩国和以色列等国家，对这些国家的科技服务业发展模式和经验进行了梳理（见表7），以期为北京科技服务业整体发展提供可借鉴的发展模式或经验。

表7 科技服务业发展较好的国家的典型发展模式、发展经验总结

国家	发展模式	突出特点	发展经验总结
美国	市场化发展	突出政府、企业、高校相互协作的市场化特征；企业是市场主体、政府负责营造良好环境、高校积极参与	大量的科研经费投入，历年稳居全球第一； 设置非营利机构，注重国家技术转让中心、小企业发展； 法律制度健全，科技创新立法较为完备，注重人才培养制度建设； 高科技孵化器、技术咨询和技术成果评估是美国科技服务业发展的重点行业； 特定领域的专业服务更加细致和有效，比如猎头等专业人力资源服务机构，助推硅谷成为高科技产业区的关键因素； 校企合作，助推科技成果转化，比如三角研究院典型案例； 校办企业，助推产学研发展，比如斯坦福研究院典型案例； 专利入股，高校以技术专利入股，潜心钻研科学研究和人才培养

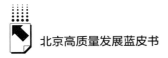

续表

国家	发展模式	突出特点	发展经验总结
德国	半政府主导、半市场化发展	实行社会市场经济；大力发展科技中介组织是其显著特征；高效技术转移体系是发展重点	政府主导建立国家级公共技术转移信息平台，提供最基本的技术、专利申请、信息查询、技术咨询、学习服务等，比如德国技术转移中心；建立完全市场化运作的多功能技术转移机构，为用户提供全方位、个性化服务，比如史太白技术转移中心；建立具有德国特色民办、公助、不以营利为目的的科研机构，为各中小企业提供技术研发、创新等服务，比如弗朗霍夫协会；注重研发投入、人才培养和高科技园区开发，在人才培养上尤其注重职业教育，形成独特的"双元制"模式
日本	政府直接干预	政府主导，政府干预经济模式，注重制度及政策鼓励；政府制定发展战略、资金支持等并参与直接管理	政府出台政策直接干预，进行产权立法，全方位保护知识产权，包含对专利审查、侵权惩罚、高新技术领域的科研成果保护等立法，出台一系列政策吸引国际优秀科技创新人才并充分利用人才，形成"官产学"合作教育机制，培养应用创新人才，根据国内产业不同时期发展特点制定具有时代特点的保护措施；政府持续增加投入资金，通过财政补贴、贷款优惠、税收优惠等方式，为小微型企业提供直接投资，制定特别折旧政策、对企业输出技术转让收入的18%免征所得税等税收优惠政策，对科技型企业以知识产权价值做担保并给予贷款优惠等融资支持政策；政府直接参与企业科创等活动，政府对产业发展进行引导，为企业提供制度环境、资金支持、研发服务、情况收集、设立科技服务公共平台等直接支持并参与其中，还设立诸如日本科学技术振兴机构等政府委托机构，创办"高科技市场"等
以色列	以高校为中心	以色列特色的产学研相结合发展模式；高校是其科技服务业发展的关键	非常重视科技研发投入，注重高校人才培养和研发工作；几乎所有高校都有配套的科技转移机构或孵化器，助力高校科研成果商业化和应用；高校地位独特，政府大力支持高校科创、社会各界参与高校建设、兵役制度锤炼高素质学生队伍等是以色列高校发展的亮点
英国	民间组织、市场化发展	以科技中介服务为重点；科技服务业基本都是民间组织	政府非常重视科技中介服务，鼓励科技中介服务通过间接方式引导产业投资；设立类型多样的技术转移机构，比如英国技术集团（BTC）等机构

国家	发展模式	突出特点	发展经验总结
韩国	政府主导	"官产学研"结合的科学技术创新体系,政府、大学、企业、科研机构相互合作;注重科技园区建设	政府注重对科技创新资金的投入和人才培养,不断完善科技法律法规体系; 建立以自主创新为核心的技术转移支持与扩散体系,提高科技成果转化率和商业化水平; 注重建设科技园区,比如大德研究开发特区; 搭建信息交流和共享平台,完善产学研创新体系; 搭建融资渠道,进行科创活动可享受14项免税或减税等优惠政策

（二）国外典型科技服务业集群发展经验

科技服务业集群作为构建区域创新体系和提高经济竞争力的重要载体,是科技服务业发展的重要途径,目前印度班加罗尔软件科技园、德国的慕尼黑科技服务业集群、韩国的大德研究开发特区的科技服务业集群发展较好且具有典型代表性。故本报告对国外典型科技服务业集群（班加罗尔软件科技园、慕尼黑科技服务业集群、大德研究开发特区）发展经验进行总结（见表8）,以期为北京科技服务业集群建设提供可借鉴的经验。

表8　国外典型科技服务业集群发展经验总结

国家	典型集群	突出特点	发展经验总结
印度	班加罗尔软件科技园	人力资源保障体系、服务创新支持	创立国家级科研机构,建立完善的科教体系,云集一大批高校、技术院校、科研院所,推动科教与产业融合,增加高级人才储备; 鼓励研发创新,设立技术开发和应用基金,推动产学研联合创新,促进成果商业化和产业化; 税收激励,园内企业享有相应的税收优惠政策,并接受市场监督
韩国	大德研究开发特区	科教机构培育高级人才、中介组织类型多样	政府支持引入科教机构,助推产学研一体化,并保障高级人才供给和构建创新链; 政府主导设立类型多样的中介组织机构,拓展创新链和促进区域创新网络衍生; 出台一系列税收优惠、基金扶持等政策,比如税金减免、创业基金等支持园区内技术研发活动,保障园区发展

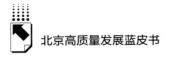
续表

国家	典型集群	突出特点	发展经验总结
德国	慕尼黑科技服务业集群	区域创新系统、专业化服务平台	政府为科技服务业集群的创建发展提供载体,比如推出"领先集群竞争活动"等,助推优势产业发展; 各级政府扶持创新联盟共同构建区域创新系统,助推集群的形成; 有机整合政府与市场的服务功能,搭建区域性专业化服务平台

(三)国家首都科技服务业主要行业发展经验

北京是全国科技创新中心,也是我国首都。对国外发达国家首都科技服务业发展经验的剖析可以为北京科技服务业具体行业发展提供更具针对性的经验借鉴。本报告选取了有望成为"全球金融科技中心"的英国首都伦敦,以及对抢占未来科技变革红利的诉求强烈并快速付诸行动的韩国首尔,对两者的科技服务业优势领域发展的关键因素进行了分析,以期对北京科技服务业发展有所启示。

英国伦敦在科技金融领域具有独特优势。2019 年 1~8 月,伦敦的金融科技类投资额达到 21 亿美元,直逼全球金融科技中心城市排名靠前的美国旧金山,且其金融科技业融资速度较快,比 2018 年同期增长超过 45%,金融机构创新也处于全球领先地位。科技金融是科技服务业的主要行业,也是让金融市场有序且提高效率的重大突破口。英国伦敦在科技金融业的成功经验有以下关键点。一是政府在资金、政策上的支持。在欧洲金融科技领域总投资额 260 亿美元中,英国投资达到了 160 亿美元,占比达到 60% 以上。[①]此外,英国政府在 2010 年就提出建设"东部硅谷"的设想,之后成立了"科技城"推出生态"涡轮增压"金融科技规划等行动,助推科技创新产业发展;在金融监管上,英国将金融科技监管纳入金融监管体系。二是将人才

---

① 薛皎:《人才、政策、生态"涡轮增压",伦敦冲击"全球金融科技中心"》,第一财经网,2019 年 9 月 24 日,https://www.yicai.com/news/100343218.html。

优势和企业集群转化成核心竞争力。英国的大学依据市场需求开设相应课程，比如为编程、科技金融等行业开设对口专业，使大学生在校的科技创新研究最新成果能够应用到相关产业。通过科技金融将人才资源和企业集群转化为核心竞争力，先进的金融科技极大地增强了伦敦城的辐射作用。三是不断完善科技创新生态系统。伦敦因其强大、备受人尊重的金融监管体系，营造了良好的金融生态系统，加上伦敦对各国人才和资金持开放态度，吸引了大量外资，金融科技竞争相对更加激烈。近几年来，伦敦诞生了很多新兴的金融科技产品，出现了大量挑战传统银行业的创新公司，使其成为金融机构创新的"领头羊"，助推伦敦冲击"全球金融科技中心"的位置。

韩国首尔在信息传输科技服务业抢占领先优势。韩国是全球首个开展5G商用的国家，并于2020年初宣布在2028年推出6G商用服务。韩国抢占未来科技变革红利的变现诉求强烈，为此也做了极大努力，尤其在5G商用上形成了独特的"韩国模式"。韩国首尔在信息传输科技服务业的成功经验有以下关键点。一是政府的战略决策及其快速的执行力。韩国政府布局5G商用最初的目标就是"全球最强"，随后布局一系列战略，比如在2013年发布《5G移动通信先导战略》、组建产学研5G论坛、发布"5G+战略"等；2013~2020年对研发、基础构建等领域集中投资了5000亿韩元，在5G商用服务上韩国政府计划在2022年之前投资30万亿韩元。二是首尔人口集中，基础设施铺设效率高。三是"硬件补贴"促使更多用户用上5G手机。

（四）国外科技服务业发展经验借鉴

通过以上从国家层面、发展集群、主要行业三个方面对国外科技服务业发展经验总结的梳理，总的来说，北京科技服务业快速发展离不开以下几点。

一是经费的大力支持。近年来，北京市对R&D经费的投入呈持续直线增长态势，全国R&D经费投入也在持续增长，但是就全局而言，我国的R&D经费投入与国外科技服务业发展较好的国家相比还是有相当大的差距。1995~2018年中国在R&D经费投入强度上不及韩国的50%（见表9），2018年中国在R&D经费投入强度上远不及韩国、日本、德国、美国（见图7）。

二是让市场在北京科技服务业发展过程中起决定性作用。健全市场化运作机制，充分发挥市场主体企业的能动性，重点关注用户需求特性和变化、分析用户需求、为用户提供类型多样的科技服务，提高科技中介服务水平，加强国际合作，与国外机构合作建立科技信息网络、跨区域和国界的国际技术转移平台等，提供跨国科技服务业。比如在科技金融领域，可以与英国伦敦深入合作，北京西城区在2019年首次于伦敦金融城举办"走进北京金融街"活动，充分发挥英国伦敦金融制度、顶尖人才、金融生态创新系统等优势和北京活跃的金融市场等优势，实现双赢。三是更好地发挥政府的作用，比如政府主导科技园区集群建设。积极发挥政府的策动作用，将培育和建设科技服务业集群纳入地区经济发展战略体系，为高科技产业园、科学城、科技园等科技服务业集群发展提供税收优惠、政策支持等，助推科技服务业集群的建设。四是完善政策支撑体系。营造良好的产业发展政治环境，包括健全科技服务业相关的法律法规，比如完善产权、知识产权保护、专利审查、新技术领域的科研成果保护等方面的立法，完善融资支持、人才引进、科技创新、技术转移、中小企业创新研发、税收优惠等方面的政策。五是重视专业人才的培育。充足的科技创新领域高端人才和资金投入是科技服务业快速发展的强大后盾。产学研一体化和科技体系的不断完善，将人才优势通过科技服务业转化为核心竞争力。

表9 1995~2018年不同国家R&D经费投入强度的比较

单位：%

国家	1995年	2000年	2005年	2010年	2015年	2018年
中国	0.57	0.89	1.31	1.71	2.07	2.14
韩国	2.20	2.18	2.63	3.47	4.22	4.53
日本	2.61	2.91	3.18	3.14	3.28	3.28
美国	2.41	2.63	2.52	2.74	2.72	2.83
英国	1.66	1.63	1.56	1.66	1.67	1.73
德国	2.13	2.40	2.43	2.71	2.91	3.13

资料来源：《中国科技统计年鉴2020》。

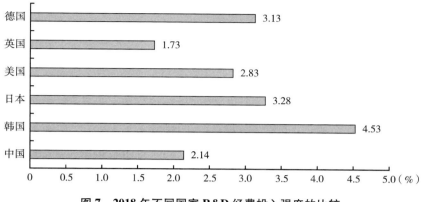

图7　2018年不同国家R&D经费投入强度的比较

六　北京市科技服务业高质量发展的对策建议

"十四五"规划把科技创新作为国家现代化建设的战略支撑，对科技的重视达到前所未有的程度，加快推进科技服务业发展是深入实施创新驱动发展战略、服务全国科技创新中心建设、助力首都高质量发展的需要。在推进北京科技服务业快速发展的过程中，结合实证研究结果和对国外科技服务业发展经验的总结梳理，可从完善科技服务业发展政策支持体系、践行科技创新与人力资本协同发展、强化科技服务业细分业态的多向协作互动、提高科技成果转化率四个方面入手，加快推进北京科技服务业发展。

（一）完善科技服务业发展政策支持体系

发达国家探索科技服务业发展的经验显示：相关政策和法律体系的创新与完善对科技服务业发展有着至关重要的影响。北京市科技服务业发展受政治、经济、社会文化、科技等宏观外部环境影响，同时政府、市场和社会作为产业发展的三大支柱，会影响科技服务业主体的行为、资源和活动。因此，北京市需从政府、市场和社会环境三个方面来完善政策支持体系。

一是建设政府支持体系。首先，在财税政策方面，贯彻落实国家出台的与科技服务业发展相关的各项税收优惠和价格优惠政策，比如高新技术企业的优惠税率、科技创新企业资金扶持等。针对北京产业园区发展，政府出台税收优惠、基金扶持、税金减免、创业基金等政策支持园区内技术研发活动。其次，在激励政策方面，政府要积极采取多种方式引导科技创新，充分发挥政府企业家的作用，提升对科技服务业治理与顶层设计的能力，同时采取股权激励、现金奖励、成果表彰等具体激励政策，充分调动各类科技服务业创新主体的积极性。最后，在法律法规方面，规范科技服务业发展的法律法规，营造良好的产业发展政治环境，包括完善产权、知识产权保护、专利审查、新技术领域的科研成果保护等方面的立法，完善融资支持、人才引进、科技创新、技术转移、中小企业创新研发、税收优惠等方面的政策，制定科技服务业各行业的技术标准，等等，尤其是健全知识产权保护制度和加强专利制度建设，通过加大对知识产权、高新技术专利产品等的保护力度来保障创新成果和研发成果，比如明晰科技创新参与主体的法律权责利等细节。目前，技术专利与技术标准的融合持续加深，技术标准将会是新一轮产业革命的核心竞争力，包括建立专利标准化原则、创立专利技术标准等。

二是强化对科技交易市场的监管。北京科技服务业发展具有严重的内部不平衡性，各区之间发展基础差距较大，科技资源和机构单位分布不均，需充分发挥市场在资源配置中的基础作用，构建市场主导、市场引导、富有活力的科技服务业市场交易体系。

三是营造有利于科技创新的社会环境。创新环境的培育对科技创新具有重要影响。首先，要形成多元、多渠道的科技融资体系。在财政补贴和税收优惠上，充分调动社会闲散资金和资源，政府应引导社会资金向科技服务业倾斜。比如，基于金融科技、科学研究服务业等战略性新兴产业，设立国家或者市级科技创新技术专项基金，支持示范项目的开展及示范基地的建设等，重点扶持创新性强的中小型科技服务业。政府通过建立风险投资基金为高风险创新活动提供资金保障，为新兴战略企业做好融资担保、融资、贷款等服务，吸纳社会闲散资金和资源，形成多元化和多渠道的融资体系。其次，科技服务业企业要积极探索科学合理的筹资模式，高新技术企业和科技服务业企业可积极探索通过发行债券、票据、私募债等形式筹资的模式，为科技创新提供多层次和全方位的资金支持。

（二）践行科技创新与人力资本协同发展

人才是科技创新的第一资源，是重中之重。人才是中国科技创新走出困境的关键，而创新资本投入与人力资本协同发展，不仅有利于充分发挥协同创新作用，还有利于提高科技创新对全要素生产率的贡献率，促进实体经济高质量发展。

人才的问题应着重关注两个方面：引进和培养。首先，在加大研发经费投入的同时，更加注重研发人员的引入。通过加快专业人才的本土培育和海外引进，实施不同层次的人才引进计划，促进研发专业人员的人力资本积累与快速增长的科技创新投入之间协同发展。其次，适当提高社会和企业中创新部门的薪酬水平，缩小科技创新部门与非科技创新部门特别是金融证券业之间的薪酬差距。通过薪酬激励高端人才进入科技创新部门工作，缩小当前专业人才的人力资本与科技投资之间的差距。再次，优化不同行业之间研发人力资本的配置，合理增加高技术行业研发人员的数量，缩小与世界技术前沿的差距，从而发挥科技创新与人力资本对高技术产业全要素生产率的协同作用。最后，加大对专业人才的培养力度，通过产学研一体化和科技体系的不断完善，增加对科技创新领域高端人才的储备，并将人才优势通过科技服务业转化为核心竞争力。

（三）强化行业内细分业态多向协作互动

科技服务业的细分业态，比如科技金融、科学研究与试验发展、互联网技术、知识产权、软件开发等细分业态之间存在很强的互动作用，为推动北京科技服务业协同发展，必须强化这些细分业态之间的协作互动。

一是加强科技服务业互动平台建设。建立交流合作平台、科技服务业专业平台、专利云平台等，以科技成果转化为主线，推动创新主体间的深度合作和多维协同发展。围绕新一代信息技术等高精尖产业的科技服务业重点需求，有效配置和充分利用全市科技服务资源，包括技术、设备、资金和人才等资源，构建北京市科技服务创新平台创新管理体系。

二是细化产业链内部的分工与合作任务。比如印度的研发服务业，已形成分工明确、优势突出的差别化研发产业格局，既有重点发展的信息研发服务业这个细分业态，也对其他研发服务细分业态有所照应。同时，其集聚效应明显，班加罗尔研发服务业的收入占了印度约35%的收入。明确产业链内细分业态的分工，使印度成为专业特色鲜明、优势突出、协同效应显著的研发城市，也助力印度研发服务业在全球名列前茅。因此，要注重科技服务业各细分业态要素之间的关联效应，合理分配重点产业链上的任务，统筹好科技服务业发展的宏观布局及微观设计，优化科技创新资源投入比例，优化创新要素的资源配置方式。

三是促进科技服务业与高新技术企业、各细分业态之间的联盟。联盟是产业价值链集合资源共享、形成价值链的有效机制，可促进各细分业态企业间的互动，有利于提高科技服务业整体竞争力。发挥政府在产业联盟中的协调和引导作用，加强政府统筹与协调，完善科技服务业政策，构建以技术创新需求为基础的联盟利益机制，提升科技服务业水平。

四是让市场在北京科技服务业各细分业态发展过程中起决定性作用。健全市场化运作机制，充分发挥市场主体企业的能动性，重点关注用户需求特性和变化，分析用户需求，为用户提供类型多样的科技服务，并以用户的需求寻求细分业态内部的合作，提高科技中介服务水平，加强国际合作，与国外机构合作建立科技信息网络、跨区域和国界的国际技术转移平台等，提供跨国科技服务。

（四）提高技术研发科技成果的转化率

前文显示科技服务业主要行业新创造价值能力相对有所下降，均需提升产业生产效率。其中，科学研究和技术服务业发展潜力最大，信息传输、软件和信息技术服务业创造新价值的能力亟待提高，金融科技业的发展优势需守住，租赁和商务服务业应着重提高劳动生产率。总的来说，要提高科技服务业主要行业生产效率最重要和最关键的在于提高科技成果的转化率。科研成果的商品化和市场化是重难点，可从以下方面着手解决。

一是做好技术经营。技术经营作为新型的技术转移模式，是科技成果转化为生产力的重要途径。科研成果转化的过程需要充足的资金、高端技术人才团队、技术经营策略等，基础研发的漫长过程中需要充足的研发资金投入，产品研发、产品化和市场投放均离不开专业技术人员的服务和首席技术官对技术创新技术发展的战略指导。而技术经营策略将研发人员、企业家、投资人、职业经理人、律师等从技术研发到应用等环节参与的各领域人才者联合起来，形成复杂的技术网络，从而极大降低了技术市场化和产业化过程中的技术转移风险，实现技术利润最大化的目标，提高技术转化效率。政府可以引进一个在技术、市场、财务等方面都具备专业领域能力和经验的第三方，为技术的转移提供有效指导，提高研究成果和技术等交易的成功率。

二是构建企业创新网络和技术性战略合作网络。美国硅谷研发服务业的发展离不开由各类企业形成的开放、互相竞争与协作的创新网络，不受任何大公司或几个大公司的控制，而是由大企业、中小企业和初创企业通过物质流、信息流、技术流形成竞争和合作共存的创新网络。与此同时，为了避免大量同类型专业化企业之间的恶性竞争，硅谷通过辅助性社会机构、学校等为企业间的学习和调整提供了基本体系，增强企业创新网络的弹性和适应性。大型跨国企业之间可以形成技术性战略合作网络，通过该网络可将技术优势、研究成果在合作者之间互相流动，解决跨国企业在研发等方面的难题，提高技术利用率和价值创造率。

三是充分发挥"三城一区"集群作用，加快促进产学研一体化。2019年，北京"三城一区"所在的四个区的科技服务业数量达39.5万个，占北京全部科技服务业数量的一半以上，其中作为中关村国家自主创新示范区核心的海淀区，科技服务业机构总量和新设数量分别为17.2万个和1.7万个。积极发挥政府的策动作用，将培育和建设科技服务业集群纳入地区经济发展战略体系，针对高科技产业园、科学城、科技园等科技服务业集群发展提供税收优惠、政策支持等，助推科技服务业集群的建设，充分发挥"三城一区"的科技服务业集群作用。加强科研机构、高校和企业的合作促进产学研一体化进程，"三城一区"内的企业通过加强与大学和研究机构的密切合作，在科学研究、应用技术推广、人才培养、技术支持等方面，为科技服务业集群建设注入顶尖学术智能活力和可持续发展动力。高校、科研院等科研机构积极推进科技成果转化，运用自有资金设立自己的科技转移机构或者孵化器，注重与产业界的联系和融合，构建产学研协同创新的投资模式，提高大学人才实际工作能力的同时，促进学校科研成果的转化和商业化。

参考文献

谷军健、赵玉林：《中国如何走出科技创新困境？——基于科技创新与人力资本协同发展的新视角》，《科学学研究》2021 年第 1 期。

B.9
北京医药健康产业向全球价值链
高端攀升策略报告（2022）[*]

摘　要： 医药健康产业是北京市重点发展的十大高精尖产业之一。本报告对北京医药健康产业发展现状进行梳理，并使用基于总出口分解法的全球价值链地位指数测度方法，对中国医药健康产业的全球价值链地位指数进行测度。研究发现，中国医药健康产业的全球价值链地位指数呈现下降—上升的发展趋势。对比中国、美国、日本、德国四国地位指数，发现中国最低，其次是德国，美国与日本的差值较小，但前者相对较高。中国医药健康产业参与指数低于美国，呈现上升—下降—再上升的发展趋势。通过价值链相关分析，测度医药健康产业上中下游价值链地位，综合地位指数和参与指数得出中国医药健康产业现已逐步迈向全球价值链中高端的结论。从北京来看，研究结果显示北京医药健康产业全球价值链地位指数一直小于零。由此说明，北京医药健康产业未来具有巨大的发展潜力和空间。最后，本报告建议提高核心竞争力，健全人才培养体系，推进中医药传承创新，打造新业态，推动数字化转型升级，助力北京医药健康产业高质量发展。

[*] 作者：北京市科学技术研究院高质量发展研究中心。执笔人：肖进、李玉玺。肖进，北科院高质量发展研究中心课题组成员、四川大学商学院教授、中国科学院数学与系统工程科学研究院博士后，主要研究方向为管理科学与工程；李玉玺，北科院高质量发展研究中心课题组成员、四川大学商学院博士研究生，主要研究方向为管理科学与工程。

关键词：　医药健康产业　全球价值链　地位指数　参与指数　高质量发展

一　提升全球价值链地位、推动北京医药健康产业高质量发展机理

（一）医药健康产业的概念界定

本报告的研究对象是医药健康产业，其属于战略性新兴产业。下面将对战略性新兴产业、传统医药产业、医药健康产业做出概念界定。

1. 战略性新兴产业

在 2009 年召开的新兴战略性产业发展座谈会上，温家宝总理首次提出战略性新兴产业这一概念。战略性新兴产业是在重大技术突破和巨大发展需求的背景下，能够对中国经济发展起巨大引领作用，生产效率高、未来发展潜力大的新兴产业。这是一个中国特色概念，在国外一般表述为新兴产业或者战略性产业。从战略性新兴产业的发展定位、发展潜力、发展性质、发展关联四个方面可以看出，该产业具有全局性、长远性、创新驱动性、关联成长性特点。

2. 传统医药产业

20 世纪 70 年代，现代生物技术得到发展，并快速成为当时的社会热点。传统医药产业是利用现代生物技术逐步成长起来的，其因为具有回报率高、技术含量高等特点，迅速得到西方国家的重视，西方国家都把这一产业发展视为未来经济转折点。传统医药产业的概念有广义和狭义之分。广义概念是指那些与现代生物技术相关的物品生产和使用的企业。狭义概念是指利用现代生物技术进行与人相关的制药。

3. 医药健康产业

自《国务院办公厅关于促进医药产业健康发展的指导意见》发布以来，我国一直出台相关政策促进医药产业发展进入快车道，使之突破传统束缚，发展成为医药健康产业。医药健康产业也有广义和狭义之分。狭义的医药健康产业是指与医药生产、销售和医疗服务直接相关的产业活动，分为医药工业和医疗服务两大类。广义的医药健康产业又称大健康产业，是指与医药生产、销售和医疗服务直接挂钩的产业活动，还包含与医药相关的其他产业活动，如营养保健、人才服务等产业活动。

从产业布局情况来看，医药健康产业细分为前沿领域、优势领域与新业态。

医药健康产业前沿领域。支持医药健康产业前沿领域研究，是推动生物技术创新的基础。在蛋白质组学、结构生物学、干细胞与再生医学等基础生物技术领域，实现生物技术突破和创新，推动疑难杂症的高效诊断和有效治疗。重点关注暴发性传染病，开展传染病追本溯源的技术创新研究，增强实时预警和精准预判能力。研发创新性高技术，打破国外垄断的关键和难点技术壁垒，更好地应对未知挑战和潜在威胁。

医药健康产业优势领域。持续推进优势领域快速发展，是实现医药健康产业高质量发展的核心。目前，我国医药健康产业主要聚焦于化药、生物药、医疗器械等优势领域，推动医药种植业、医疗服务业等行业协同融合发展，打造医药健康产业链。推进产品质量提升，加强产业质量体系建设，发布行业规范手册，高水平打造医药健康产业优势领域高质量品牌。

医药健康产业新业态。医药健康产业新业态是产业未来新的经济转折点，发展"互联网+"模式下的医药健康产业是必然趋势。推进大数据、医药健康和生物技术的高度融合，打造产业新生态，带动生产性服务业和服务型制造业的蓬勃发展，引领企业向高技术转型升级，实现"共赢"的新局面，促进整个医药健康产业高质量发展。

（二）北京医药健康产业发展现状

医药健康产业是北京市重点发展的高精尖产业，北京市高度重视和关心医药健康产业的发展，近年来先后出台了《北京市人民政府办公厅关于加快推进中关村生物医药医疗器械及相关产业发展的若干意见》《北京市加快科技创新发展医药健康产业的指导意见》《北京市加快医药健康协同创新行动计划（2018—2020 年）》《中国（北京）自贸试验区科技创新片区昌平组团支持医药健康产业发展暂行办法》《北京市"十四五"时期高精尖产业发展规划》《北京市加快医药健康协同创新行动计划（2021—2023 年）》等一系列文件，奠定了医药健康产业的发展基石。

近几年，医药健康产业规模不断扩大，产业质量呈现高速提升态势。在新冠肺炎疫情的影响下，2020 年北京医药健康产业逆增长，产值规模达2200 亿元。打造产业创新生态，成立市医药健康统筹联席会，大力鼓励产业创新发展；推动 42 项医药重点建设项目完成；围绕医药健康产业难题出台 10 余项相关配套政策，解决产业发展痛点问题；推动北京"新生巢"等高水平专业平台及孵化器在京成果转化；通过新药创始人俱乐部、医药健康企业家高研班、产业发展论坛等营造产业积极交流氛围。

在新冠肺炎疫情防控期间，抗击新冠肺炎疫情取得阶段性成果。目前，北京疫苗研发不管是技术还是速度都处于行业领先地位，生产的两种新冠肺炎疫苗已在全球大范围内被接种；5 个团队指导的中和抗体项目获临床实验批准，10 种诊断试剂和大量诊断设备得到上市许可批准，在数量上全国领先，实现核酸、抗体、抗原的全覆盖检验。

《2020 年全球医疗健康产业资本报告》中指出，北京长期排中国医疗健康创新区域的第 1 名，并且连续多年成为我国医疗健康投融资数量最多的地区。总体来说，北京医药健康产业发展优势明显。

（三）医药健康产业发展研究和全球价值链地位研究

20 世纪 70 年代初，我国开启生物医学的大门。经过几十年的发展，医药产业已成为我国的支撑性产业。张晶提出医药产业存在科技投入不足、人才队伍匮乏、品牌知名度不够高等问题[①]。付俊对医药产业进行统计分析后

---

① 张晶：《吉林省医药健康产业高质量发展的研究》，《市场论坛》2021 年第 2 期。

发现我国生物制药行业市场份额很少，市场集中度明显偏低①。而杨延云等还发现医药产业中存在产学研脱节、创新能力不足等问题②。

当前，传统的总值贸易统计手段不能反映一国某产业的真实发展水平及其在全球价值链中的分工和对外情况。在此背景下，应以"附加值"为基础计算产业发展水平和全球价值链地位。徐菲等人对我国医药产业发展水平进行测度，发现我国医药产业上游化程度偏高，出口结构不合理；全球价值链依赖程度高，地位指数偏低，产业自主性偏低③。这说明我国制药企业存在自主创新能力不足和生产效率低等问题。为此，当前我国医药产业的首要任务就是加快促进制药企业转型升级，乘"互联网+"东风，推动医药健康产业高质量发展。

通过梳理已有文献发现，现有研究主要存在以下不足：首先，关于医药健康产业全球价值链地位指数测度的研究较少，大多数研究是在对医药健康产业发展现状定性分析的基础上提出向全球价值链高端攀升策略，少有使用医药健康相关行业数据进行全球价值链地位指数定量定性分析的研究；其次，现有研究多从国家层面测度医药健康产业的全球价值链地位指数，少有关于城市医药健康产业全球价值链地位指数的研究。

二　中国医药健康产业的全球价值链地位指数研究

（一）全球价值链地位指数测度方法

1. 总出口分解法

假设存在 G 个国家，每个国家有 N 个行业，Koopman④ 等对一国的总产

---

① 付俊：《中国生物制药产业发展现状分析与建议》，《特区经济》2014 年第 4 期。
② 杨延云、朱超：《我国生物制药产业的发展现状与趋势》，《广州化工》2012 年第 9 期。
③ 徐菲、蒋蓉、邵蓉：《基于全球价值链视角下的我国医药产业发展水平测度》，《中国新药杂志》2021 年第 8 期。
④ Koopman R., Wang Z., Wei S. J., "Tracing Value-Added and Double Counting in Gross Exports," *Social Science Electronic Publishing* 104, 2（2014）.

出情况进行了如下分解：

$$u E_s^* = \left\{ V_s \sum_{r \neq s}^{G} B_{ss} Y_{sr} + V_s \sum_{r \neq s}^{G} B_{sr} Y_{sr} + V_s \sum_{r \neq s}^{G} \sum_{t \neq s}^{G} B_{sr} Y_{rt} \right\} +$$

$$\left\{ V_s \sum_{r \neq s}^{G} B_{sr} Y_{rs} + V_s \sum_{r \neq s}^{G} B_{sr} A_{sr} + (I - A_{ss})^{-1} \right\} +$$

$$\left\{ V_s \sum_{r \neq s}^{G} B_{sr} A_{rs} (I - A_{ss})^{-1} \right\} E_s^* +$$

$$\left\{ \sum_{t \neq s}^{G} \sum_{r \neq s}^{G} V_t B_{ts} Y_{sr} + \sum_{t \neq s}^{G} \sum_{r \neq s}^{G} V_t B_{ts} A_{sr} (I - A_{ss})^{-1} Y_{rr} \right\} +$$

$$\left\{ \sum_{r \neq s}^{G} V_t B_{ts} A_{sr} \sum_{r \neq s}^{G} (I - A_{rs})^{-1} \right\} E_s^* \tag{1}$$

式（1）中，一国的总出口被分解为9项共5部分。第1部分包含前3项，代表国内增加值出口部分；第2部分包含第4~5项，为复进口增加值出口部分，代表了一国的出口品经进口国加工后，又被重新进口的本国部分的增加值；第4部分包含第7~8项，为国外增加值部分；第3和5部分为由于重复统计而不记为任何一国GDP的计算项。

2. 全球价值链地位指数测度

在总出口分解法的基础上，王直等①提出了使用GVC参与指数来测度一国在全球价值链中的参与度和使用GVC地位指数来测度一国在全球价值链中的地位：

$$GVC_{participation} = \frac{GVC\_Pat\_f_{ir}}{GVC\_Pat\_b_{ir}} \tag{2}$$

$$GVC_{position} = \frac{Plv\_GVC_{ir}}{Ply\_GVC_{ir}} \tag{3}$$

其中，$GVC\_Pat\_f_{ir}$代表国家i的产业r在全球价值链中的前向参与度，该指标越大表示本国在出口时越倾向于提供中间商品，在全球价值链中所处的地位越高。$GVC\_Pat\_b_{ir}$表示国家i的产业r在全球价值链中的后向参与

① Wang Z. et al, "Measures of Participation in Global Value Chains and Global Business Cycles," *Social Science Electronic Publishing* 3（2017）.

度，该指标越大表示本国在出口时越倾向于提供最终产品，在全球价值链中所处的地位越低。$GVC_{participation}$ 代表全球价值链参与指数，该指标越大表示本国在全球价值链分工中的参与度越高，但是并不能反映本国在全球价值链中所处的地位，该指标总为正数。Plv_GVC_{ir} 表示国家 i 的产业 r 的上游度指标，Ply_GVC_{ir} 表示国家 i 的产业 r 的下游度指标，$GVC_{position}$ 代表全球价值链地位指数，该指标反映了本国在全球价值链中地位的高低，该指标可正可负，当其为正数时表示本国在全球价值链中处于上游地位，当其为负数时则表示本国在全球价值链中处于下游地位。

（二）中国医药健康产业全球价值链地位指数测度

1. 数据来源

为避免大家使用世界投入产出表进行增加值核算时产生大量无必要的重复性工作，对外经济贸易大学的价值链研究团队发布了 *UCBI-GVC* 指标数据库。该数据库使用的原始数据来自 WIOD2013、WIOD2016、OECD-ICIO2017、GTAP-ICIO 以及 ADB-MRIO2021 等世界知名投入产出表，计算了全球价值链生产分解、双边总贸易流分解以及长度分解 3 类常用指标。其中，WIOD2016 投入产出表包括了 43 个国家或地区在 2000~2014 年 56 个行业的指标数据，行业划分最为完整，因此本报告采用 *UCBI-GVC* 中基于 WIOD2016 的指标对医药健康产业的全球价值链地位指数和参与指数进行测度。

本报告基于 WIOD2016 中 2 个医药健康相关行业（见表 1）2005~2014 年的数据，使用王直等提出的 *GVC* 参与指数和 *GVC* 地位指数对中国医药健康产业的全球价值链地位进行测度，并分别在时间维度和国家维度进行纵向与横向的对比。[1]

---

[1]　小数点位数说明：百分比、倍数均保留一位小数，区间数保留两位小数，地位指数与参与指数的具体指数值保留四位小数。

表1 **WIOD2016中医药健康相关行业信息**

行业代码	英文名称	中文名称
C12	Manufacture of Basic Pharmaceutical Products and Pharmaceutical Preparations	基本医药产品和医药制剂制造
C53	Human Health and Social Work	人类健康和社会工作

2. 中国医药健康产业在全球价值链分工中的地位概况

（1）中国医药健康产业全球价值链指数测度

图1展示了2005~2014年中国医药健康产业全球价值链参与指数变化情况。从总体情况来看，中国医药健康产业在全球价值链分工中的参与指数在2011~2014年整体呈现平稳趋势，稳定在0.30~0.35的范围之内。最小值为2005年的0.3057，最大值为2009年的0.4538。从图2中可以看出中国医药健康产业前向参与度和后向参与度整体都呈现降低的趋势，这是因为受到2008年金融风暴影响，全球医药健康产业遭受巨大冲击，出口贸易大幅减少，全球价值链参与度大幅下滑。

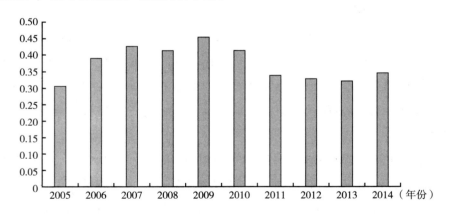

图1 **2005~2014年中国医药健康产业全球价值链参与指数变化情况**

图3展示了2005~2014年中国医药健康产业全球价值链地位指数变化情况。从整体变化趋势来看，中国医药健康产业的全球价值链地位指数变化可以分为三个阶段。第一个阶段为2005~2007年的平稳发展期。中国医药

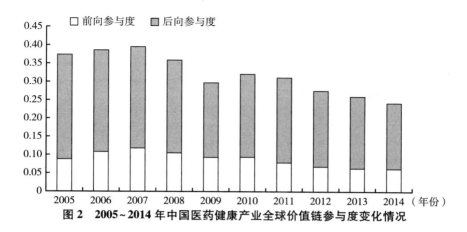

图2 2005~2014年中国医药健康产业全球价值链参与度变化情况

健康产业相对国外起步较晚，在21世纪初期得到重视并逐渐发展起来，在此期间，虽然中国医药健康产业的全球价值链地位指数较高，但在全球分工中主要参与附加值低的环节，即处于全球价值链"微笑曲线"中间环节。第二个阶段为2008~2011年的调整期。受金融风暴影响，该阶段中国医药健康产业的全球价值链地位指数出现快速下滑趋势，并在2011年降至最低点。第三个阶段为2012~2014年的发展期。该阶段中国医药健康产业再次复苏，国家对外开放政策积极引导产业"走出去"，导致中国医药健康产业全球价值链地位指数逐步上升。

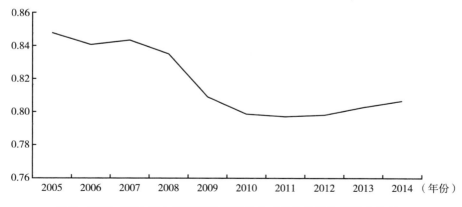

图3 2005~2014年中国医药健康产业全球价值链地位指数变化情况

（2）中国医药健康产业分行业全球价值链指数测度

图4展示了2005～2014年中国医药健康产业分行业全球价值链参与指数变化情况，按照在全球价值链分工中的参与度由高到低排序依次是：C12基本医药产品和医药制剂制造，C53人类健康和社会工作。其中基本医药产品和医药制剂制造行业受到金融风暴影响，全球价值链参与指数变化程度较高。而人类健康和社会工作行业在全球价值链分工中的参与度较低，其全球价值链参与指数较低。世邦魏理仕咨询发布的《2021-2027年中国医药行业市场发展潜力及未来前景分析报告》的数据显示，2019年中国医药产品进出口贸易额达2011年以来的历史最高点，由此推断，近年来医药健康产业在全球价值链中的参与度将会出现逐年缓慢攀升趋势。

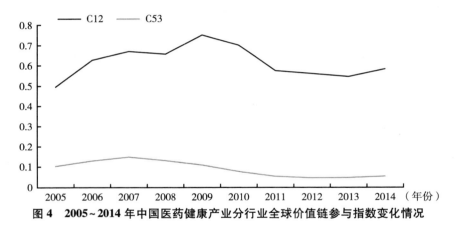

图4　2005～2014年中国医药健康产业分行业全球价值链参与指数变化情况

图5展示了2005～2014年中国医药健康产业分行业全球价值链地位指数变化情况。其中人类健康和社会工作行业的全球价值链地位指数明显高于基本医药产品和医药制剂制造行业，且整体呈现先下降再上升的发展态势，在2013年到达地位指数最低点；基本医药产品和医药制剂制造行业地位指数呈现平稳发展态势，中后期地位指数保持在0.65上下波动并且始终低于人类健康和社会工作行业的地位指数。可以看出，中国医药健康产业分行业地位指数大于0，并且具有上升势头，由此说明中国医药健康产业正逐步向全球价值链中高端攀升。

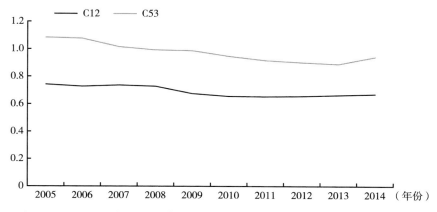

图 5　2005～2014 年中国医药健康产业分行业全球价值链地位指数变化情况

（3）医药健康产业分国家全球价值链指数测度

进入 21 世纪以来，医药健康产业越发重要，需要满足日益增长的国民需求，是我国经济的重要部分，对于保护人民健康、提高生活质量等起到十分重要的作用，也为推动经济社会发展和社会和谐建设做出巨大贡献。美国医药健康产业起源于 1963 年，主要包括医疗保健和医疗服务，在经历国际金融风暴后，该产业成为美国经济的"顶梁柱"，占 GDP 的 8.8%，是近 10 年美国发展最快的产业之一。医药健康产业是日本重要的经济支撑点，产业包括医疗全过程的商品和服务行业。日本政府从 20 世纪就开始鼓励国外先进医药健康技术的引进，推动技术模仿、吸收和创新，把医药健康产业打造成为"官、产、学、研"一体化的高技术产业，促进国家经济增长。2017年，德国在医药健康领域每日支出高达 10 亿欧元，奠定了其欧洲医药健康市场的"领头羊"地位。2020 年，德国颁布《数字供应法案》，促进医药健康产业向数字化转型，为德国医药健康产业发展注入新的动力。本报告选取以上 3 个医药健康产业发达国家与中国医药健康产业的全球价值链指数进行对比。

图 6 展示了 2005～2014 年中国、美国、日本、德国医药健康产业全球价值链参与指数变化情况。从参与指数大小来看，4 国中全球价值链分工参与度最高的是美国，其 2014 年参与指数为 0.9342。接着是中国，其 2014 年

参与指数为 0. 3449，而德国和日本参与指数相近。从参与指数变化趋势来看，美国、中国、日本和德国的全球价值链参与指数在统计区间内基本保持平稳，分别在 0. 90、0. 30、0. 20、0. 20 上下波动。

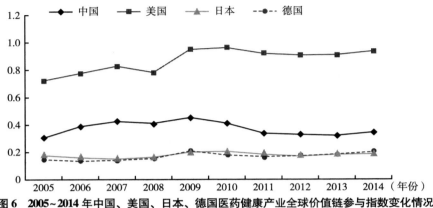

图 6　2005～2014 年中国、美国、日本、德国医药健康产业全球价值链参与指数变化情况

图 7 展示了 2005～2014 年中国、美国、日本、德国医药健康产业全球价值链地位指数变化情况。首先，从变化趋势来看，在 2008 年受到金融风暴影响后，美国和日本变化趋势基本一致，德国和中国变化趋势基本一致，4 个国家的医药健康产业全球价值链地位指数中后期基本呈现平稳态势。中后期，美国的医药健康产业地位指数相对最平稳，在 0. 94 上下波动；日本

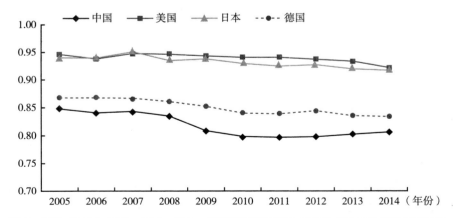

图 7　2005～2014 年中国、美国、日本、德国医药健康产业全球价值链地位指数变化情况

医药健康产业地位指数在 0.92 上下波动，2014 年其地位指数达到最低点；德国医药健康产业地位指数在 0.85 上下波动；中国医药健康产业地位指数在 0.81 上下波动。其次，从全球价值链地位指数高低来看，美国的地位指数整体上明显高于其他 3 个国家，中国则是地位指数最低的国家，但中国的地位指数与德国没有过大差距。

（三）中国医药健康产业全球价值链定性分析

在进行中国医药健康产业全球价值链地位指数分析时，发现数据库数据更新到 2014 年，对于 2020 年中国医药健康产业全球价值链地位指数无法进行测度，从而无法准确判断中国医药健康产业全球价值链地位。因此，本报告采用全球价值链方法，从医药健康产业上游生产制造环节、中游流通环节和下游服务环节，深入剖析医药健康产业各环节的全球价值链地位情况，进而更全面地判断整个产业的全球价值链地位情况。

1. 上游：生产制造环节

医药健康产业的上游设计环节是该产业最有技术含量和具有高附加值的部分，对中游和下游起到带动作用。根据 *Pharm Exec* 杂志公布的 2020 年《全球制药企业 50 强》榜单，美国持续位居数量榜首，总共上榜 15 家企业，其中排名进入前十的有 5 家，企业上榜数量占全球制药企业 50 强的 30%；日本共有 10 家制药企业上榜，占比 20%；德国有 4 家企业上榜，占比 8%；中国大陆共有 3 家企业上榜，并且排名全部靠后，占比 6%（见图 8）。美国企业上榜数量占比远远高于其他国家；虽然德国企业上榜数量少，但企业排名比较靠前；而中国上榜企业数量少是因为中国制药企业创新能力不足，依靠生产低技术含量的医药产品占领市场。

研究发现，生产制造环节是医药健康产业最核心的环节，附加值高，但需要大量的研发人才和研发资金。衡量国家医药健康产业全球价值链地位，关键在于是否具有高竞争力制药企业。由此，美国目前在生产制造环节处于绝对霸主地位，而我国在此环节处于弱势地位，表明我国医药健康产业上游环节全球价值链地位还是明显偏低。未来我国应在该环

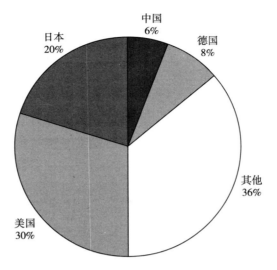

图 8 2020 年全球制药企业 50 强国家上榜数量占比

说明：此处"中国"仅指"中国大陆"。

节大力培育制药企业，提高上游竞争力，打破高效药被欧美国家垄断的局面。

2. 中游：流通环节

根据 EFPIA 统计数据，2020 年北美医药产品销售额占全球市场份额的40%，欧洲则占据全球市场份额的22%，这两个地区制药企业主导全球制药发展方向；中国和日本分别占据全球市场份额的20%和8%（见图9）。从市场集中度的视角来看，全球医药市场份额分布合理，区域结构趋向合理化，医药产品具有较高的市场集中度。

利用联合国商品贸易数据库，选择医药健康产业相关行业统计出口贸易额，进行全球价值链相关分析，数据如图10所示。可以看到，德国医药健康产业出口贸易额明显高于其他3个国家，且总体呈缓慢上升的趋势；而美国医药健康产业出口贸易额呈平稳趋势；中国医药健康产业出口贸易额大于日本，也是呈缓慢上升趋势；日本医药健康产业出口贸易额偏低，可能因为日本主要供应国内市场或者医药产品生产周期过长。

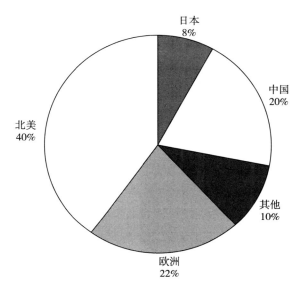

图 9　2020 年各国或地区医药产品销售额占全球市场份额

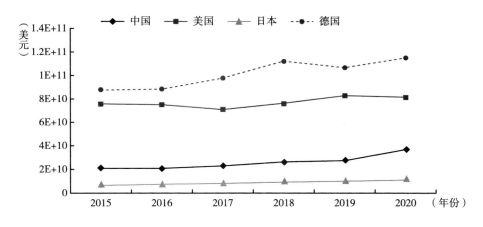

图 10　2015~2020 年中国、美国、日本、德国医药健康产业出口贸易额

研究发现，在中游流通环节，我国与其他发达国家的差距还是比较明显的。虽说我国通过低价值医药产品抢占市场，全球医药市场份额较高，医药健康产业出口贸易额也持续增加，但也导致我国医药健康产业全球价值链地

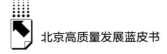
位攀升缓慢，低于美国、日本和德国。

3. 下游：服务环节

服务环节包含医疗服务和医药配送等，完整的医药健康产业链离不开服务环节的配套。本报告利用 OECD 数据库，统计医疗卫生支出占 GDP 比重，利用医疗服务数据对医药健康产业服务环节进行全球价值链相关分析。可以看到，2015~2019 年美国医疗卫生支出占 GDP 比重明显高于其他 3 国，处于高水平位置；德国和日本医疗卫生支出占 GDP 比重差距不大，整体呈缓慢增加趋势；而中国医疗卫生支出占 GDP 比重处于低水平位置，并且没有达到世界平均水平（见图 11）。医疗服务是我国医药健康产业最早起步的领域，是我国一直重点关注的民生工程，虽然医疗卫生支出一直在增加，但医疗产品附加值偏低，也没有国际竞争力，导致下游部分全球价值链地位明显低于美国、德国和日本。

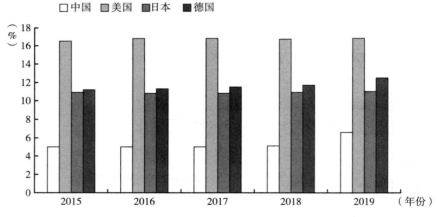

图 11　2015~2019 年中国、美国、日本、德国医疗卫生支出占 GDP 比重

由此可以看出，中国的医药健康产业虽然起步较晚，但一直紧跟欧美发达国家的脚步，积极发展医药健康产业，高技术制药企业数量、医药健康产业出口贸易额、医疗卫生支出逐年增加。同时，得益于庞大的市场内需和国际市场，本报告根据地位指数、参与指数和全球价值链定性分析，得出中国医药健康产业现已逐步迈向全球价值链中高端的结论。

三　北京医药健康产业全球价值链地位指数研究

（一）地区医药健康产业全球价值链地位指数测度方法

由于王直等提出的全球价值链地位指数测度方法关注国家层面的产业情况，因此，在考虑城市差异时，本报告参考了刘修岩等[①]提出的地区全球价值链地位指数测度方法：

$$GVC_{ijr\_position} = \ln\left(1 + \frac{GVC\_Pat\_f_{ir}\,VA_{jr}/\,VA_{ir}}{T_j/\,T_i}\right) - \ln\left(1 + \frac{GVC\_Pat\_b_{ir}\,VA_{jr}/\,VA_{ir}}{T_j/\,T_i}\right) \quad (4)$$

其中 $GVC_{ijr\_position}$ 代表国家 i 城市 j 产业 r 的全球价值链地位指数，$GVC\_Pat\_f_{ir}$ 和 $GVC\_Pat\_b_{ir}$ 的含义与国家全球价值链地位指数测度中的含义一致，VA_{jr} 和 VA_{ir} 分别表示城市 j 和国家 i 的产业 r 的产值，T_i 和 T_j 分别表示国家 i 和城市 j 的对外出口总额。

在进行指标核算时，出口增加值数据使用 WIOD2016 中的相关指标，国家和城市的医药健康产业产值使用历年《中国工业经济统计年鉴》及各城市统计年鉴中的"医学制造业"产值数据表示，国家和城市的对外出口总额数据来源于历年《中国统计年鉴》及各城市统计年鉴。

（二）北京医药健康产业全球价值链地位指数测度

图 12 展示了 2005~2014 年北京医药健康产业及中国医药健康产业全球价值链地位指数变化情况。从图 12 中可以看出，北京医药健康产业的全球价值链地位指数一直小于 0，是由全国前向参与度小于后向参与度造成的，说明其一直处于全球价值链低端位置，主要参与技术含量低、产品附加值低的环节。医药健康产业是我国发展战略性新兴产业的重点方向，也是北京创新发展的"双发动机"之一。

[①]　转引自余振、顾浩《全球价值链下区域分工地位与产业升级对策研究——以东北三省为例》，《地理科学》2016 年第 9 期。

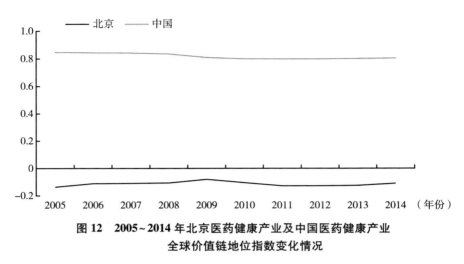

**图 12　2005~2014 年北京医药健康产业及中国医药健康产业
全球价值链地位指数变化情况**

四　北京医药健康产业向全球价值链高端攀升策略

（一）主要研究结论

本报告以医药健康产业为研究对象，对中国和北京的全球价值链参与指数、地位指数进行了测度。从国家的测度结果来看，第一，中国医药健康产业全球价值链参与指数排在第 2 位，因为中国主要通过低附加值产品参与国际分工，处在价值链下游部分。第二，中国医药健康产业全球价值链地位指数目前正在缓慢攀升，但是与价值链上游仍有很大距离。2008 年金融风暴后地位指数明显波动，显示出中国医药健康产业应对风险能力较弱。第三，虽然基本医药产品和医药制剂制造在全球价值链分工中的参与度很高，但是地位指数偏低；相反，人类健康和社会工作在全球价值链分工中的参与度虽然不高，但是其地位指数较高，这说明基本医药产品和医药制剂制造的国际竞争力主要来源是低成本的价格优势，而人类健康和社会工作拥有高附加值。第四，北京医药健康产业全球价值链地位指数一直小于 0，说明北京医药健康产业未来具有巨大的发展潜力和空间。

（二）对策建议

本报告提出北京医药健康产业向全球价值链高端攀升策略，具体如下。

1. 提高核心竞争力，推进北京医药健康产业快速发展

优化医药健康产业布局，构建具有北京特色的产业集群。积极鼓励和引导各种医药技术向生命科学园汇聚并进行创新探索，形成具有国际竞争力的医药健康产业集群，以产业链的方式推进建设核心医药健康产业示范区，培育发展新兴业态。完善产业链上下游协作发展机制，促进产业链的创新整合，优化配置各个环节，形成完整的创新驱动式医药健康产业发展格局。除此之外，推动京津冀地区医药健康产业协同发展，指导医药健康产业在各地区合理布局，发挥各地区产业优势，打造以一区为核心的新时代创新医药健康产业联盟，实现共建共享。

加强技术研发创新，在产与学的基础之上，实现科研技术领先。提高原始创新能力，积极实施重大新药研制、疑难杂症诊疗等国家医药科技专项和其他国家重点医学创新研发计划，扶持医药健康领域的国家实验室在京建设，提高北京地区整体医药技术研发能力。大力引进国外顶尖研发机构和医药健康企业在京落户，鼓励国内外研发团队加强学术的融合交流，推动前沿难点技术突破。促进技术交叉融合，建立一种多学科交叉融合的医药科技创新体系，推动临床科研一体化机制进一步完善，加快医学前沿领域的研究探索，挖掘交叉创新难点研究项目。提升新药创新研制能力，围绕恶性肿瘤、癌症和突发性传染病研发具有新疗效的药物，加快特色中药药方的研究进度。

2. 健全面向医药健康产业的人才培养体系

促进医药企业与高等学校联合实施人才培养计划，加快人才培养步伐。积极推进高校课堂开在企业，健全人才引进、培养、激励机制。围绕当前国情，推动优化高等学校专业设置，保障中国医药在各个技术和药物领域拥有人才储备，培养优秀的医学专业技术实际操作人才。

制定有吸引力的人才引进政策。高端生物技术人才是医药健康产业人才竞争的焦点。在 2016 年《国务院办公厅关于促进医药产业健康发展的指导

意见》发布以后，成都市出台了《关于促进成都医药健康产业高质量发展的实施意见》，该意见指出医药健康产业高质量发展的核心之一就是拥有生物技术领军人才。北京市下一步应加强人才引进，同时放眼国际市场，依托首都优势，制定具有竞争力的医药健康人才引进政策。

3. 推进中医药传承创新，坚持"走出去"

推进中医药传承创新，加快新时代中医药现代化转变进程。中医药作为我国独特的卫生资源，与民生百态息息相关，已拥有数千年历史。传承是中医药得以发展的根基。若无传承，中医药发展便会失去根本，如无本之木、无源之水。古往今来，代代良医口传心授，部部医学典籍层出不穷，宝贵的诊疗经验得以流传，丰富的中医药理论得以延续。这是前辈们智慧的结晶，更是中医药学绵延永续的根本。创新是中医药发展的不竭动力。没有创新，中医药发展便会失去时代活力。中医药自身的发展过程本就是一个兼收并蓄、取其精华去其糟粕、不断吸收当代先进技术的自我完善和创新的历程，是提升中医药当代服务应用价值的途径，是中医药发展的永恒命题。要进一步加强中医药传统企业对外学术探讨，充分体现北京中医药资源独特优势，加紧引导中医药传统企业迈向国际。

4. 打造医药健康产业的新业态

基于5G网络、云计算、大数据等新一代信息技术，建设"互联网+医疗健康"产业，打造全国一流"互联网+医疗健康"城市。鼓励医疗机构运用大数据信息平台和线上远程服务平台，搭建线上线下相融合的智能医疗快速诊断平台，形成医疗诊断新模式。积极运用信息技术，进行医疗诊断方式和医药产品的标准化、智能化建设。

打造生产性服务和服务型制造新业态。大力开展合作研发、合作生产等，创新生产性服务，建设一批提供医药产品质量检测、生产工艺过程优化等专业性服务的机构。支持有条件的医药企业进行医疗业务拓展，从只提供医药产品向可提供全套医药方案转型。发挥中医药在养生调理方面的独特优势，引导传统中医药企业向大健康产业业务延伸，丰富中医药产品应用场景，进一步提高中医药品牌影响力。

5. 推动医药健康产业数字化转型升级

随着人工智能、云计算、大数据等一系列信息技术被用于研发医药相关产品，研发周期大大缩短，研发风险和研发成本降低。目前不少医药企业在积极探索数字化转型。例如，石药集团利用新的数字科技，不仅提升了研发效率，还实现了绿色制造，走可持续发展道路，产品的安全性、有效性都得到了有效保证。这证明数字化转型是医药健康产业未来的发展方向。

应加快建立数字化制造体系，跟上时代变革步伐，结合产业布局情况，重视线上线下平台建设和数字化人才培育，推动生产效率提升，大大降低人工成本，实现制造全过程可追溯，推进医药制造业更上一层台阶。

B.10
国际首都科技服务业发展比较
报告（2022）*

摘　要： 科技服务业作为先进知识的生产者和传播者，其发展对人民生活
水平的提高和国民经济实力的增强具有十分重要的意义。北京作
为科技创新中心，其科技服务业的快速健康发展对全国的科技创
新具有引领和指导作用。国际首都科技服务业发展的优势识别和
经验梳理能够为北京科技服务业的发展提供政策启示。本报告首
先构建了指标体系，测度和评价了国际首都科技服务业的发展现
状，识别出目前北京科技服务业的发展优势和劣势；其次梳理了
国际首都培育科技服务业的政策和措施；最后基于国际首都的发
展经验，针对北京科技服务业发展不足之处提出了对策建议。研
究结果表明，与新加坡、东京和首尔等国际首都城市相比，北京
的科技服务业在产业规模、研发投入和研发产出等方面具有一定
的优势，但在生产效率和盈利能力等方面相对不足。针对北京科
技服务业的发展弱势，本报告提出了加大"高精尖"人才的培
育和引进力度、提升科技服务的商业化水平、提高研发服务业的
发展质量等对策建议。

关键词： 科技服务业　国际首都　北京市

---

* 作者：北京市科学技术研究院高质量发展研究中心。执笔人：姜宛贝、李诚。姜宛贝，北科
院高质量发展研究中心助理研究员，管理学博士，主要研究方向为低碳发展与多元信息建
模；李诚，北科院数字经济创新研究所副所长，主要研究方向为科技产业情报。

一 科技服务业行业范围界定及研究对象选择

由于不同国家对同一事物内涵的理解和表述往往存在差异，因此各国界定的科技服务业行业范围有所不同。中国《国家科技服务业统计分类（2018）》指出，科技服务业包括科学研究与试验发展服务、专业化技术服务、科技推广及相关服务、科技信息服务、科技金融服务、科技普及和宣传教育服务与综合科技服务等 7 个大类。前 3 类在《国民经济行业分类》（GB/T4754-2017）中对应的行业门类为 M 科学研究和技术服务业。第 4 类对应的门类为 I 信息传输、软件和信息技术服务业。其他类在第三产业中分散分布。北京市经济和信息化局等部门下发的《北京市十大高精尖产业登记指导目录（2018 年版）》中，科技服务业所涉及的行业主要为《国民经济行业分类》中的 M 科学研究和技术服务业。

韩鲁南等人将美国、新加坡、日本、韩国等国的科技服务业行业统计分类与中国进行了对比研究，发现与国外相比，我国 M 科学研究和技术服务业未包含的分类主要有法律和会计实践活动、总公司的活动、管理咨询活动、广告和市场研究，该部分主要出现在我国的 L 租赁和商务服务业门类中[1]。亦有学者认为，科技服务业主要包括"信息传输、计算机服务和软件业；租赁和商务服务业；科学研究、技术服务和地质勘查业"[2]。综上，按中国《国民经济行业分类》的划分方式，本部分将科技服务业行业范围界定为 I 信息传输、软件和信息技术服务业、L 租赁和商务服务业与 M 科学研究和技术服务业三大门类的总体。

基于比较对象兼顾借鉴性和可行性的标准[3]，本报告选取新加坡、东京

---

[1] 韩鲁南等：《国内外科技服务业行业统计分类对比研究》，《科技进步与对策》2013 年第 9 期。

[2] 李建标等：《北京市科技服务业发展研究——基于产业协同和制度谐振的视角》，《科技进步与对策》2011 年第 7 期。

[3] 申静等：《北京市高端服务业发展水平的国际比较与启示》，《技术经济》2015 年第 12 期。

和首尔三大国际首都与北京进行比较研究。从借鉴性来看，新加坡、东京和首尔均为亚洲首都城市和发达城市。上述城市在政治、文化、国际交往和科技创新等城市功能方面与北京相似，且其产业结构经历了以劳动密集型制造业为主到制造业高级化再到以现代服务业为主的演变进程，产业体系逐渐步入后工业化时代，开始具备结构高度化、增长集约化的特点。上述亚洲首都城市产业结构的成功转型对于北京产业升级和科技服务业发展具有一定的借鉴性。从可行性来看，新加坡、东京和首尔均有政府网站或统计局网站，其科技服务业的相关统计数据具有一定的可得性和可靠性。

在实际比较分析中，由于东京和首尔等城市的专业、科学和技术活动行业中包含了租赁和商务服务业，因此本报告将科技服务业划分为信息通信业与专业、科学和技术活动行业。信息通信业对应《国民经济行业分类》中的 I 信息传输、软件和信息技术服务业，专业、科学和技术活动行业对应 L 租赁和商务服务业与 M 科学研究和技术服务业之和。

二 指标体系构建及测度结果

（一）指标体系构建

本部分从产业规模、生产效率、盈利能力、研发投入、研发产出 5 个维度来刻画分析国际首都科技服务业的发展特征（见表1），选取的具体指标如下。

表1 国际首都科技服务业发展特征评价指标体系

分析维度	具体指标	指标解释
产业规模	增加值比重	行业增加值占地区生产总值的比重
生产效率	劳动生产率	行业增加值与行业就业人数的比值
盈利能力	行业利润率	行业营业盈余占行业增加值的比重
研发投入	研发人员比重	研发人员数占地区劳动力总数的比重
	研发投入强度	研发投入经费占地区生产总值的比重
研发产出	专利申请数	每万人口专利申请数量
	专利授权数	每万人口专利授权数量

1. 增加值比重

增加值比重使用科技服务业行业增加值占地区生产总值的比重来衡量，反映了国际首都城市科技服务业的发展规模。

$$增加值比重 = \frac{行业增加值}{地区生产总值} \tag{1}$$

2. 劳动生产率

生产效率采用劳动生产率来表征，劳动生产率是企业生产技术水平、经营管理水平、职工技术熟练程度的综合表现，是衡量生产力发展水平的核心指标。

$$劳动生产率 = \frac{行业增加值}{行业就业人数} \tag{2}$$

3. 行业利润率

行业利润率使用科技服务业的行业营业盈余占行业增加值的比重来衡量，反映了行业在一定时期内赚取利润的能力（即盈利能力），行业利润率越高，盈利能力越强。

$$行业利润率 = \frac{行业营业盈余}{行业增加值} \tag{3}$$

4. 研发人员比重

研发人员比重使用研发人员数占地区劳动力总数的比重来衡量，是反映人力资源方面研发投入的重要指标。

$$研发人员比重 = \frac{研发人员数}{地区劳动力总数} \tag{4}$$

5. 研发投入强度

研发投入强度使用研发投入经费占地区生产总值的比重来衡量，是衡量资本投入方面研发投入的一个重要指标。

$$研发投入强度 = \frac{研发投入经费}{地区生产总值} \tag{5}$$

6. 专利申请数

专利申请数使用每万人口专利申请数量来衡量，反映研发创新的成果转化数量。

$$专利申请数 = \frac{专利申请数量}{地区总人口} \times 10000 \qquad (6)$$

7. 专利授权数

专利被授权代表着研发成果具备新颖性、创造性和实用性。因此专利授权数可反映研发创新的成果转化质量，使用每万人口专利授权数量来衡量。

$$专利授权数 = \frac{专利授权数量}{地区总人口} \times 10000 \qquad (7)$$

（二）国际首都科技服务业发展情况比较

1. 产业规模分析

（1）北京科技服务业的规模相对较大，年均增长速度最快

2015～2019 年，北京科技服务业增加值比重均超过 25%，且逐年不断增长。2015 年的增加值比重为 25.63%，2019 年上升为 28.82%，年均增速为 2.98%。新加坡科技服务业的增加值比重为 14.50% 左右，呈现出波动增长的趋势，年均增速为 0.97%。具体来看，增加值比重由 2015 年的 14.20% 升高为 2016 年的 14.97%，继而出现下降，至 2019 年回升为 14.76%。就东京科技服务业而言，其 2015 年的增加值比重为 21.61%，2019 年为 21.62%。2015～2019 年，增加值比重保持相对稳定，年均增速为 0.01%。相较北京，首尔科技服务业的规模较大，2015～2019 年，首尔科技服务业增加值比重的平均值为 28.42%，亦呈现出逐年增长的趋势。但其增长速度相对北京较慢，2015 年增加值比重为 27.95%，2019 年为 28.98%，年均增速仅为 0.91%（见图 1）。

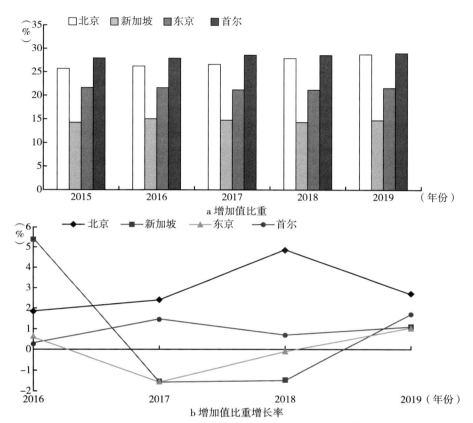

图1 2015～2019年国际首都科技服务业的增加值比重及其逐年增长率

资料来源：根据历年《北京统计年鉴》、新加坡统计局（https：//www. singstat. gov. sg/find－data/ search－by－theme/economy/national－accounts/latest－data）、东京统计局（https：//www. toukei. metro. tokyo. lg. jp/）、首尔开放数据广场（https：//data. seoul. go. kr/）的统计数据绘制，下同。

（2）北京信息通信业的规模反超首尔，成为研究对象中行业规模最大的城市

作为科技服务业的主要行业之一，2015～2019年，北京信息通信业增加值比重的平均值为11.96%，且呈逐年增长趋势。2015年的增加值比重为10.49%，2019年为13.52%，年均增长速度为6.55%。增速随时间呈现出先下降后上升再下降的趋势，2018年的增速达到10.39%，2019年回落至4.32%，低于平均增速。对于新加坡而言，2015年其信息通信业增加值比重为3.73%，

除 2018 年有所回落外，其他年份均呈上升趋势，2019 年增加值比重为
4.37%。从增长速度来看，2015~2019 年，新加坡信息通信业增加值比重的年
均增速为 4.04%，2015~2016 年、2016~2017 年、2017~2018 年的增长速度持
续降低，2019 年增速开始上升，达到 12.05%。东京信息通信业增加值比重的
平均值为 10.37%，呈现出先下降后上升的趋势，年均增长速度为 0.19%。对
于首尔而言，其信息通信业的增加值比重于 2015~2017 年高于北京。2018~
2019 年，北京的增加值比重反超首尔，成为研究对象中信息通信业行业规模
最大的首都城市。但从年平均值来看，首尔 2015~2019 年的平均增加值比重
（12.68%）相比北京仍然较高。从增加值比重的增速来看，相较北京，首尔该
子行业的增长速度较低，年均增速仅为 0.91%（见图 2）。

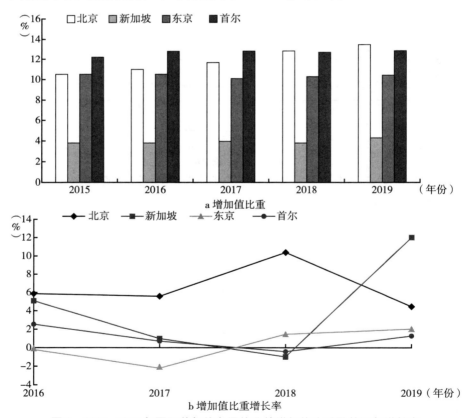

图 2 2015~2019 年国际首都信息通信业的增加值比重及其逐年增长率

（3）北京专业、科学和技术活动行业的规模相对较大，且增长后劲较大

作为科技服务业的另一主要行业，2015~2019年，北京专业、科学和技术活动行业增加值比重的平均值为15.11%，呈现出先下降后上升的趋势。从增长速度来看，2015~2019年，年均增速为0.26%，增速随时间逐渐提升，2015~2016年的增长率为-0.86%，2018~2019年为1.32%。新加坡专业、科学和技术活动行业增加值比重的平均值为10.66%，表现为先上升、2017年开始下降，总体呈下降的趋势。2015~2019年，年均下降速率为0.19%。东京专业、科学和技术活动行业2015年的增加值比重为11.17%，2019年为11.10%，呈现出波动下降的总体趋势，年均下降速率为0.16%。对于首尔而言，2015年其专业、科学和技术活动行业增加值比重为15.55%，2019年的增加值比重为16.12%，变化趋势表现为先下降后上升。增加值比重的年平均值为15.74%，仍高于北京。从增长速度来看，首尔该行业的年均增长速度达到0.90%（见图3）。

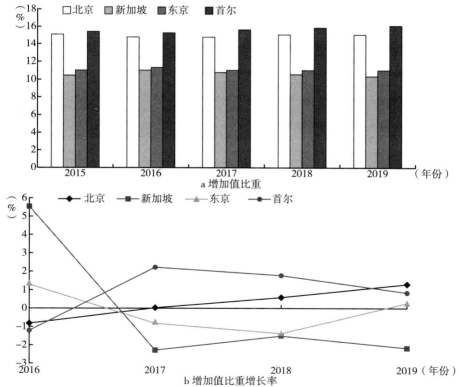

图3 2015~2019年国际首都专业、科学和技术活动行业的增加值比重及其逐年增长率

2. 生产效率分析①

（1）北京科技服务业的劳动生产率低于其他首都，但其年均增长率最高

2015~2019年，北京科技服务业劳动生产率的年平均值为5.36万美元②/人，最小值为4.90万美元/人（2016年），最大值为5.91万美元/人（2019年）。从变化趋势来看，北京的劳动生产率总体呈上升趋势，年均增长率为3.91%。除2016年劳动生产率出现下降外，其他年份相较前一年均有所上升。其中，2017~2018年的增速最快，增长率达到14.54%。随后增长率骤降，2018~2019年的增长率仅为1.37%。新加坡科技服务业劳动生产率的平均值为20.09万美元/人，约为北京年均劳动生产率的4倍。从增长率来看，新加坡的年均增长率为1.69%，约为北京年均增长率的1/2。此外，其增长率随时间呈现出不断下降的趋势。东京科技服务业的年均劳动生产率为9.38万美元/人，约为北京年平均值的2倍。从变化趋势来看，其劳动生产率呈现出逐年下降的趋势，年均下降速率为2.54%。首尔科技服务业的年均劳动生产率与东京相近，为9.36万美元/人。但其劳动生产率总体有所增长，2015年为9.00万美元/人，2019年为9.67万美元/人，年均增速为1.81%，高于新加坡，低于北京（见图4）。

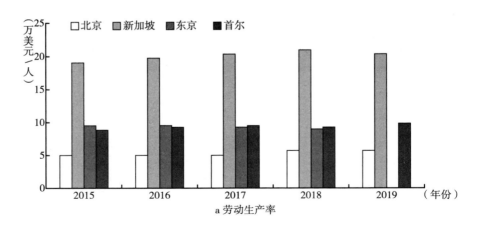

a 劳动生产率

---

① 本部分2019年东京数据暂缺。

② 本部分中的美元均为2015年不变价。

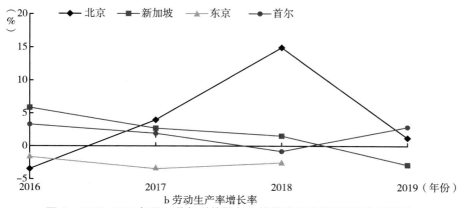

图4　2015～2019年国际首都科技服务业的劳动生产率及其逐年增长率

（2）北京信息通信业的劳动生产率低于其他首都，但其年均增长率最高，增长后劲相对较足

2015～2019年，北京信息通信业的劳动生产率随时间逐年增长。2015年的劳动生产率为7.29万美元/人，2019年为10.11万美元/人，年平均劳动生产率为8.62万美元/人。从劳动生产率增长率来看，其随时间呈现出先下降后上升的趋势。2015～2016年的增长率最高，为11.39%，2016～2017年下降为3.82%，2017～2018年开始上升，2018～2019年的增长率达到10.61%。总体来看，劳动生产率的年平均增速为8.52%。新加坡信息通信业劳动生产率的平均值为22.31万美元/人，约为北京年均劳动生产率的2.6倍。从变化趋势来看，新加坡的劳动生产率亦随时间不断增长。逐年增长速度相对稳定，最小值为2.41%（2017～2018年），最大值为4.51%（2015～2016年）。总体来看，新加坡劳动生产率的年均增长率为3.15%。东京信息通信业劳动生产率的平均值为10.24万美元/人，略高于北京的年均劳动生产率。与东京科技服务业总体的变化趋势一致，东京信息通信业劳动生产率亦随时间不断下降，年均下降速率为1.86%。首尔信息通信业劳动生产率的平均值为15.40万美元/人，约为北京年均劳动生产率的2倍。与北京和新加坡信息通信业劳动生产率的变化趋势相似，首尔信息通信业劳动生产率亦呈现出逐年增长的趋势。但其年均增长率仅为3.87%，约为北京年均增长率的1/2（见图5）。

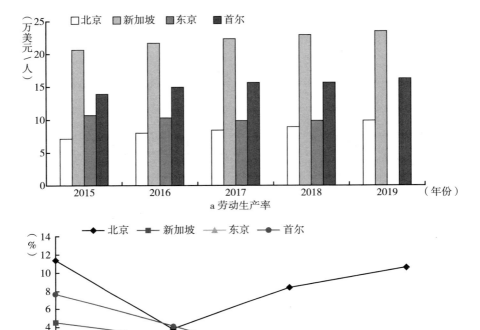

图 5　2015~2019 年国际首都信息通信业的劳动生产率及其逐年增长率

（3）北京专业、科学和技术活动行业的劳动生产率低于其他首都，且其年均增长率相对较低

2015~2019 年，北京专业、科学和技术活动行业劳动生产率的年平均值为 4.10 万美元/人。从变化趋势来看，北京专业、科学和技术活动行业的劳动生产率在 2015~2016 年的下降幅度和 2017~2018 年的上升幅度均较大。但总体变化幅度较小，2015 年的劳动生产率为 4.19 万美元/人，2019 年为 4.25 万美元/人，年均增长率为 0.36%。新加坡专业、科学和技术活动行业劳动生产率的年平均值为 19.37 万美元/人，约为北京年均劳动生产率的 5 倍。2015~2018 年，新加坡劳动生产率呈现出逐年上升的变化趋势，但

2019 年有所下降。此外，劳动生产率的增长率随时间逐渐降低，2015～2016年为 6.29%，2017～2018 年为 1.26%，2018～2019 年为-5.31%。总体来看，新加坡劳动生产率的年均增长率为 1.05%，约为北京年均增长率的 3 倍。东京专业、科学和技术活动行业劳动生产率的年平均值为 8.69 万美元/人，约为北京年均劳动生产率的 2 倍。与东京科技服务业总体的变化趋势一致，东京专业、科学和技术活动行业劳动生产率亦随时间不断下降，年均下降速率为 3.09%。首尔专业、科学和技术活动行业劳动生产率的年平均值为 7.06 万美元/人。从劳动生产率的增长率来看，首尔劳动生产率的年均增长率为 0.57%，高于北京的年均增长率（见图 6）。

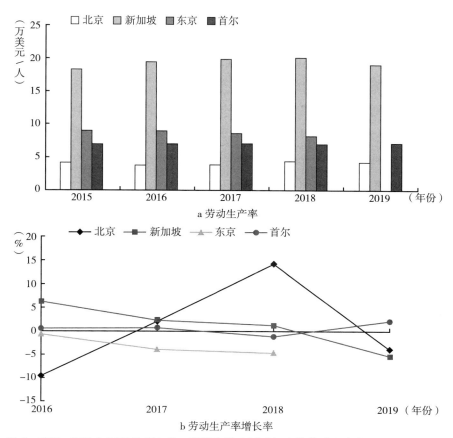

图 6　2015～2019 年国际首都专业、科学和技术活动行业的劳动生产率及其逐年增长率

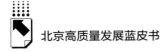

3. 盈利能力分析

（1）北京科技服务业的盈利能力弱于其他首都，但增强的速度相对较快

2013～2017 年，北京科技服务业行业利润率的年平均值为 14.33%，最小值为 10.33%（2015 年），最大值为 18.09%（2014 年）。从变化趋势来看，行业利润率逐年波动较为剧烈，2013～2014 年的增长率为 33.80%，2014～2015 年为 -42.90%，2015～2016 年为 41.24%。总体来看，行业利润率随时间呈上升趋势，年均增长率相对逐年变化率较小，为 2.84%。新加坡科技服务业行业利润率的年平均值为 44.55%，约为北京年均行业利润率的 3 倍。新加坡行业利润率随时间不断增长，2013 年的行业利润率为 42.98%，2017 年为 46.18%，年均增长率为 1.81%，相比北京较小。从行业利润率增长率的变动趋势来看，其表现出先上升后下降的趋势。东京科技服务业行业利润率的年平均值为 24.85%，约为北京年均行业利润率的 2 倍。2013～2016 年东京的行业利润率逐年下降，2013 年为 26.74%，2016 年为 21.95%。2017 年行业利润率开始回升，达到 23.94%。总体来看，东京的行业利润率于 2013～2017 年有所下降，年均下降速率为 2.73%（见图 7）。

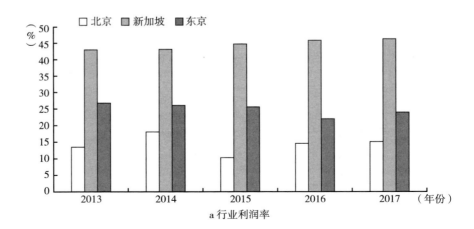

a 行业利润率

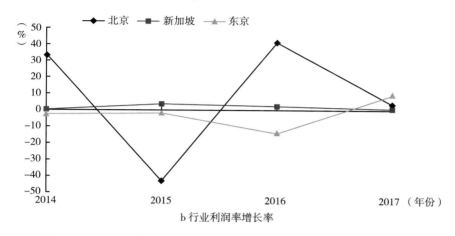

图 7　2013~2017 年国际首都科技服务业的行业利润率及其逐年增长率

（2）北京信息通信业的盈利能力整体高于东京低于新加坡，下降速率为其中最低

2013~2017 年，北京信息通信业行业利润率的年平均值为 22.47%，高于科技服务业总体的年均行业利润率（14.33%）。总体来看，北京该子行业的行业利润率于 2013~2017 年呈现出下降的趋势，年均下降速率较低，为 0.94%。但从逐年变化来看，该子行业的时间变化趋势与科技服务业总体较为一致，上下波动均较为剧烈，2013~2014 年的增长率为 9.56%，2014~2015 年为 -29.47%，2015~2016 年为 30.14%。就新加坡而言，其信息通信业行业利润率的年平均值为 41.36%，约为北京年均行业利润率的 2 倍。从变化趋势来看，新加坡行业利润率呈现出波动下降的整体趋势，年均下降速率为 2.81%，约为北京年均下降速率的 3 倍。东京信息通信业行业利润率的年平均值为 19.33%，低于北京的年均行业利润率。2014 年东京的行业利润率有所提高，但从 2015 年起不断下降。2013 年东京的行业利润率为 19.80%，2017 年为 15.50%，总体表现为下降趋势，年均下降速率为 5.94%，约为北京年均下降速率的 6 倍（见图 8）。

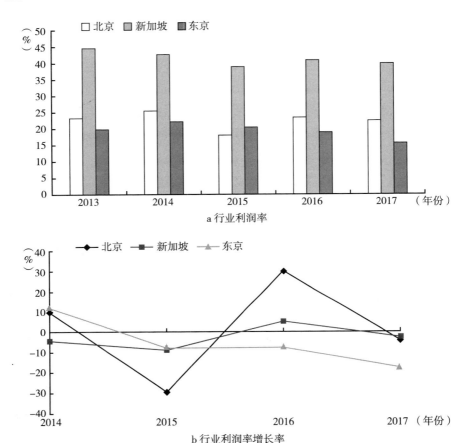

图8 2013~2017年国际首都信息通信业的行业利润率及其逐年增长率

（3）北京专业、科学和技术活动行业的盈利能力较弱，但提升劲头相对较足

2013~2017年，北京专业、科学和技术活动行业行业利润率的年平均值为9.12%，低于科技服务业总体的年均行业利润率（14.33%）。2013年的行业利润率为7.61%，2014年升高为13.54%，后下降为5.26%，2016年起开始上升，2017年达到10.25%。2013~2017年，北京的行业利润率呈现出整体升高的趋势，年均增长率为7.73%。新加坡专业、科学和技术活动行业行业利润率的年平均值为45.68%，约为

北京年均行业利润率的5倍。从变化趋势来看，新加坡的行业利润率持续增长，2013年为42.32%，2017年为48.52%，年均增长速度为3.48%，低于北京。就东京而言，其专业、科学和技术活动行业行业利润率的年平均值为29.93%，约为北京年均行业利润率的3倍。2013～2017年，东京的行业利润率上下波动频繁，整体表现为下降趋势。2013年的行业利润率为33.14%，2017年为31.61%，年均下降速率为1.17%（见图9）。

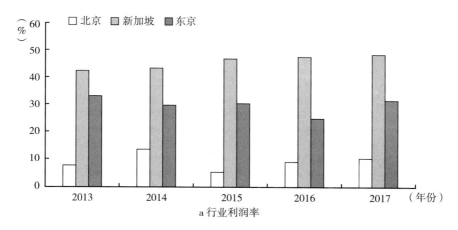

a 行业利润率

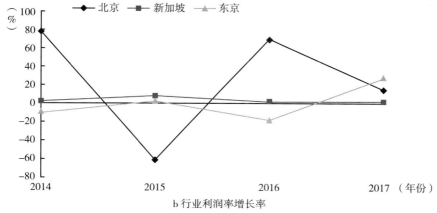

b 行业利润率增长率

图9 2013～2017年国际首都专业、科学和技术活动行业的
行业利润率及其逐年增长率

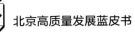

4. 研发投入分析

（1）相较其他首都，北京研发人员比重最高，增长势头迅猛

北京 2015 年研发人员比重为 3.34%，2019 年为 3.99%，其间年均研发人员比重为 3.57%。从变化趋势来看，北京研发人员比重表现出先上升后略有下降然后再上升的趋势。具体来看，2015~2017 年研发人员比重持续增长，2015~2016 年的增长率为 2.69%，2016~2017 年为 3.50%。2018 年的研发人员比重出现下降，下降速率为 0.28%。2019 年，研发人员比重大幅回升，年增长率达到 12.71%。总体来看，研发人员比重呈现出上升的趋势，年均增长率为 4.55%。2015~2019 年，新加坡研发人员比重的年平均值为 2.31%，小于北京年均研发人员比重。2015~2018 年，新加坡研发人员比重不断下降，但其下降速率逐渐变慢。2019 年其研发人员比重出现增长，达到 2.38%，超过 2015 年的比重（2.35%）。因此，2015~2019 年，新加坡的研发人员比重呈现出总体上升的趋势，年均增长率为 0.32%，远低于北京的年均增长率。首尔研发人员比重的年平均值与新加坡相同，亦为 2.31%，亦低于北京年均研发人员比重。但 2015~2019 年，首尔研发人员比重持续上升，且逐年增长率维持在 4.00% 以上的水平，使得其年均增长率（5.25%）超过了北京的年均增长率（4.55%）（见图 10）。

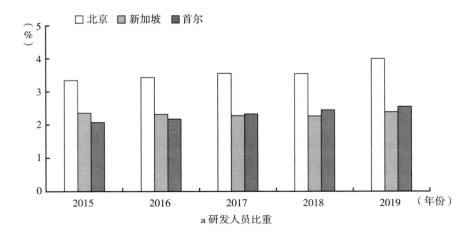

a 研发人员比重

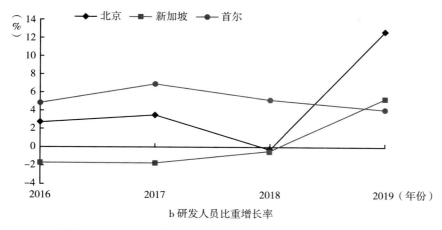

b 研发人员比重增长率

图 10 2015～2019 年国际首都研发人员比重及其逐年增长率

（2）相较其他首都，北京研发投入强度最高，增长速度最快，增长劲头十足

2015～2019 年，北京研发投入强度的平均值为 5.67%，最小值为 5.29%（2017 年），最大值为 6.31%（2019 年）。从变化趋势来看，北京研发投入强度呈现出先下降后上升的趋势，2015～2016 年和 2016～2017 年的下降速率分别为 1.79% 和 3.64%，2017～2018 年和 2018～2019 年的增长率分别为 6.81% 和 11.68%，前期下降幅度远低于后期上升幅度。因此总体来看，北京 2019 年的研发投入强度（6.31%）相对 2015 年（5.59%）较高，年均增长速度为 3.08%。2015～2019 年，新加坡研发投入强度的年平均值为 1.98%，低于北京年均研发投入强度。其变化趋势类似于研发人员比重的变化趋势，2015～2018 年表现为逐年下降，2019 年开始回升。但由于前期持续下降且年下降速率较大（均在 4% 以上），后期的上升幅度较小（年增长率不到 4%），2015～2019 年新加坡的研发投入强度整体呈下降趋势，年均下降速率为 3.51%。首尔研发投入强度的年平均值为 4.97%，略低于北京的年均研发投入强度。从变化趋势来看，首尔的研发投入强度与研发人员比重相同，均呈现持续上升的趋势。但研发投入强度的增长率相对研发人员比重的增长率较低，年均增长率仅为 0.90%。就研发投入强度的增长率而言，首尔的年均增长率低于北京（见图 11）。

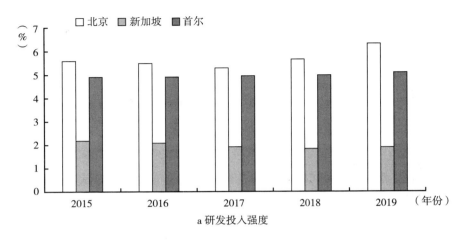

a 研发投入强度

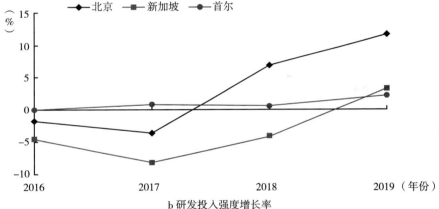

b 研发投入强度增长率

图 11 2015~2019 年国际首都研发投入强度及其逐年增长率

5. 研发产出分析

（1）北京专利申请数多于其他首都，且保持着较快的增长速度

2015~2019 年，北京的专利申请数由 72 件/万人持续增长为 105 件/万人，年均申请数为 88 件/万人，年均增长率为 9.89%。2015~2019 年，新加坡专利申请数的平均值为 4 件/万人，与北京年均专利申请数相差较大。这表明新加坡科研成果转化数量远少于北京。不同于北京专利申请数持续增长的变化趋势，新加坡的专利申请数呈现出逐年上下波动的趋势。具体来看，2015~2016 年专利申请数的增长率为 -5.68%，2016~2017 年为 42.69%，2017~2018 年为 1.07%，

2018~2019 年为-11.52%。总体而言，新加坡专利申请数于 2015~2019 年有所上升，年均增长率为 4.74%，约为北京年均增长率的1/2。首尔专利申请数的平均值为 68 件/万人，年均专利申请数少于北京。从变化趋势来看，2015~2019 年，首尔的专利申请数呈现出先下降后上升的趋势。2015~2016 年和 2016~2017 年的下降速率逐渐降低，分别为 2.83% 和 2.57%。2017~2018 年和 2018~2019 年的增长率逐渐升高，分别为 1.59% 和 7.59%。从增长率的变化趋势来看，首尔的科研成果转化趋势日益明显，研发人员表现出越来越强的专利申请意愿。从年均增长率来看，首尔 2015~2019 年的专利申请数变化不大，年均增长率仅为 0.86%，远远低于北京的年均增长率（见图 12）。

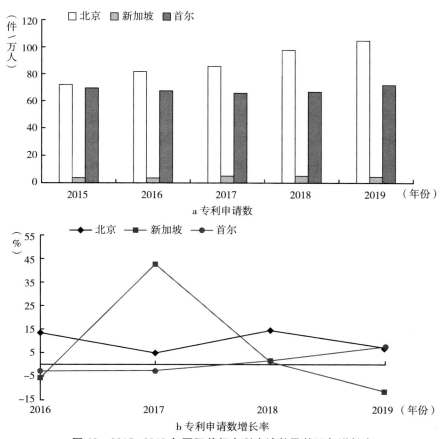

图 12　2015~2019 年国际首都专利申请数及其逐年增长率

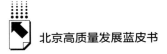
（2）北京专利授权数及授权率均高于新加坡，但授权数的增长速度较慢

2015～2019年，北京专利授权数的平均值为52件/万人，授权率（授权数/申请数）为59.09%。与专利申请数的变化趋势一致，北京专利授权数亦逐年增长，2015年的专利授权数为43件/万人，2019年为61件/万人，年均增长速率为9.14%。相较而言，北京专利授权数的年均增长率略低于申请数的年均增长率（9.89%）。逐年来看，除2017～2018年专利授权数的增长率（16.36%）高于申请数的增长率（14.47%）外，其他年份专利授权数的年增长率均低于申请数的年增长率。这表明北京专利的授权率未实现明显增长。2015～2019年，新加坡专利授权数的平均值约为2件/万人，授权率为50.00%。这表明，新加坡不仅在专利授权数上远远低于北京，授权率相对北京也较低。从变化趋势来看，新加坡专利授权数呈现出先下降后上升的趋势，年均增长率为9.73%，略高于北京的年均增长率。相较而言，新加坡专利授权数的年均增长率约为申请数年均增长率（4.74%）的2倍。逐年来看，除2016～2017年专利授权数的增长率（30.45%）低于申请数的增长率（42.69%）外，其他年份前者的年增长率均高于后者。这表明新加坡专利的授权率随时间有所增长（见图13）。

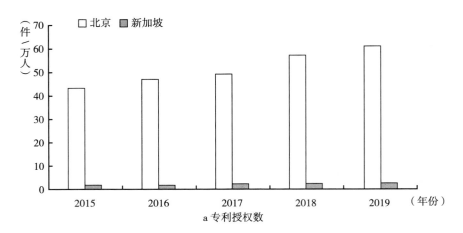

a 专利授权数

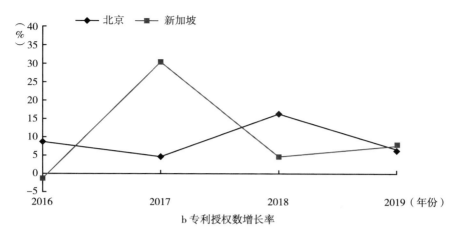

b 专利授权数增长率

图 13 2015～2019 年国际首都专利授权数及其逐年增长率

三 国际首都科技服务业培育的政策措施

（一）新加坡

1. 重视创新生态环境建设

良好的创新生态环境是科技创新的前提。在管理体系方面，新加坡构建了统一协调、分工明确的科技创新管理体系，包括直属于内阁的理事会机构和由政府部门组成的科技创新管理机构。国立研究基金会作为理事会执行机构，主要职能是从更加宏观的层面领导科技创新，协调部门间的研发计划。由贸工部、教育部、卫生部、律政部等组成的管理机构，主要负责组织实施各类研发计划和创新项目[1]。在制度方面，新加坡采用公私合伙制（PPP）模式，解决无法通过政府解决的技术创新问题，涉及领域包括中小企业的技术创新和基础设施建设，等等。为服务于前者，新加坡采用 PPP 模式建立了专门技术采购 PPP 平台，该平台对于中小企业先进技术的研发和推广具

---

① 袁永等：《新加坡近期科技创新战略与政策研究》，《科学管理研究》2017 年第 2 期。

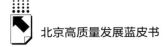

有重要作用①。在宣传方面，为了使大众积极进行创新创业，新加坡科技研究局邀请成功创新创业的企业家和研究者做主旨演讲。此外，新加坡政府设立了促进青年创新创业的组织和总额为1亿新元的国家青年基金，以支持新加坡青年创新创业，这对新加坡青年创新创业精神的激发具有有益作用②。

2. 建立人才培育引进机制

发展科研的重点和关键是培育人才。为支持科研人才的培育和引进，RIE2020共预算19亿新元，相比RIE2015的预算增长了近1.6倍。新加坡实施的人才机制包括育才、引才两个方面。一方面重点培育本土人才。在新加坡政府的财政支持下，新加坡的高中生和大学生留学海外。2000~2010年期间，共有1000名生命科学博士获得学位，新加坡的知识密集型行业在其支援下得到快速发展③。国外教育机构通过"环球校园计划"被吸引到新加坡合作办学。由此新加坡的劳动力得到教育机构的专业技术指导，就业能力得到显著增强④。此外，新加坡与世界一流大学建立了人才培育合作关系，通过国际合作培育本土人才。另一方面重视人才引进。招募人才的专门办公室在全球各大城市得以设立，"联系新加坡"网络作为吸引和引进海外人才的前哨得以构建。专门的研究计划亦为吸引人才的重要内容，如具有世界竞争力的新加坡国立研究基金会的NRF研究基金项目。对于外籍高层次人才，新加坡政府出台了长期工作签证、永久居民等便利政策，一大批青年科学家和研究人员被吸引到新加坡开展自由研究⑤。实施"长期回国计划""临时回国计划"，提供高薪和住房等方面的福利待遇，支持移居海外的新加坡杰出科研人才回国创新创业。

---

① 廖晓东等：《新加坡创新驱动发展政策措施及其对广东的启示》，《科技管理研究》2018年第10期。

② 林宇等：《新加坡创新型城市的发展及其对上海的启示》，《世界地理研究》2016年第3期。

③ 原春琳：《新加坡：把创新基因植入每个学生血液》，《辽宁教育》2015年第12期。

④ 薛文正：《试论国际分校的质量保障——新加坡环球校园计划出现的问题与对策》，《世界教育信息》2008年第8期。

⑤ 陈宝国等：《全球创新指数视阈下中国创新能力比较分析》，《科技管理研究》2016年第23期。

3. 注重扶持中小企业的科技创新活动

为提升中小企业创新水平，新加坡出台一系列中小企业科技创新计划，包括降低服务费用、提供技术支持、加强服务指导、突破资金制约等。其于2010年实施的"生产力及创新优惠计划"主要涵盖知识产权注册、员工培训、自动化设备购置或租用、知识产权购置、开发与研究和项目设计6项内容。对于上述6项内容，企业可享受400%的税收减免，最高可减免60万新元。2016年8月1日以后产生的费用也将有资格获得40%的政府现金补贴，最高额度为10万新元。2009年，"创新券计划"由新加坡标准、生产力与创新局推出。2012年，该计划已扩展到人力资源、生产力和财务管理方面。中小企业的创新发展得到全方位支持。2016年4月以来，"创新券计划"已经支持了14个综合解决方案，包括人员/资产跟踪识别系统、调度预订系统、客户关系管理系统等。此外，中小企业在新加坡政府的大力扶持下不断"走出去"，国际市场需求和创新资源被其充分利用[①]。比如，自2010年以来，新加坡企业发展局每年拨款1000万新元，用于支付100家中小企业在海外市场扩张的部分费用。

4. 推进科技创新与商业化融合发展

支撑科技创新和产业发展、促进科技经济深度融合是科技服务业发展的主要目的。新加坡非常重视科技创新与商业化的融合，注重科技成果商业转化，主要的方法有以下几个。一是建立知识产权保护机制。鼓励创新的基础是对知识产权的保护。新加坡如今在知识产权保护和执法方面的排名为亚洲之首，实施的措施包括：机构改制，2001年新加坡商标与专利注册办公室改制成为新加坡知识产权局（IPOS）；立法完善，对个人盗版行为做出明确界定[②]；政策激励，申请专利相关费用的50%可由专利申请基金资助支付[③]。二是实施"概念验证资助计划"，专家组对项目的范围、创新程度、技术稳定性、市场潜力、可制造性等方面进行评估，遴选一批科技成果转化项目。

---

① 李鸿阶等：《韩国与新加坡科技创新政策及其成效的启示》，《亚太经济》2016年第5期。
② 詹正茂等：《新加坡创新型城市建设经验及其对中国的启示》，《科学学研究》2011年第4期。
③ 《促进中小型企业使用IP制度的措施》，新加坡知识产权局，2019年5月7日。

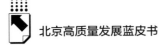

成功入选的候选人将获得最高 25 万新元的资助，在一年内进行研究和适应性测试，以实现其研究成果的商业化。三是完善资本市场体制。2015 年，新加坡政府宣布，新创企业将由政府和风险投资机构采取对等投资的方式共同资助。新创企业新技术产品的市场进入亦由新加坡政府与孵化器共同出资（政府出资比例最高可达 85%）。作为激励，国立研究基金会的股份可由风险投资机构与孵化器以股利回购。新创企业的起步发展风险将由新加坡政府、天使投资及风险投资机构和孵化器共同承担。

（二）东京

1. 注重"产学官金"协同创新

日本 134 个首都圈区域创新项目都是以"产学官"合作形式开展的。每一个研发方向组建一个"产学官"合作研发团队，首都圈内的企业、大学、政府部门等创新主体通过良性互动，以不同功能和优势融入研发项目中。在"第三个科学技术基本计划"中，日本又提出研发仅靠"产学官"合作是远远不够的，还需要灵活的融资制度。自 2002 年起，东京首都圈成立了产业集群扶持金融体系，其中包括 120 多家首都圈银行机构，为集群内的创新活动提供金融支持。文部科学省推出的"区域创新战略支援计划"明确提出，除了政府、企业、大学和科研院所外，将金融机构纳为创新主体，设立由"产学官金"组成的"创新促进协议会"。例如，首都圈西部智能生活技术开发区项目由首都圈产业振兴协会（产），电气通信大学、埼玉大学、芝浦工业大学、东洋大学等（学），东京市、埼玉市、相模原市（官），西武信用金库（金）共同组建而成[1]。

2. 积极推进科技中介组织建设

日本 1996 年颁布的《科学技术振兴事业团法》宣布成立科学技术振兴事业团（2013 年以后统一改为财团法人或社团法人），即在大学、国立

---

① 孙艳艳等：《日本区域创新政策的案例分析研究——以日本首都圈为例》，《科学学与科学技术管理》2016 年第 6 期。《地域イノベーション戦略支援プログラム》，日本文部科学省，2015 年 9 月 10 日。

研究机构与企业之间进行委托开发和技术交流的中介机构。为响应《科学技术振兴事业团法》，东京首都圈各区域亦设立了科技中介机构，如长野县高新技术财团、神奈川县科学技术中心等。此类财团法人或社团法人在东京首都圈区域创新体系中发挥重要的科技中介作用，具有组建研究小组或研究会、"产学官"合作、技术成果转移、扶持中小企业发展等功能。这些财团法人或社团法人将企业、金融机构、科技服务机构纳为会员，从而可以充分协调人力、物力等方面的资源配置，亦可为科技创新、成果转化提供完善的信息①。此外，此类财团法人或社团法人的会员中包含了许多中小企业。中小企业的技术创新和市场开拓可以由平台提供支撑，这就解决了中小企业难以参与高新和高风险技术研发、资金力量薄弱以及产业化水平不高的问题。中小企业的创新能力得到提升，进而提高了日本的区域创新能力。

3. 吸引国际企业设立研发机构

为进一步巩固东京亚洲总部基地和研发中心的地位，《东京都长期愿景》提出设立东京亚洲总部特区。该特区为跨国企业设立研发机构提供专项补助、活动场所以及生活便利，从而吸引跨国企业在东京布局创新网络。从具体措施来看，在提供免费咨询方面，包括：配合企业进行战略策划；给予市场调查分析方面的支持；配合寻找合作伙伴；等等。在办公场所方面，为跨国企业介绍本土区域内的办公设施，比如，介绍年租金最高能够降到半价的办公设施。在项目援助方面，为跨国企业提供商务援助，包括：为咨询企业提供相关商务信息，介绍专家（如专业的注册会计师等）；提供与业务相匹配的商务活动支持；等等。此外，亦为外资企业提供生活援助，包括提供与生活相关的各类信息，如医疗、教育、社区信息等。在税收制度方面，投资税收可以抵免设备购置价格的15%、建筑收购价格的8%，有效减少了公司应缴的税款②。

---

① 《首都圈西部ネットワーク支援活动（TAMA）》，2015年9月21日。
② 春燕：《全球创新网络节点城市建设——东京案例》，《科学管理研究》2019年第6期。

（三）首尔

1. 重视发展企业层面的创新联盟

对于首尔来说，都市圈协同创新的支点来源于三星等财阀设立的创新联盟，而非政府部门或者国立院所。20 世纪 80 年代开始，面对经济结构失衡、出口工业劳动力成本上升、国际技术引进困难等问题，韩国不得不将研发行为轨迹由政府部门转向私人部门，并出台鼓励金融担保、"产学研"集资等优惠政策①。由此，财阀或企业将技术总部纷纷设于首尔，并且逐渐增加研发内部支出，构成现有的首都圈创新体系。以三星为例，其创新联盟总部位于首尔，通过各分支机构整合首都圈的科技资源。作为知识沟通、资本流动、人才培养的重要平台，三星创新联盟将海内外科研院所和大学、政府部门、分支企业串联为嵌套型技术生态网络。政府部门提供政策扶持、进行知识产权保护、实施科研立项；海内外科研院所和大学为创新联盟提供专利支持并进行产业化；分支企业进行市场开拓。各方积极合作，遵循"科技成果非专属性转让、公开研究内容、承认研发人员与成果绑定转移"等原则。此外，大量熟悉法务、研发等科技产业化程序的复合型人才得以培养②。

2. 实行公民共治的社会创新模式

2013 年，首尔市政府认识到公民参与治理的重要性和实践意义，开始倡导社会开放治理，推行公民参与社会建设和创新治理。具体措施包括以下几个方面。一是提供电子政务平台。通过电子政务平台，首尔市民可以直接参与城市规划、创建、实施和评估的各个阶段，共同努力提高城市发展的水平和质量。二是举办政策研讨会。通过举办政策研讨会，进一步提升公民共治水平，汇聚公民智慧，发挥社会创新优势，推动城市更快更好发展。三是

① 范硕等：《创新体系的"韩国模式"：URIs 与集群的作用》，《科学学与科学技术管理》2011 年第 9 期。
② 郭斌：《京津冀都市圈科技协同创新的机制设计——基于日韩经验的借鉴》，《科学学与科学技术管理》2016 年第 9 期。

设立首尔创新局。作为市级主管创新的政府机构，首尔创新局主要负责构建和维护电子政务平台，同时保证公民意见对公共政策制定和实施的影响效力。四是公开信息以形成透明、双向交流的环境。"开放"（包括信息开放、政策制定过程透明等）和"倾听"是政府推动社会创新的要务。一方面，开放数据，保证信息有效传达，使政务公开透明化。另一方面，市政府支持公民通过政府宣传渠道发表观点和意见，保证双向交流①。首尔的社会创新围绕首尔市民的社会问题展开。首尔建立了"1000万人的想象"平台，成立了首尔社会创新实验室等机构，并提供了资金和政策支持。因此，首尔的社会创新活动释放出了巨大的能量②。

3. 注重以应用引领科技服务业发展

韩国作为亚洲地区网络覆盖率最高的国家，早在 20 世纪初期，就把发展以宽带为代表的信息技术提升为国家战略。在全球的智能化升级浪潮中，韩国首尔在智慧城市、工业智能等方面走在了世界前列，通过建设智能化的新场景，推动了移动通信、信息家电、数字内容的发展，引领了新一代信息技术产业的迭代升级。2011 年 6 月，韩国以首都首尔为试点，发布"智慧首尔 2015"计划。该计划在加强 ICT 基础设施建设，扩大智慧设备的使用范围，实现智慧能源管理，绘制社区地图，扶持安全保护企业，培养应用软件高级专门人才，打造"首尔开放数据广场"，建设"一次性综合窗口"，构建民、官电子文件绿色沟通体系，确立"世界城市电子政府组织"（WeGO）准国际机构地位，增加电子政府网络体验和海外访问团等领域提出了一系列措施。智慧城市建设以满足市民需求为导向，深化了信息化在城市管理中的应用，促进了信息技术和公共服务产业的进步和发展③。

---

① 陈强等：《全球科技创新中心：演化路径、典型模式与经验启示》，《经济体制改革》2020年第 3 期。

② 于志宏：《构建社会创新生态圈——2014 芯世界社会创新韩国首尔之旅随笔》，《WTO 经济导刊》2014 年第 11 期。

③ 王丽颖等：《智慧城市·智慧生活——解读韩国智慧城市建设》，《智能建筑与智慧城市》2016 年第 2 期。廖瑾：《来自"智慧首尔 2015"的启示》，《上海信息化》2012 年第 1 期。

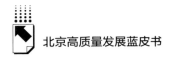

四　主要结论及经验启示

（一）主要结论

本报告从产业规模、生产效率、盈利能力、研发投入和研发产出5个维度构建了指标体系，并基于此对北京、新加坡、东京、首尔4个国际首都城市科技服务业的发展情况进行了测度和评价。研究发现，与其他首都城市相比，北京科技服务业的发展具有如下特征。

1. 产业规模优势相对明显

北京科技服务业总体的增加值比重略低于首尔，但高于新加坡和东京，且年均增长速度为其中最高。信息通信业的增加值比重于2018年反超首尔，北京成为研究对象中行业规模最大的首都城市。专业、科学和技术活动行业的增加值比重虽略低于首尔，但增速持续加快，行业规模增长后劲较足。

2. 生产效率与其他首都有一定差距

北京科技服务业总体，信息通信业，专业、科学和技术活动行业的劳动生产率低于新加坡、东京和首尔。这表明相比其他首都，北京科技服务业生产效率的增长空间较大。从增长速度来看，北京信息通信业的增速整体上超过其他首都，表明该子行业的生产效率近年来增长较快。而专业、科学和技术活动行业劳动生产率的增长速度相对较慢，表明该子行业提升生产效率的进展较慢。

3. 盈利能力相比其他首都较弱

与新加坡和东京相比，北京科技服务业总体，专业、科学和技术活动行业的行业利润率处于下游，但是其提升的速度处于上游。对于信息通信业而言，3个城市的行业利润率都呈现下降的总体趋势，相较而言，整体上北京的行业利润率高于东京、低于新加坡，下降速度为其中最慢。

4. 研发投入力度大于其他首都

北京在人力资源上的优势相对明显，研发人员比重的年平均值为新加坡和首尔的 1.5 倍，且研发人员规模的增长速度远快于新加坡，但略低于首尔。在资金投入上，北京的研发投入强度亦高于新加坡和首尔，高出首尔的数值较小，高出新加坡的数值较大。此外，北京研发投入强度的增长速度快于其他城市的增长速度。总体来看，北京近年来较为重视研发投入。

5. 研发产出成果相对其他首都较多

北京的专利申请数和专利授权数均远多于新加坡，专利申请数亦多于首尔。从增长速度来看，北京专利申请数的年均增长率分别为新加坡和首尔的 2 倍和 12 倍，专利授权数的年均增长率略低于新加坡。这表明北京科研成果的转化能力相对较高，但成果转化质量的提高速度略慢。

（二）经验启示

国际首都科技服务业发展现状的评价结果，以及其他首都科技服务业的发展经验对北京科技服务业的发展具有如下启示。

1. 加大"高精尖"人才的培育和引进力度

本报告的研究结果表明，北京的劳动生产率与其他首都相比有一定差距，这说明科技服务业的人力资源水平还有待提高。从研发人员比重来看，北京的研发人员规模已经大于其他首都。因此，今后应当着重加大"高精尖"人才的培育和引进力度，进一步提高科技服务业人力资源的水平和质量。在具体措施方面，可以学习新加坡的做法，一方面要通过吸引国外机构到北京办学，支持北京新型研发机构和科技服务机构与国外知名大学合作，培育具有活跃创新思维的复合型人才；另一方面要加快对国外相关产业技术领军人才的引进步伐，引进高层次研究员、工程师和架构师等技术人才。实施更加便利的外籍高层次人才出入境政策，为外籍高层次人才办理居留许可、申请永久居留提供便利。探索建立外籍高层次人才技术入股试点，推动其创新活动收入合法化、汇出便利化。探索建立外籍高层次人才股权投资市场协议机制试点，推进外籍高层次人才和核心团队创新活动合法收益汇出便利化。对高层次人才、急需紧缺人才和产业人才，优化职称评审机制，以不断提升外籍科研人员的比例。

2. 提升科技服务的商业化水平

本报告研究结果显示，北京科技服务业的盈利能力相对其他首都较弱，这一定程度上表明其对科技成果的商业应用和营销水平较低。因此，应当积极推进科技创新与商业化的融合发展，释放数字产业化新动能，升级创新链、延伸产业链、融通供应链。结合新加坡等国际首都的发展经验，在该方面支持企业主动承接和转化北京科研院所、医疗卫生机构的优质科技成果；大力推动投融资服务发展，加强与天使投资、政府引导基金合作，完善以投资和金融机构为主、社会民间资本参与的知识产权投融资服务体系，鼓励社会资本开展技术采购、推广应用等业务，促进知识产权成果在京转化；支持"双发动机"产业率先发展，对于区块链、人工智能等底层关键技术要大力发展，支撑壮大特色产业集群；加快提升知识产权服务机构的专业化运营能力，着力建设高层次技术交易市场，推进国家知识产权交易机构建设，提高技术要素的市场化配置流动能力。

3. 提高研发服务业的发展质量

从研发产出的国际比较结果来看，北京专利申请和授权数虽相对较多，但授权数的增长率相对较低，表明科技成果高质量转化略显疲软。因此，要突破研发服务业的发展瓶颈，提高其发展质量。借鉴国际首都科技服务业的发展经验，北京应注重以人为中心，从人类生产、生活需求等方面来引领科技服务业的发展，提高专利授权的数量和质量。另外，可以通过培育和扶持一批研发型企业来提高研发服务业的发展质量。具体措施如下：一是支持高等学校、科研院所与企业共建"产学研"产业联盟，鼓励国有民营企业组建以科技龙头企业为主导、高校和科研院所为依托的创新联合体；二是为跨国企业提供专项补助、活动场所和生活便利，吸引跨国企业在北京设立研发机构；三是通过提供技术支持、进行服务指导、降低服务费用等一系列措施来扶持中小企业的科技创新活动，提高中小企业的创新能力。

附　　录

Appendices

B.11
北京高质量发展相关政策文件

名称	发文机构	时间	涉及内容
《关于"十四五"时期深化推进"疏解整治促提升"专项行动的实施意见》	北京市人民政府	2021年1月20日	一般性产业疏解提质,促进产业更高质量发展;公共服务功能疏解提升;违法建设治理与腾退土地利用;桥下空间、施工围挡及街区环境秩序治理;棚户区改造、重点项目征拆收尾、商品房项目配建公共服务设施移交;中心城区疏解提质;重点区域环境提升
《政府工作报告》	北京市人民政府	2021年1月23日	强化创新核心地位,加快建设国际科技创新中心;高标准推进"两区"建设,推动改革开放取得新进展;大力发展数字经济,构筑高质量发展新优势;坚定有序疏解非首都功能,提升京津冀协同发展水平;深入落实城市总体规划,切实提高城市精细化管理水平;进一步坚定文化自信,做好首都文化这篇大文章;持续改善生活品质,让人民群众更好共享发展成果

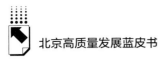
续表

名称	发文机构	时间	涉及内容
《北京市促进总部企业高质量发展的相关规定》	北京市人民政府	2021年2月5日	全力推进国家服务业扩大开放综合示范区和中国(北京)自由贸易试验区(即"两区")建设,推动首都经济高质量发展;充分利用"两区"政策,支持总部企业在中国(北京)自由贸易试验区内围绕全球贸易、数字经济等领域开展先行先试;支持高精尖产业发展,利用本市高精尖产业政策,对总部企业产业升级和发展新模式、新业态予以支持,鼓励创建市级产业创新中心、产业设计中心和企业技术中心
《2021年市政府工作报告重点任务清单》	北京市人民政府	2021年2月9日	强化创新核心地位,加快建设国际科技创新中心;高标准推进"两区"建设,推动改革开放取得新进展;大力发展数字经济,构筑高质量发展新优势;坚定有序疏解非首都功能,提升京津冀协同发展水平;深入落实城市总体规划,切实提高城市精细化管理水平;全面推进乡村振兴,加快农业农村现代化;进一步坚定文化自信,做好首都文化这篇大文章;持续改善生活品质,让人民群众更好共享发展成果;牢牢守住安全发展底线,确保首都和谐稳定;持之以恒加强政府自身建设,全面提升政府服务能力和水平
《北京市关于构建现代环境治理体系的实施方案》	中共北京市委办公厅 北京市人民政府办公厅	2021年3月10日	深入贯彻习近平生态文明思想和习近平总书记对北京重要讲话精神,认真落实中央决策部署,坚持新发展理念,落实高质量发展要求,以改善环境质量为核心,以改革为动力,以法治为保障,着力构建党委领导、政府主导、企业主体、社会组织和公众共同参与的现代环境治理体系,为实施绿色北京战略、建设国际一流的和谐宜居之都提供坚实的制度保障
《推动城市南部地区高质量发展行动计划(2021—2025年)》	中共北京市委 北京市人民政府	2021年7月15日	高水平建设大兴国际机场临空经济区,高标准编制、高水平实施南中轴地区规划,建成南苑森林湿地公园,打造大尺度绿色生态空间,强化战略留白。打造南部科技创新成果转化带,推动西山永定河文化带(南段)高端发展,打造高品质国际化的丽泽金融商务区,建设产学研用深度融合的良乡大学城。巩固南苑-大红门地区等疏解整治成效,推进不符合首都功能定位的一般性产业动态调整退出。有序实施西红门、

名称	发文机构	时间	涉及内容
《推动城市南部地区高质量发展行动计划（2021—2025年)》	中共北京市委 北京市人民政府	2021年7月15日	东铁营等棚户区改造,改善市民居住环境。打造西红门荟聚、花乡奥莱、龙湖熙悦天街等商圈,探索培育集购物、休闲、文化、娱乐等功能于一体的京南消费中心。建立城南发展区际联席会议机制,加强城南各区合作,持续加强南北合作
《北京市"十四五"时期知识产权发展规划》	北京市知识产权局	2021年7月24日	深入推进高质量发展,培育高质量知识产权,提升企业知识产权能力,推进知识产权运营服务体系建设,完善知识产权价值实现机制,鼓励金融产品服务创新;深化支撑现代化经济体系构建,推动知识产权与产业深度融合,加快发展版权产业,推动知识产权服务业国际化发展,培育特色产业,支持中关村知识产权先行先试;加快推动高水平开放发展,提升创新主体国际竞争力,完善企业涉外知识产权风险防控体系,高水平推进知识产权国际交流合作,促进国际合作产业园知识产权发展
《北京市"十四五"时期高精尖产业发展规划》	北京市人民政府	2021年8月11日	以首都发展为统领,以推动高质量发展为主题,推动产业"换核、强芯、赋智、融合",加快产业基础再造提升、产业链条优化升级、智能绿色全面覆盖、制造服务深度融合、区域发展开放联动"五个突破",推进动力转换、效率提升、结构优化"三大变革",实现高精尖产业质量、能量、体量"三量提升",打造一批具有全球竞争力的万亿级产业集群和领军企业,巩固壮大实体经济根基,支撑构建具有首都特色、高端创新引领的现代产业体系,为更好建设制造强国、质量强国、网络强国和数字中国做出北京贡献
《北京市"十四五"时期优化营商环境规划》	北京市人民政府	2021年8月20日	立足首都城市战略定位,以助力国际科技创新中心建设、"两区"建设、京津冀协同发展、全球数字经济标杆城市建设、国际消费中心城市建设为重点,持续打响营商环境"北京效率""北京服务""北京标准""北京诚信"四大引领品牌,深入实施市场环境、法治环境、投资贸易环境、政务服务环境、人文环境五大领跑行动,着力营造公平竞争、便捷高效、开放包容的国际一流营商环境,为实现首都高质量发展提供强有力支撑

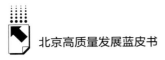

续表

名称	发文机构	时间	涉及内容
《国务院关于支持北京城市副中心高质量发展的意见》	国务院	2021年8月21日	围绕创造"城市副中心质量",坚持创新引领,提高治理水平,推动绿色发展,深化改革开放,提升和谐宜居品质,有序承接北京非首都功能疏解,努力推动实现更高质量、更有效率、更加公平、更可持续、更为安全的发展,引领带动周边地区一体化发展,打造京津冀协同发展的高质量样板和国家绿色发展示范区,为建设和谐、宜居、美丽的大国首都做出贡献
《北京市"十四五"时期药品安全及高质量发展规划》	北京市药品监督管理局	2021年8月31日	建立科学高效的管理体系,建立分工明确的责任体系,建立京津冀一体化协作体系。完善药品安全制度规范,完善药品安全相关标准,促进地方检查执法衔接。对标国际一流的药品检验检测技术,优化配套设施,进一步提升检验检测能力,实现北京市药品检验研究院检测能力覆盖北京在产的主要生物制品品种。推动医药健康产业创新发展,整合"政产学研用金"六位一体的大健康产业体系,与高等院校、科研院所、企业、临床试验机构等形成源头协同创新的技术创新链
《北京市关于促进数字贸易高质量发展的若干措施》	北京市商务局	2021年9月28日	培育一批具有全球数字技术影响力、数字资源配置力和数字规则话语权的数字贸易龙头企业;基本建成与国际高标准经贸规则相衔接的数字贸易发展体系,打造具有国内示范作用和全球辐射效应的数字贸易示范区;搭建数字贸易服务平台;探索推动跨境数据流动;夯实数字贸易产业基础;提升数字贸易便利度;加大数字贸易企业支持力度;完善数字贸易保障体系
《北京市推进"一带一路"高质量发展行动计划（2021—2025年)》	北京市发展和改革委员会	2021年10月25日	高质量完成"一带一路"国际合作高峰论坛等主场外交活动的服务保障任务,积极展示北京"一带一路"建设和高水平对外开放新成效。将共建"一带一路"作为友好城市交流合作的重要内容,加强政策沟通、贸易畅通和民心相通等方面务实合作。加强共建"一带一路"与京津冀协同发展相衔接,建立三地共建"一带一路"协同工作机制,推动规划对接、政策沟通、信息共享。落实国家推动建设"一带一路"联合实验室工作部署,共同研究解决重大科技难题。借助国际科技园区协会(IASP)等国际组

续表

名称	发文机构	时间	涉及内容
《北京市推进"一带一路"高质量发展行动计划（2021—2025年)》	北京市发展和改革委员会	2021年10月25日	织平台,深化与共建国家科技园区合作。推动创新成果的批量转化,形成"海外孵化、北京落地"和"北京研发、海外转化"的国际创新双循环格局
《国务院关于"十四五"对外贸易高质量发展规划的批复》	国务院	2021年11月2日	以深化供给侧结构性改革为主线,以推进贸易高质量发展为主题,以贸易创新发展为动力,统筹贸易发展和安全,推动高水平对外开放,加快培育参与国际经济合作和竞争新优势,开创开放合作、包容普惠、共享共赢的国际贸易新局面,推动国内国际双循环互促共进,为开启全面建设社会主义现代化国家新征程和推动构建人类命运共同体做出新贡献
《北京市"十四五"时期国际科技创新中心建设规划》	中共北京市委北京市人民政府	2021年11月3日	深入落实创新驱动发展战略、京津冀协同发展战略和科技北京战略,以推动首都高质量发展为主线,以科技创新和体制机制创新为动力,以"三城一区"为主平台,以中关村国家自主创新示范区为主阵地,着力打好关键核心技术攻坚战,培育高精尖产业新动能,着力强化战略科技力量,提升基础研究和原始创新能力,着力构建开放创新生态,建设全球人才高地,着力提升科技治理能力和治理水平,推动支持全面创新的基础制度建设,率先建成国际科技创新中心
《北京市人民政府关于支持综合保税区高质量发展的实施意见》	北京市人民政府	2021年11月6日	鼓励集成电路、大健康、供应链管理等领域企业在综合保税区实现绿色低碳发展。加强对全市综合保税区建设发展的统筹谋划,支持综合保税区结合自身实际发展特色细分产业,形成优势互补、错位发展的格局。进一步拓展跨境电商、融资租赁等业态发展,支持贸易便利化措施优先在综合保税区试点。鼓励在综合保税区开展保税研发、检测维修等服务。发挥北京天竺综合保税区、北京大兴国际机场综合保税区与机场紧密结合的优势,支持建设国际供应链管理中心。支持有条件的综合保税区探索与自由贸易试验区相融合的新经济、新业态、新模式、新技术落地发展

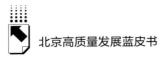

续表

名称	发文机构	时间	涉及内容
《北京市"十四五"时期生态环境保护规划》	北京市人民政府	2021年11月28日	立足首都城市战略定位,大力实施绿色北京战略,以首都发展为统领,以满足人民日益增长的优美生态环境需要为根本目的,以生态环境质量改善为核心,以创新绿色低碳为动力,深入打好污染防治攻坚战,全面加强生态环境保护与建设,有效防范生态环境风险,深化区域协同治理,着力构建特大型城市生态环境现代化治理体系,为率先基本实现社会主义现代化奠定坚实的生态环境基础
《北京市关于促进"专精特新"中小企业高质量发展的若干措施》	北京市经济和信息化局	2021年12月22日	支持企业积极申报颠覆性技术和前沿技术的研发及成果转化项目。鼓励保险公司加强产品创新,为重大技术创新产品的首制首购首用,提供产业链上下游配套保险服务(北京银保监局,市经济和信息化局)。推动高质量场景建设和智算平台算力开放。加大市、区政府固定资产投资对非营利性基础技术研发、验证底层平台和环境基础设施建设的支持力度。支持企业数字化智能化绿色化转型,加快"专精特新"集聚发展,完善重点产业链配套。完善企业债权融资体系,加大股权融资支持力度。支持企业挂牌上市,推动上市企业高质量发展。增强企业海外市场竞争力,加速知识产权全球布局,提升品牌影响力。提供"服务包"定制服务,增强社会化专业服务,加强人才智力支持
《北京教育信息化"十四五"规划》	北京市教育委员会	2022年2月28日	加快新型基础设施建设,提升云网承载能力,建设覆盖全市、多级联动的教育大数据平台,推进各级各类教育信息系统深度整合,实现教育公共管理平台智能升级。加快学校基础网络、数字资源、信息系统和科学性软件工具的普及应用,提高学校教育教学创新能力。优化"空中课堂",实现高质量课程资源全天候供给。鼓励校企联合开发虚拟仿真、技能实训等数字教学资源,打造一批符合产业发展需要和具有产教融合特色的创新性、应用性、共享性课程。利用大数据、人工智能等现代信息技术,创新评价工具,提高政府、学校、学生、教师、用人等评价的科学性和规范性

续表

名称	发文机构	时间	涉及内容
《促进首店首发经济高质量发展若干措施》	北京市商务局	2022年3月10日	各区出台鼓励首店发展的支持配套措施,建立品牌亚洲首店、中国(内地)首店、北京首店、旗舰店、创新概念店服务绿色通道,帮助品牌解决落地经营的难点问题。提升时尚消费品牌新品通关速度,建立服装类新品第三方采信制度。发布鼓励首店首发项目征集指南,指导企业做好项目咨询和申报,对符合支持条件的项目给予资金支持。支持品牌首店落地发展。开展北京首发节活动,推介新入驻北京的品牌首店、旗舰店、创新概念店。支持商业品牌总部发展

B.12
北京高质量发展指数指标解释
及资料来源

一 北京经济高质量发展指数指标解释及资料来源

（一）经济增长

1. 第一产业增加值（2005年不变价）

根据中国 2017 年修订版《国民经济行业分类》标准，第一产业指的是农、林、牧、渔业。第一产业增加值指的是在一定时期内单位产值的增加值。采用的是 2005 年不变价，以不变价计算的增长速度剔除了价格变动因素，使其更具可比性。具体计算公式如下：

$$第一产业增加值=\frac{上年第一产业增加值×第一产业增加值指数（上年=100）}{100}$$

例如：

$$2006 年第一产业增加值 = \frac{2005 年第一产业增加值 × 第一产业增加值指数}{100}$$

资料来源：《中国统计年鉴》。

2. 第二产业增加值（2005年不变价）

根据中国 2017 年修订版《国民经济行业分类》标准，第二产业指的是采矿业、制造业和电力、热力、燃气及水生产和供应业以及建筑业。第二产业增加值指的是在一定时期内单位产值的增加值。采用的也是 2005 年不变价，以不变价计算的增长速度剔除了价格变动因素。具体计算公式如下：

$$第二产业增加值 = \frac{上年第二产业增加值 \times 第二产业增加值指数（上年 = 100）}{100}$$

例如：

$$2006\text{年第二产业增加值} = \frac{2005\text{年第二产业增加值} \times 第二产业增加值指数}{100}$$

资料来源：《中国统计年鉴》。

3. 第三产业增加值（2005年不变价）

根据中国 2017 年修订版《国民经济行业分类》标准，第三产业指的是服务业，是除第一产业和第二产业以外的其他行业。第三产业增加值指的是在一定时期内单位产值的增加值。采用的也是 2005 年不变价，以不变价计算的增长速度剔除了价格变动因素。具体计算公式如下：

$$第三产业增加值 = \frac{上年第三产业增加值 \times 第三产业增加值指数（上年 = 100）}{100}$$

例如：

$$2006\text{年第三产业增加值} = \frac{2005\text{年第三产业增加值} \times 第三产业增加值指数}{100}$$

资料来源：《中国统计年鉴》。

4. 最终消费支出（2005年不变价）

最终消费支出是居民消费支出和政府消费支出的总和，是支出法国内生产总值的主要组成部分。所用指标亦以 2005 年不变价计算。具体计算公式如下：

$$最终消费支出 = \frac{最终消费支出（当年价） \times GDP（2005\text{年不变价}）}{GDP（当年价）}$$

其中：最终消费支出 = 居民消费支出 + 政府消费支出。

资料来源：《中国统计年鉴》、EPS。

5. 资本形成总额（2005年不变价）

资本形成总额包括固定资本形成总额和存货变动，是支出法国内生产总值的主要组成部分。所用指标亦以 2005 年不变价计算。具体计算公式如下：

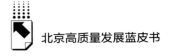

$$资本形成总额 = \frac{资本形成总额(当年价) \times GDP(2005年不变价)}{GDP(当年价)}$$

其中：资本形成总额＝固定资本形成总额＋存货变动。

资料来源：《中国统计年鉴》、EPS。

6. 货物和服务净出口（2005年不变价）

货物和服务净出口是指货物和服务出口与货物和服务进口的差额，货物的出口和进口都按离岸价格计算。所用指标亦以2005年不变价计算。具体计算公式如下：

$$货物和服务净出口 = \frac{货物和服务净出口(当年价) \times GDP(2005年不变价)}{GDP(当年价)}$$

其中：货物和服务净出口＝货物和服务出口－货物和服务进口。

资料来源：《中国统计年鉴》、EPS。

（二）结构优化

1. 高端制造业销售产值占工业销售产值比重

高端制造业具备高技术、高附加值、低污染、低排放等显著特征，具有明显的竞争优势。综合新经济、高技术产业、信息产业特征，在2位码下遴选出高端制造业的7个行业：化学原料及化学制品制造业，医药制造业，通用设备制造业，专用设备制造业，（交通运输）铁路、船舶、航空航天和其他运输设备制造业，计算机、通信和其他电子设备制造业，仪器仪表制造业。具体计算公式如下：

$$高端制造业销售产值占工业销售产值比重 = \frac{高端制造业销售产值}{工业销售产值} \times 100\%$$

其中：高端制造业销售产值＝化学原料及化学制品制造业＋医药制造业＋通用设备制造业＋专用设备制造业＋（交通运输）铁路、船舶、航空航天和其他运输设备制造业＋计算机、通信和其他电子设备制造业＋仪器仪表制造业7个行业的销售产值。

资料来源：国研网。

2. 房地产占 GDP 比重

相关研究表明，降低地方经济增长对于房地产投资的依赖度是产业结构升级优化的表现之一，因此采用房地产占 GDP 的比重来衡量地区结构优化程度，而采用房地产增加值更能凸显其增长速度。具体计算公式如下：

$$房地产占 GDP 比重 = \frac{房地产增加值}{GDP} \times 100\%$$

资料来源：《中国统计年鉴》、EPS。

3. 第三产业占 GDP 比重

三次产业占 GDP 比重的大小，能充分体现一个地区的经济发展历程和通过政策引导产业结构调整前后所发生的变化，是宏观衡量一个地区产业结构分布的最重要指标。世界发达地区的第三产业占 GDP 比重达到70%以上。由此采用第三产业占 GDP 比重来衡量地区的产业结构优化度。具体计算公式如下：

$$第三产业占 GDP 比重 = \frac{第三产业增加值}{GDP} \times 100\%$$

资料来源：《中国统计年鉴》、EPS。

4. 第三产业与第二产业之比

第三产业占 GDP 比重高于第二产业占 GDP 比重，是经济结构调整和转型升级的重大变化，由原来的工业主导型经济向服务业主导型经济转变。由此采用第三产业与第二产业之比来表征其转型升级的程度。具体计算公式如下：

$$第三产业与第二产业之比 = \frac{第三产业占 GDP 比重}{第二产业占 GDP 比重}$$

资料来源：《中国统计年鉴》、EPS。

5. 投资与消费之比

投资、消费是拉动经济增长"三驾马车"的关键组成部分。相关研究表明，相对较高的投资率对我国经济增长具有重要意义，投资率揭示了资本供给与产出需求之间的内在关系，因为资本供给与产出需求的静态结构及动态

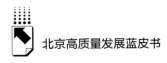

变化反映了投资与消费的比例。如果出现持续高涨的高投资消费比例，即投资占 GDP 之比越来越高，而消费占 GDP 的比重持续下降，则经济再平衡或者经济发展方式转变的关键之一在于刺激消费。具体计算公式如下：

$$投资与消费之比 = \frac{固定资产投资额占 GDP 比重}{社会消费品零售总额占 GDP 比重}$$

资料来源：《中国统计年鉴》、EPS。

（三）效率提升①

1. 第一产业劳动生产率

劳动生产率是社会生产力发展水平的体现，该指标的提升是经济高质量发展的特征之一。第一产业劳动生产率已被广泛应用于农业发展水平评价中。具体计算公式如下：

$$第一产业劳动生产率 = \frac{第一产业增加值（2005 年不变价）}{城镇第一产业从业人员}$$

资料来源：《中国统计年鉴》、EPS。

2. 第二产业劳动生产率

第二产业劳动生产率是表征工业发展质量的重要指标之一，该劳动生产率的提升也是弘扬创新发展理念、推动经济高质量发展的重要体现。具体计算公式如下：

$$第二产业劳动生产率 = \frac{第二产业增加值（2005 年不变价）}{城镇第二产业从业人员}$$

资料来源：《中国统计年鉴》、EPS。

3. 第三产业劳动生产率

现阶段，我国第三产业正处于快速发展期，其涵盖了文化、教育、医疗、金融、科研等众多领域。发达国家的第三产业占比达到 70% 以上，相

---

① 本部分由于缺少农村三次产业的从业人员数据，故采用城镇三次产业从业人员数代替城乡三次产业从业人员总数（数据经过标准化处理）。

关研究发现，目前第三产业劳动生产率是效率提升的重要拉动力。具体计算公式如下：

$$第三产业劳动生产率 = \frac{第三产业增加值（2005年不变价）}{城镇第三产业从业人员}$$

资料来源：《中国统计年鉴》、EPS。

4. 全员劳动生产率

全员劳动生产率是考核地区城市经济活动的重要指标，是该地区生产技术水平、经营管理水平、职工技术熟练程度和劳动积极性的综合表现。具体计算公式如下：

$$全员劳动生产率 = \frac{GDP（2005年不变价）}{城镇从业人员}$$

资料来源：《中国统计年鉴》、EPS。

5. 固定资产投资占 GDP 比重

固定资产投资占 GDP 比重又称固定资产投资率，反映了固定资产投资对经济增长的贡献程度。具体计算公式如下：

$$固定资产投资占 GDP 比重 = \frac{固定资产投资额}{GDP} \times 100\%$$

资料来源：《中国统计年鉴》、EPS。

6. 利润—税费比率

利润—税费比率又称成本费用利润率，表征企业对社会的贡献程度和企业的盈利水平。一般来说，企业的成本费用越低，盈利水平越高；反之，企业的成本费用越高，盈利水平越低。具体计算公式如下：

$$利润—税费比率 = \frac{利润总额}{成本费用总额} \times 100\%$$

其中：成本费用总额＝营业成本＋营业税金及附加＋销售费用＋管理费用＋财务费用。

资料来源：《中国统计年鉴》、EPS。

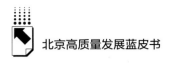

7. 企业资金利润率

企业资金利润率是表征投资者投入企业资本金的获利能力的指标。一般来说，其越高，表明企业资金的盈利能力越强；反之，则表明企业资金的盈利能力越弱。具体计算公式如下：

$$企业资金利润率 = \frac{利润总额}{总资产} \times 100\%$$

资料来源：《中国统计年鉴》、EPS。

8. 资产负债率

资产负债率是表征公司负债水平及风险程度的综合指标，也是衡量公司利用债权人资金进行经营活动能力的指标。其越低，表明公司的偿债能力越强。具体计算公式如下：

$$资产负债率 = \frac{负债总额}{总资产} \times 100\%$$

资料来源：《中国统计年鉴》、EPS。

（四）创新驱动

1. 地方财政科学事业费支出

科学事业发展的规模和速度与财政向科学事业提供的经费息息相关。本报告中，该指标所用数据来源于一般预算支出中的科学技术支出。

资料来源：《中国统计年鉴》、EPS。

2. R&D 投入占 GDP 比重

罗默的内生经济增长模型显示，知识和技术的研发可产生科技创新，从而产生知识溢出效应，推动生产前沿面前移，从而带动全要素生产率的提升，拉动经济增长。本报告将该指标用于表征全社会用于基础研究、应用研究和试验发展的经费支出占 GDP 比重。R&D 投入占 GDP 比重被视为衡量科技投入水平的重要指标。具体计算公式如下：

$$R\&D\,投入占\,GDP\,比重 = \frac{R\&D\,经费内部支出}{GDP} \times 100\%$$

资料来源:《中国统计年鉴》、EPS。

3. 基础研究占 R&D 投入比重

基础研究常常反映着知识的原始创新能力。加强基础研究是提高我国原始创新能力、积累智力资本的重要途径,是我国跻身世界科技强国的必要条件,是我国建设创新型国家的根本动力和源泉。2019 年,我国基础研究占 R&D 投入比重首次突破 6%。今后,我国的基础研究经费仍将快速增长。具体计算公式如下:

$$基础研究占 R\&D 投入比重 = \frac{基础研究支出}{R\&D 投入} \times 100\%$$

资料来源:《中国统计年鉴》、EPS、《全国科技经费投入统计公报》。

4. 技术市场成交额

技术市场成交额是表征技术市场发展速度的重要指标。2019 年,我国技术市场成交额首次突破 2 万亿元,创历史新高。本报告中,该指标所用数据来源于分地区技术市场成交额。

资料来源:《中国统计年鉴》、EPS。

5. 每10万人发明专利授权数

该指标是衡量区域科研产出质量和市场应用水平的综合指标,并已成为国民经济和社会发展综合考核指标体系的重要组成部分。具体计算公式如下:

$$每 10 万人发明专利授权数 = \frac{发明专利授权数}{常住人口} \times 100000$$

资料来源:《中国统计年鉴》、中经网。

二 北京环境高质量发展指数指标解释及资料来源

(一)环境质量

1. 全年优良天数比例

该指标来源于《"十二五"城市环境综合整治定量考核指标及其实施细

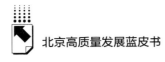

则》，可用来表征研究对象的大气环境质量。选用 API 指标进行空气质量表征，能够综合、直观地表征城市的整体空气质量状况和变化趋势。API 划分为 6 档，对应空气质量的 6 个级别。API≤100 对应的空气质量级别为优良。具体计算公式如下：

$$全年优良天数比例 = \frac{API \leq 100\ 的天数}{全年天数} \times 100\%$$

资料来源：《中国统计年鉴》、EPS、《中国环境统计年鉴》。

2. 建成区绿化覆盖率

该指标来源于《"十二五"城市环境综合整治定量考核指标及其实施细则》，可用于表征研究对象区域内的绿化水平。具体计算公式如下：

$$建成区绿化覆盖率 = \frac{建成区内绿化覆盖面积}{建成区总面积} \times 100\%$$

资料来源：《中国统计年鉴》、EPS、《中国环境统计年鉴》。

3. 受保护地占国土面积比例

该指标来源于《国家生态文明建设试点示范区指标（试行）》，可用于表征研究对象区域内受保护区域的面积占比。具体计算公式如下：

$$受保护地占国土面积比例 = \frac{自然保护区面积}{区域总面积} \times 100\%$$

资料来源：《中国统计年鉴》、EPS、《中国环境统计年鉴》。

4. 土地利用

该指标来源于环境安全界限理论，表征人类对土地进行利用的合理程度。依照环境安全界限理论，选用耕地面积占区域总面积的比重作为土地利用安全界限的表征。具体计算公式如下：

$$土地利用 = \frac{耕地面积}{区域总面积} \times 100\%$$

资料来源：《中国统计年鉴》、EPS。

5. 淡水压力

该指标来源于环境安全界限理论，表征区域内淡水资源的丰富程度。根据环境安全界限理论，淡水资源的表征方式为全球人类水消耗（亿米³/年），并认为全球人类水消耗的安全范畴是小于每年 4 万亿立方米。

由于中国各省（区、市）具有人口分布不均的特点，使用总消耗量对省域淡水资源使用情况进行衡量难以反映现实问题。因而，根据 IAEG-SDGs 发布的可持续发展进程指标体系提出的有关淡水的指标，定义淡水压力为淡水资源指标情况的表征。具体计算公式如下：

$$淡水压力 = \frac{用水总量}{水资源总量} \times 100\%$$

资料来源：《中国统计年鉴》、EPS。

（二）污染减排指标

污染减排指标主要由排放强度指标、环境建设指标和绿色生活指标三大类构成。从机理上看，排放强度指标直接表征人类活动（驱动力）对生态环境造成的压力；环境建设指标体现研究对象区域为控制污染排放所进行的努力；绿色生活指标体现研究对象区域控制污染排放所取得的成效。

1. CO_2 排放强度

该指标来源于环境安全界限理论中的气候变化。环境安全界限理论中选用"大气中的 CO_2 的浓度"（百万分率）或"辐射强迫"（瓦/米²）作为气候变化安全界限的表征。考虑到大气流动的动态开放特性，及浓度数据在省级层面极弱的可获得性，最终选择与《国家生态文明建设试点示范区指标（试行）》相结合，使用 CO_2 排放强度作为表征数据。具体计算公式如下：

$$CO_2 排放强度 = \frac{当年CO_2排放总量}{GDP（2005 年不变价）}$$

资料来源：《中国统计年鉴》、EPS、《中国环境统计年鉴》。

2. SO_2 排放强度

该指标来源于《国家生态文明建设试点示范区指标（试行）》。SO_2 是常见的大气污染物，是酸沉降（包括酸雨、酸雪、酸雾等湿沉降及以气态

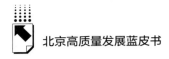

物质、颗粒物等形式产生的干沉降）形成的重要前驱物。1995 年，我国修订的《大气法》首次增加了控制酸雨的条文，开启了对 SO_2 污染进行控制的阶段。进入"十二五"时期后，中国 SO_2 减排进入全面攻坚阶段，对污染源的排放监管和减排评估成为环境管理层面的迫切需求。由此，使用 SO_2 排放强度作为表征数据以衡量大气污染防治中的 SO_2 减排成效。具体计算公式如下：

$$SO_2 \text{排放强度} = \frac{\text{当年 } SO_2 \text{排放总量}}{GdP（2005 \text{ 年不变价}）}$$

资料来源：《中国统计年鉴》、EPS、《中国环境统计年鉴》。

3. COD 排放强度

该指标的设置参考了《国家生态文明建设试点示范区指标（试行）》。在河流污染和工业废水性质的研究以及废水处理厂的运行管理中，COD 是一个重要且能较快测定的有机物污染参数。由此，使用 COD 排放强度作为表征数据以衡量水污染防治中的 COD 减排成效。具体计算公式如下：

$$COD \text{排放强度} = \frac{\text{当年 COD 排放总量}}{GDP（2005 \text{ 年不变价}）}$$

资料来源：《中国统计年鉴》、EPS、《中国环境统计年鉴》。

4. 氨氮排放强度

该指标的设置参考了《国家生态文明建设试点示范区指标（试行）》。使用氨氮排放强度作为表征数据以衡量水污染防治中的氨氮减排成效。具体计算公式如下：

$$\text{氨氮排放强度} = \frac{\text{当年氨氮排放总量}}{GDP（2005 \text{ 年不变价}）}$$

资料来源：《中国统计年鉴》、EPS、《中国环境统计年鉴》。

5. 工业废水排放量

该指标来源于《循环经济发展评价指标体系（2017 年版）》，指研究对象区域内经过企业厂区所有排放口排到企业外部的工业废水量。该指标可用以表征水污染防治中工业废水排放的规模。

资料来源:《中国统计年鉴》、EPS。

6. 城镇生活垃圾填埋处理量

该指标来源于《循环经济发展评价指标体系（2017 年版）》,指采用卫生填埋方式处理的生活垃圾总量。该指标可用以表征固体废物污染防治中生活垃圾填埋处理的规模。

7. 城市生活污水集中处理达标率

该指标来源于《"十二五"城市环境综合整治定量考核指标及其实施细则》,指研究对象区域中城市建成区内经过城市污水处理厂二级或二级以上处理且达到排放标准的城市生活污水量与城市生活污水排放总量的比率。该指标可用以表征污水处理设施建设的成效。具体计算公式如下:

$$城市生活污水集中处理达标率 = \frac{城市污水处理厂生活污水处理达标量}{城市生活污水排放总量} \times 100\%$$

资料来源:《中国统计年鉴》、EPS。

8. 生活垃圾无害化处理率

该指标来源于《"十二五"城市环境综合整治定量考核指标及其实施细则》,指研究对象区域内经无害化处理的生活垃圾数量占区域内生活垃圾产生总量的比重。该指标可用以表征废物处置设施建设的成效。具体计算公式如下:

$$生活垃圾无害化处理率 = \frac{生活垃圾无害化处理量}{生活垃圾产生总量} \times 100\%$$

资料来源:《中国统计年鉴》。

9. 农村卫生厕所普及率

该指标来源于《绿色发展指标体系》,反映农村疾病防控及居民生活水平的提高程度。具体计算公式如下:

$$农村卫生厕所普及率 = \frac{农村卫生厕所覆盖人口}{农村人口} \times 100\%$$

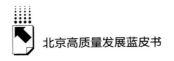

资料来源：《中国统计年鉴》、EPS、《中国社会统计年鉴》。

10. 城镇每万人口公共交通客运量

该指标来源于《绿色发展指标体系》，反映城镇公共交通设施建设及居民出行生活的绿色程度。具体计算公式如下：

$$城镇每万人口公共交通客运量 = \frac{城镇公共汽电车客运量 + 城镇轨道交通客运量}{城镇人口} \times 10000$$

资料来源：《中国统计年鉴》、EPS。

（三）资源利用指标

环境高质量发展要求以较少的资源能源消耗和环境破坏来实现经济发展，提高资源利用效率是环境高质量发展的应有之义。资源利用指标主要由结构优化指标和综合利用指标两大类构成。从机理上看，结构优化指标主要表征社会经济系统能源结构的合理性，意图通过结构调整以减少社会经济活动对环境的破坏；综合利用指标则表征对废水及固体废物等进行重复利用的水平，以体现研究对象区域废物资源化、循环经济发展水平。

1. 能源产出率

该指标来源于《循环经济发展评价指标体系（2017 年版）》，指研究对象区域生产总值与能源消耗量的比值，反映单位能源的产出情况。该指标越高，表明能源利用效率越高。具体计算公式如下：

$$能源产出率 = \frac{地区生产总值（2005 年不变价）}{地区能源消耗量}$$

公式中能源消耗量涉及的能源主要包括原煤、原油、天然气、核电、水电、风电等一次能源。

资料来源：《中国统计年鉴》、EPS。

2. 水资源产出率

该指标来源于《循环经济发展评价指标体系（2017 年版）》，指研究对象区域生产总值与总用水量的比值，反映单位水资源的经济产出情况。该指标越高，表明水资源利用效率越高。具体计算公式如下：

$$水资源产出率 = \frac{地区生产总值（2005 年不变价）}{地区总用水量}$$

资料来源：《中国统计年鉴》、EPS。

3. 建设用地产出率

该指标来源于《循环经济发展评价指标体系（2017 年版）》，指研究对象区域生产总值与城市建设用地面积的比值，反映单位面积建设用地的经济产出情况。该指标越高，表明建设用地的利用效率越高。具体计算公式如下：

$$建设用地产出率 = \frac{地区生产总值（2005 年不变价）}{地区城市建设用地面积}$$

资料来源：《中国统计年鉴》、EPS。

4. 煤炭消费占能耗总量比重

该指标参考了《"十二五"城市环境综合整治定量考核指标及其实施细则》中的清洁能源使用率指标——研究对象区域终端能源消耗总量中的清洁能源使用量的比例。相对地，煤炭消费的占比可视为研究对象区域非清洁能源消耗的情况，且相关数据的获取更为直接、容易。具体的计算公式如下：

$$煤炭消费占能耗总量比重 = \frac{地区煤炭消费量}{地区能源消耗量} \times 100\%$$

该指标为负向指标，即比重越低，研究对象区域的能源清洁化水平越高。

资料来源：《中国统计年鉴》、EPS。

（四）环境管理指标

良好的生态环境也是推动高质量发展的生产要素之一，而环境保护投资是实现好的生态环境的必然要求。环境管理指标主要由环境保护投资占GDP比重指标构成。从机理上看，环境保护投资占GDP比重指标能够体现研究对象区域对于环境管理的投入力度。该指标来源于《"十二五"城市环境综合整治定量考核指标及其实施细则》，表征研究对象区域为环境保护进

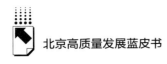

行投资的数额，能够直接反映区域对环境保护的重视程度。具体计算公式如下：

$$环境保护投资占 GDP 比重 = \frac{地区环境保护投资}{地区生产总值} \times 100\%$$

其中，地区环境保护投资 = 环境污染治理投资 + 环境管理与污染防治科技投资。

资料来源：《中国统计年鉴》、EPS、《中国环境统计年鉴》。

三 北京社会高质量发展指数指标解释及资料来源

（一）民生优化

民生优化与老百姓生活幸福度密切相关，体现在百姓的衣食住行、就业、教育、医疗、社会保障等方面。民生问题是老百姓最关心的问题，本报告主要借鉴现有相关文献资料、紧扣政府目标，从教育、就业、收入、消费、公共基础设施、医疗、社会保障等 7 个方面选取相关具有代表性的评价指标。

1. 城乡居民人均可支配收入

城乡居民人均可支配收入是反映城乡居民生活水平的重要指标，是居民用于最终消费支出以及其他非义务性支出及储蓄的总和，是衡量民生优化的一个重要指标。

资料来源：《中国统计年鉴》。

2. 城镇登记失业率

就业是表征民生优化的重要方面，失业率是评价地区就业状况的主要指标。本报告采用城镇登记失业率来衡量地区就业情况。

资料来源：《中国统计年鉴》、中经网。

3. 居民消费价格指数（CPI）

CPI 可以在一定程度上反映地区居民家庭所购买的消费品和服务价格水

平的变动情况，本报告在民生优化的消费方面选取了 CPI 来衡量地区消费水平的变动情况。

资料来源：《中国统计年鉴》、中经网。

4. 城镇商品房价格与居民收入水平比率

一般来说，地区发展水平越高，居民在居住上的支出占居民家庭消费开支的比例相对越高。若城镇商品房价格与居民收入水平差距越大，居民的幸福指数会越低，会影响到民生优化水平。本报告选取城镇商品房价格与居民收入水平比率来表征民生优化方面的消费与收入平衡度。具体计算公式如下：

$$城镇商品房价格与居民收入水平比率 = \frac{城镇商品房价格}{居民收入水平} \times 100\%$$

资料来源：《中国统计年鉴》《中国社会统计年鉴》。

5. 地方财政教育事业费支出占 GDP 比重

教育是民生优化的重要组成部分，教育支出水平在一定程度上可以衡量地区对教育的重视程度，可以表征民生优化方面的教育投入水平。本报告采用地方财政教育事业费支出占 GDP 比重来表征教育支出水平。具体计算公式如下：

$$地方财政教育事业费支出占 GDP 比重 = \frac{地方财政教育事业费支出}{GDP} \times 100\%$$

资料来源：《中国统计年鉴》、中经网。

6. 每百名学生拥有专任教师数

地区的教育水平与教师息息相关，用每百名学生拥有专任教师数可以在一定程度上衡量地区的教育水平，表征民生优化方面的教育发展水平。具体计算公式如下：

$$每百名学生拥有专任教师数 = \frac{专任教师数}{各类学生在校数} \times 100$$

其中：专任教师 = 大学专任教师 + 高中专任教师 + 职业技术专任教师 + 初中专

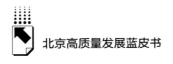

任教师+小学专任教师+特殊教育专任教师

资料来源：《中国统计年鉴》、中经网。

7. 每万人拥有卫生技术人员数

医疗是民生优化的重要组成部分，用每万人拥有卫生技术人员数这个具有代表性的指标来衡量地区对医疗资源方面的投入程度，可表征民生优化方面的医疗人力资源投入水平。具体计算公式如下：

$$每万人拥有卫生技术人员数 = \frac{卫生技术人员数}{常住人口} \times 10000$$

资料来源：《中国统计年鉴》、中经网。

8. 每千人口拥有医院床位数

每千人口拥有医院床位数这个具有代表性的指标可以衡量地区对医疗硬件投入的程度，可表征民生优化方面的医疗基础设施投入水平。具体计算公式如下：

$$每千人口拥有医院床位数 = \frac{医院床位数}{常住人口} \times 1000$$

资料来源：《中国统计年鉴》、中经网。

9. 参加城乡居民基本医疗保险人数增长率

医疗保障是社会保障的重要组成部分，用参加城乡居民基本医疗保险人数来衡量地区对社会保障医疗方面的完善程度，剔除各地区基数的影响，选取参加城乡居民基本医疗保险人数增长率这个可动态表征其发展水平的指标来衡量。具体计算公式如下：

$$参加城乡居民基本医疗保险人数增长率 =$$
$$\frac{当年参加城乡居民基本医疗保险人数 - 上年参加城乡居民基本医疗保险人数}{上年参加城乡居民基本医疗保险人数} \times 100\%$$

资料来源：《中国统计年鉴》《中国社会统计年鉴》。

10. 养老金增长率

养老金用于保障职工退休后的基本生活的需要，用养老金来衡量地区对退休人员的保障程度，剔除各地区基数的影响，选取养老金增长率这个可动态表征其发展水平的指标来衡量。具体计算公式如下：

$$养老金增长率 = \frac{当年养老金额 - 上年养老金额}{上年养老金额} \times 100\%$$

资料来源：《中国统计年鉴》、《中国社会统计年鉴》、中国劳动经济资料库。

11. 参加城乡居民养老保障人数增长率

养老保障是社会保障的重要组成部分，采用参加城乡居民养老保障人数来衡量地区对社会保障养老方面的完善程度，剔除各地区基数的影响，选取参加城乡居民养老保障人数增长率这个可动态表征其发展水平的指标来衡量。具体计算公式如下：

$$参加城乡居民养老保障人数增长率 =$$
$$\frac{当年参加城乡居民养老保障人数 - 上年参加城乡居民养老保障人数}{上年参加城乡居民养老保障人数} \times 100\%$$

资料来源：《中国统计年鉴》《中国社会统计年鉴》。

（二）城乡统筹

1. 公共交通运输能力和服务水平

推进城乡交通运输一体化、提升公共服务水平是加快城乡统筹协调、缩小区域发展差距的迫切需要。采用公共交通运输能力和服务水平这个指标来衡量城乡交通统筹发展情况。

资料来源：《中国统计年鉴》。

2. 城镇化率

城镇化率是衡量地区社会经济发展水平的重要指标，反映了城市发展的规模。具体计算公式如下：

$$城镇化率 = \frac{城镇常住人口}{常住总人口} \times 100\%$$

资料来源：《中国统计年鉴》。

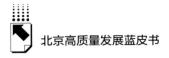

3. 城乡居民人均可支配收入之比

城乡居民人均可支配收入之比是衡量城乡居民收入差距的重要指标，是反映国民生活水平的重要参考数据。具体计算公式如下：

$$城乡居民人均可支配收入之比 = \frac{城镇居民人均可支配收入}{农村居民人均可支配收入}$$

资料来源：《中国统计年鉴》。

4. 城乡居民恩格尔系数之比

恩格尔系数反映了居民生活水平的高低。越富裕的家庭，食品烟酒支出占比越低。城乡居民恩格尔系数之比是衡量城乡居民家庭支出差异的重要指标。具体计算公式如下：

$$城乡居民恩格尔系数之比 = \left(\frac{城镇居民家庭食品烟酒支出}{城镇居民家庭支出}\right) \Big/ \left(\frac{农村居民家庭食品烟酒支出}{农村居民家庭支出}\right)$$

资料来源：《中国社会统计年鉴》。

5. 城乡居民人均住房建筑面积之比

城乡居民人均住房建筑面积的增长是新中国经济社会发展成就的重要体现。城乡居民人均住房建筑面积之比表征城乡居民居住水平的差异。具体计算公式如下：

$$城乡居民人均住房建筑面积之比 = \frac{人均城镇住房竣工面积}{人均农村住房竣工面积}$$

资料来源：《中国社会统计年鉴》。

6. 城乡燃气普及率之比

燃气是居民生活和工业发展的重要资源。近年来，我国居民燃气消费迅速增长。城乡燃气普及率之比表征燃气普及方面的城乡差异。具体计算公式如下：

$$城乡燃气普及率之比 = \frac{城镇燃气普及率}{农村燃气普及率}$$

资料来源：《中国社会统计年鉴》。

7. 城乡互联网普及率之比

互联网是现代经济社会生活重要的信息沟通工具，一个区域的互联网普及率可反映该区域的经济社会发展水平。近年来，随着移动互联网向农村持续扩展，城乡互联网普及率的差异进一步缩小。具体计算公式如下：

$$城乡互联网普及率之比 = \frac{人均城镇宽带连接数}{人均农村宽带连接数}$$

资料来源：《中国社会统计年鉴》。

8. 城乡居民平均受教育年限之比

平均受教育年限是指一定区域内人口群体接受学历教育的年数总和的平均数。城乡居民平均受教育年限之比表征城市居民在受教育年限方面的差异。具体计算公式如下：

$$城乡居民平均受教育年限之比 = \frac{城镇居民平均受教育年限}{农村居民平均受教育年限}$$

资料来源：中国人力资本指数，http：//humancapital. cufe. edu. cn/rlzbzsxm. htm。

（三）风险防控

1. 城市应急管理水平

采用地震应急避难场所积累个数、地震台个数这 2 个具有代表性的指标来表征城市应急管理水平。

2. 交通事故发生数增长率

交通事故是指车辆在道路上因过错或者意外而造成人身伤亡或者财产损失的事件。交通事故发生数增长率既是评价交通事故数量变化的一个指标，也是评价经济发展过程中风险防控水平的重要指标。具体计算公式如下：

$$交通事故发生数增长率 = \frac{当年交通事故发生数 - 上年交通事故发生数}{上年交通事故发生数} \times 100\%$$

资料来源：《中国统计年鉴》。

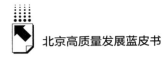

3. 12345市民热线诉求办结率

12345市民热线是各地市人民政府设立的专门受理热线事项的公共服务平台。12345市民热线诉求办结率表征为民服务的水平，也是评价经济发展过程中风险防控水平的重要指标。

资料来源：各地市12345网站、年度公报。

4. 信访总量增长率

信访工作对于维护社会秩序、化解社会矛盾十分重要。信访总量增长率是评价信访数量变化的一个指标，也是评价经济发展过程中风险防控水平的重要指标。具体计算公式如下：

$$信访总量增长率 = \frac{当年信访总量 - 上年信访总量}{上年信访总量} \times 100\%$$

资料来源：《政府工作报告》。

Abstract

The resolution of the CPC Central Committee on the major achievements and historical experience of the party's Centennial struggle adopted at the Sixth Plenary Session of the 19th CPC Central Committee emphasizes the need to achieve high-quality development in which innovation has become the first driving force, coordination has become an endogenous feature, green has become a universal form, openness has become the only way and sharing has become the fundamental purpose, so as to promote the quality, efficiency and driving force of economic development. High-quality development covers economic growth, environmental protection, resource utilization, social undertakings and other aspects, and runs through the whole process of social reproduction such as production, circulation, distribution and sales. It is a complex systematic project. We must carry out systematic research and formulate reasonable and feasible development goals and paths in combination with the resource endowment characteristics of the country and the capital. In order to better implement the decision-making and deployment of the CPC Central Committee and Beijing Municipality, the Beijing Academy of science and technology, together with Tsinghua University, Beijing University of technology and other advantageous units, continued to carry out systematic research on " innovation drives high-quality development in the capital", held a seminar on high-quality development in the capital, and released the report of Beijing high-quality development index. This report proposes three dimensions to measure regional high-quality development, high-quality economical development, high-quality social development and high-quality environmental development, constructs an index systems associated with regional high-quality development measure to evaluate and analyze Beijing's high-quality development. At present, in the context of the Sino US trade friction, promoting the industry to move towards medium and high-end has become the focus of national attention. So, how to promote the industry to move towards medium and high-end, and then achieve high-quality development is a question worthy of investigation. This involves the transformation of development concept and strategy. It is necessary to speed up the formation of institutional mechanisms to promote high-quality industrial development, as well as the related index system and policy system. This book focuses on the high-quality industrial development in Beijing, and puts forward the concept and five significant characteristics of high-quality industrial development, and constructs a six dimensional industrial high-quality development index system, and puts forward targeted development countermeasures to provide suggestions for the high-quality industrial development in Beijing.

This book mainly consists of three parts: general report, topical reports and special reports, with a total of 10 reports. The general report analyzes the current situation and effectiveness of Beijing's high-quality development in 2021, and evaluates the status of Beijing's high-quality development by constructing mathematical models and using indexes. The topical reports have constructed the high-quality index system of economy, society and environment respectively. Based on the data analysis, the high-quality development levels of economy, society and environment in Beijing from 2005 to 2019 are measured and compared with the provinces with excellent index scores in each dimension. The special report focuses on the high-quality industrial development in Beijing, and puts forward the connotation of high-quality industrial development, and constructs the industrial high-quality development index for the first time, and evaluates the industrial development level of Beijing. For Beijing's industrial development, "high-tech and sophisticated" industry is a powerful starting point. The report selects the new generation of information technology industry, medicine and health industry and science and technology service industry, which have strong competitiveness in Beijing, and makes an in-depth analysis from the aspects of industrial development status, industrial characteristics, existing problems and international experience comparison.

The main achievements of this book are as follows:

1. The "three carriages" control the overall situation of high-quality development, and 68 evaluation indicators promote the transformation and development of Beijing. The report constructs a high-quality development evaluation index system of Beijing composed of 68 indicators from the three dimensions of economy, society and environment. According to the reports of international authoritative institutions, economic dimension, social dimension and environmental dimension are the three pillars of sustainable development. From the requirements of the new development concept, compared with high-speed growth, high-quality development has shifted from one dimension of economic growth to multiple dimensions such as economic development, social equity and ecological environment. From the perspective of Beijing's positioning, high-quality economical development, high-quality social development and high-quality environmental development are the due meaning of Beijing's high-quality development. As a scientific and technological innovation center, Beijing has gathered rich talents and scientific and technological resources. With innovation as the first engine, Beijing leads and drives the upgrading of economic structure, the improvement of economic growth efficiency and the realization of high-quality economic development. As the country's first city with substantial reduction in development, Beijing should force its reform mechanism to achieve greater output ratio and more effective and sustainable development under the existing hard constraints of population, land and environment through appropriate reduction. Beijing is the best district in China. According to the requirements of "seven with five characteristics", we should strive to solve the problems of people's livelihood, promote the overall planning of urban and rural areas, and promote high-quality development in the social field.

2. Beijing continues to take the lead in high-quality development and plays a prominent role as the main engine. The book evaluates the high-quality development level of Beijing from 2005 to 2019 from three dimensions: high-quality economical development, high-quality social development and high-quality environmental development, focusing on the high-quality development of Beijing in 2019. From 2005 to 2019, Beijing's high-quality development index showed an

overall growth trend, rising from 0. 714 to 0. 973, with a growth rate of 36. 27% and an average annual growth rate of 2. 24%. From 2018 to 2019, Beijing's high-quality development index increased by 2. 31%. The results show that: (1) From 2005 to 2019, Beijing's high-quality development index accelerated growth, and high-quality environmental and economical development were the main driving force of its growth. The role of high-quality social development needed to be improved. (2) The high-quality development level of Beijing ranked first in the country, the high-quality development level of environment was significantly ahead of other provinces, and the high-quality development levels of economy and society were in the forefront of the country. (3) Beijing's high-quality economic development index accelerated growth, with innovation driven and economic growth as the key driving forces. Compared with other provinces and cities, Beijing's innovation driving index had obvious advantage, and the improvement of efficiency needed to be strengthened. (4) Beijing's high-quality social development index increased slightly, with people's livelihood optimization and urban-rural overall planning as the main driving forces. The optimization of people's livelihood and the overall planning of urban and rural areas in Beijing were at the forefront of the country. (5) The overall growth of Beijing's high-quality environmental development index, with resource utilization and pollution reduction as the main power sources. The levels of pollution reduction and resource utilization were the highest in China.

3. Beijing's high-quality economic development has made steady progress, and innovation continues to play a leading role. The book constructs the evaluation index system of high-quality economic development from the four dimensions of economic growth, structural optimization, efficiency improvement and innovation drive, and evaluates and analyzes the high-quality economic development level of Beijing from 2005 to 2019. The research shows that from 2005 to 2019, the overall high-quality economic development index of Beijing showed an upward trend, from 0. 310 in 2005 to 0. 477 in 2019, with an increase rate of 53. 87% and an average annual growth rate of 3. 13%. During 2017−2019, the growth rate of Beijing's high-quality economic development index was 9. 40%, with an average annual growth rate of 4. 60% . From 2018 to 2019, the high-quality

economic development index increased by 5. 07% year-on-year. Beijing's economic development has been in a good situation of "making progress while maintaining stability" recently. Among them, Beijing's innovation driven index has obvious advantage, and its contribution to the improvement of high-quality economic development index was 52. 10%. The structural optimization index was higher than other provinces, economic growth index and efficiency improvement index lagged behind the national best level to some extent. The report puts forward countermeasures and suggestions from the aspects of stabilizing innovation driven advantages, maintaining stable economic growth, making up for the shortcomings of structural optimization, and promoting efficiency improvement and reform.

4. Beijing's high-quality social development shows an "N" growth trend, and the level of risk prevention and control should be paid more attention. This report constructs the evaluation system of Beijing's high-quality social development from the three dimensions of people's livelihood optimization, urban-rural overall planning and risk prevention and control, and evaluates and analyzes Beijing's high-quality social development level from 2005 to 2019. The results show that: (1) from 2005 to 2019, Beijing's social high-quality development index showed an "N" growth trend. In the past three years, the growth rate of Beijing's high-quality social development index was 1. 62%, with an average annual growth rate of 0. 81%. (2) From 2005 to 2019, the people's livelihood optimization index showed an overall growth trend, and the growth rate accelerated with time, which was the main driving force for the high-quality development of Beijing society. In terms of horizontal comparison, the optimization level of people's livelihood in Beijing was ahead of other provinces in China. (3) From 2005 to 2019, the urban-rural overall planning index showed an overall growth trend of "growth decline rise", which was another key driving force for Beijing's high-quality social development. (4) From 2005 to 2019, the level of risk prevention and control was generally stable, and its contribution to the high-quality development of Beijing society needed to be improved.

5. The level of pollution reduction is outstanding and contributes to the high-quality development of Beijing's environment. The book constructs the evaluation index system of high-quality environmental development from the four dimensions of

environmental quality, pollution reduction, resource utilization and environmental management, and evaluates and analyzes the high-quality environmental development level of Beijing from 2005 to 2019. The research shows that: (1) The environmental quality index changed from continuous growth to fluctuating growth. Over the past three years, the growth rate of Beijing's environmental high quality development index was 0. 14%, with an average annual growth rate of 0. 07%. (2) From 2005 to 2019, Beijing's environmental quality index increased slightly, and its role in promoting Beijing's high-quality environmental development was the lowest among the four dimensions. Compared with other provinces and cities, Beijing's environmental quality level was lower than the middle level among all provinces in the country. (3) From 2005 to 2019, Beijing's pollution reduction level showed an overall growth trend, and its contribution rate to Beijing's high-quality environmental development ranked second among the four dimensions, but it ranked first in the near future (2015 – 2019). From a national perspective, Beijing's pollution reduction level was higher than that of other provinces, ranking first in the country. (4) From 2005 to 2019, Beijing's resource utilization level continued to improve and the growth rate was rapid, which was the first driving force for the high-quality development of Beijing's environment. In terms of horizontal comparison, from 2005 to 2019, the average resource utilization index of Beijing ranked first in China. (5) From 2005 to 2019, Beijing's environmental management index showed a fluctuating growth trend, which played a small role in promoting the development of Beijing's environmental quality, but gradually increased over time.

6. The "high-quality and sophisticated" industries stand out, and the high-quality development of Beijing's industries presents six characteristics. The work report of state council in 2022 proposed to "promote the industry to move towards the middle and high end". This book constructs an industrial high-quality development index from the six dimensions of industrial foundation, innovative development, coordinated development, green development, open development and shared development, evaluates and analyzes Beijing's industrial upgrading process and development characteristics, and puts forward targeted development countermeasures to provide suggestions for Beijing's industrial high-quality

development. The research shows that: (1) In 2020, Beijing's industrial high-quality development index was 0. 7229, an increase of 2. 1 times over 2005, with an average annual compound growth rate of 5. 2% . (2) Among the six dimensions, the industrial green development index increased the most. In 2020, the industrial green development index in Beijing was 3. 3 times that in 2005. Other dimensions have also achieved significant growth. (3) From the contribution analysis, the contribution of green development index was the highest, and the contribution of Beijing Industrial coordinated development index needed to be improved. (4) The high-quality industrial development of Beijing has six characteristics, including the digital infrastructure upgrading and industrial development impetus adding; innovation development advantage building and talent driven forward; space for coordinated development opened and advanced, sophisticated and sophisticated industries coming to the fore; green development driving growth and synergistic interaction of pollution reduction and carbon reduction; opening up and development stepping up, and trade in services enjoying prominent advantages; the employment environment being improved and shared development being enhanced.

7. Science and technology service industry has become a strategic supporting force, and the improvement of industrial production efficiency has become a key chess piece. The 14th Five Year Plan takes scientific and technological innovation as the strategic support of the national modernization drive, and an important force for the high-quality development of Beijing. Fully releasing the development dividend of the scientific and technological service industry and supporting the economic transformation and upgrading of other departments are important goals for a period of time in the future. This book combs the existing research on science and technology service industry, the development status and effectiveness of science and technology service industry in Beijing, and compares the scale, input and output of science and technology service industry in Beijing, Shanghai, Jiangsu, Zhejiang and Guangdong by constructing mathematical model and using index evaluation system. The research shows that from the macro level, the development of science and technology service industry in Beijing has four characteristics. Firstly, the importance of scientific and technological R&D has become more prominent,

and the output rate of R&D investment has continued to rise. Secondly, the conversion rate of scientific and technological achievements has increased, and the development activity of the industry has increased significantly. Thirdly, the ability of new value creation is weak, and the improvement of industrial production efficiency is the key. Fourthly, the industry development is obviously regional, and Haidian District and Chaoyang District have significant advantages. From the perspective of the development of various industries, Beijing's science and technology service industry has four characteristics. Firstly, the profitability of science and technology financial service industry is significant, but the growth rate is low. Secondly, the total amount of research and experimental development assets is low, and more investment is still needed. Thirdly, the profits of science and technology promotion and related services are negative, and the development potential needs to be stimulated. Fourthly, science and technology information services maintained steady growth and played a prominent supporting role. In the comparative report on the development of science and technology service industry in the international capital, this report firsly constructs an index system, and measures and evaluates the development status of science and technology service industry for some other capitals, and identifies the development advantages and disadvantages of science and technology service industry in Beijing. Secondly, this report combs the policies and measures of cultivating science and technology service industry in other capitals. Finally, based on the development experience of other capitals, this report puts forward policy suggestions for the shortcomings of the development of science and technology service industry in Beijing. The research shows that compared with international capital cities such as Singapore, Tokyo and Seoul, Beijing's science and technology service industry has certain advantages in industrial scale, R&D investment and output. But it is relatively weak in production efficiency and profitability. In view of the weak development of science and technology service industry in Beijing, this paper puts forward some policy suggestions, such as strengthening the cultivation and introduction of "top-notch" talents, improving the commercialization level of science and technology services, and improving the development quality of R&D service industry.

8. How should the high-end industry win? Fifteen development trends are

presented. During the 14th Five Year Plan period, the development of China's high-precision and cutting-edge industries entered an innovation driven stage. This book takes the development of high-precision and cutting-edge industries in Beijing as an example and try to reflect their development results and analyze the existing problems from five aspects. Looking forward to the future, it is proposed that it needs to grasp the "five macro forces", "five meso forces" and "five micro forces" for the development of high-precision and cutting-edge industries. "five macro forces" refers to high-quality development, national strategic scientific and technological forces, double carbon goals, employment priority strategy and healthy China strategy. "five meso forces" refers to industrial interaction, industrial upgrading, spatial reconstruction, industrial ecology and digital drive. "five micro forces" refers to technology leadership, application scenario traction, talent and enterprise matching, service-oriented innovation and iterative evolution.

Keywords: Beijing; High-quality Development; Economic; Society; Environment; Industry

Contents

I General Report

B.1 Beijing High-quality Development Report (2022) / 001

Abstract: China's economy has shifted from a stage of rapid growth to that of high-quality development. As the capital of Beijing, its high-quality development status has been widely concerned by the domestic and international community. On the basis of clarifying the connotations of urban and industrial high-quality development, the evaluation index systems of urban and industrial high-quality development were constructed to measure and analyze Beijing's high-quality development and its industrial high-quality development statuses. The main results are as follows: (1) 2005-2019, the high-quality development index of Beijing increased faster and faster, and the environment and economy quality improvements were the main driving forces of Beijing's quality growth, while the society development played a relatively low role. (2) The high-quality development level of Beijing ranked first in China, the high-quality level of environmental development was obviously ahead of other provinces, and the high-quality levels of economic and social development were also in the forefront of the country. (3) High quality development index of Beijing's economic was accelerated growth, which was mainly caused by innovation driven and economic growth. Compared with other provinces, Beijing had obvious advantages in innovation-driven index, and efficiency improvement urgently needed to be strengthened. (4) The high-quality social development index of Beijing increased slightly, with the optimization of people's livelihood and urban-rural integration as the main driving forces. Beijing leaded the country in optimizing people's livelihood and coordinating urban and rural areas, but its risk prevention and control was relatively weak. (5) Beijing's environmental quality development index increased overall, with resource utilization and pollution reduction as the main driving force. The level of pollution reduction and resource utilization was the highest in China, and the environmental quality was in the lower reaches. (6) From 2005 to 2020, the quality development index of Beijing industry increased rapidly from 0.3383 to 0.7229. The green industrial development index had the fastest growth rate and the highest contribution. The contribution of the coordinated development index needed to be improved. (7) The high-quality industrial development of Beijing has six characteristics, including the digital infrastructure upgrading and industrial development impetus adding; innovation development advantage building and talent driven forward; space for coordinated development opened and advanced, sophisticated and sophisticated industries coming to the fore; green development driving growth and synergistic interaction of pollution reduction and carbon reduction; opening up and development stepping up, and trade in services enjoying prominent advantages; the employment environment being improved and shared development being enhanced. Finally, the report put forward policy suggestions to promote Beijing's high-quality development, and analyzed the development trend and strength of Beijing's high-end industries.

Keywords: Economical High Quality; Social High Quality; Environmental High Quality; Industrial High Quality; Beijing

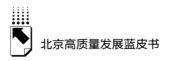

Ⅱ　Topical Reports

B.2　Beijing Economical High-quality Development Report（2022）

／037

Abstract：High-quality economic development is one of the important dimensions of high-quality development. The report establishes an evaluation system for Beijing's economical high-quality development from four dimensions：economic growth, structural optimization, efficiency improvement and innovation development. Firstly, this report quantitatively measured the level of Beijing's economical high-quality development from 2005 to 2019, and analyzed the key driving forces of Beijing's high-quality economic development from four dimensions. Secondly, a comparative analysis was made between Beijing and provinces with better scores in each dimension to identify the weak variables in each dimension of Beijing's economical high-quality development. Finally, targeted policy suggestions were put forward based on the shortcomings of Beijing's high-quality economic development identified by this report. It is found that the economical high-quality development index of Beijing increased faster and faster from 2005 to 2019, and the key driving force of the growth were innovation and economic growth, while the contribution rates of efficiency improvement and structural optimization were relatively lower. Beijing's innovation-driven index had obvious advantages and its structural optimization index was higher than other provinces as well, economic growth index and efficiency improvement index lagged behind the national best level to some extent. In terms of specific indicators, the development level of high-end manufacturing industry and capital productivity were relatively low. Therefore, the report put forward policy suggestions to further promote high-quality development of Beijing's economy from the aspects of consolidating the "innovation-driven" advantage, maintaining the stability of "economic growth", making up the weak points of "structural optimization" and promoting the reform of "efficiency improvement".

Keywords: Economical High-quality Development; Economic Growth; Structural Optimization; Efficiency Improvement; Innovation-driven

B.3 Beijing Social High-quality Development Report (2022)

Abstract: High quality development of society is one of the important dimensions of high quality development. This report constructed an evaluation system for Beijing's high-quality social development from the three dimensions of livelihood optimization, urban-rural integration and risk prevention and control, and quantitatively measured the level of Beijing's social high-quality development from 2005 to 2019, and evaluated the impetus of livelihood optimization, urban-rural integration and risk prevention and control to the high-quality development of Beijing society. In addition, a comparative analysis was made between Beijing and provinces with better scores in each dimension to identify the shortcomings of Beijing's high-quality social development in each dimension. Finally, targeted policy suggestions were put forward based on the shortcomings of Beijing's high-quality social development identified by this report. It is found that the overall growth rate of Beijing's social high-quality development index from 2005 to 2019 was relatively small, and the livelihood optimization and urban-rural integration were the main driving forces for the growth of the index, while risk prevention and control contributed relatively little. Beijing leaded the country in livelihood optimization and urban-rural integration, but its risk prevention and control index was just at the national average level. In terms of specific indicators, there was still room for improvement in old-age security, income gap between urban and rural residents, and urban emergency management. Therefore, this report believes that we can improve the level of old-age security, narrow the gap between urban and rural areas and enhance the capacity of urban and rural emergency management to comprehensively promote social high-quality development from the three dimensions of "livelihood optimization", "urban-rural integration" and "risk

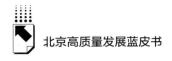
prevention and control".

Keywords: Social High-quality Development; Livelihood Optimization; Urban-rural Integration; Risk Prevention and Control

B.4 Beijing Environmental High-quality Development Report (2022) / 064

Abstract: As an important part of high-quality development, environmental high-quality development plays an important role in promoting high-quality development of Beijing. This report constructed an evaluation system of Beijing's environmental high-quality development from four dimensions of environmental quality, pollution reduction, resource utilization and environmental management. Firstly, the environmental quality development level of Beijing from 2005 to 2019 was quantitatively measured, and the contributions of environmental quality, pollution reduction, resource utilization and environmental management to the growth in Beijing's environmental quality were evaluated. Secondly, the paper made a comparative analysis between Beijing and advantageous provinces in four dimensions, and identified the weaknesses of Beijing's environmental high-quality development in each dimension. Finally, targeted policy suggestions were put forward based on the shortcomings of Beijing's environmental high-quality development identified by this report. The results show that from 2005 to 2019, the environmental quality development index of Beijing had changed from a continuous growth to a fluctuating growth. Resource utilization was the most important driving force for environmental quality development, followed by pollution reduction, and environmental quality and management were less important. The pollution reduction level in Beijing ranked first in the country, and the level of resource utilization was at the forefront of all provinces, but the environmental quality of Beijing was below the average level of the country. The utilization and protection of water resources, COD discharge and rural sanitary environment need to be further improved. In view of the shortage of high-quality environmental development in Beijing, the report put forward policy suggestions to improve the quality of ecological environment, promote the improvement of water ecological environment quality, and implement the problem-addressing action of rural living environment.

Keywords: Environmental High-quality Development; Environmental Quality; Pollution Reduction; Resource Utilization; Environmental Management

Ⅲ   Special Reports

B . 5   Beijing Industrial High-quality Development Index Report (2022)   / 077

Abstract: The Goverment Work Report proposed to " promote the industry to move towards medium and high-end" . This report constructs an industrial high-quality development index system from the six dimensions of industrial foundation, innovative development, coordinated development, green development, open development and shared development, evaluates and analyzes Beijing's industrial upgrading process and development characteristics, and puts forward targeted development countermeasures to provide suggestions for Beijing's industrial high-quality development. The research results of the report show that: (1) In 2020, Beijing's industrial high-quality development index was 0.7229, an increase of 2.1 times over 2005, with an average annual compound growth rate of 5.2%. (2) Among the six dimensions, the industrial green development index increased the most. In 2020, the industrial green development index in Beijing was 3.3 times that in 2005. Other dimensions have also achieved significant growth. (3) From the contribution analysis, the contribution of green development index is the highest, and the contribution of Beijing Industrial coordinated development index needs to be improved. (4) The high-quality development of Beijing's economy has six characteristics: first, the upgrading of digital infrastructure adds new impetus to industrial development; Second, build the advantages of innovation and

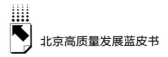
development, talent driven and accumulate strength; Third, open the space for coordinated development, and high-end industries will stand out; Fourth, green development contributes to growth, reducing pollution and carbon, and achieving synergy; Fifth, opening up and development have stepped up to a higher level, and the advantages of service trade are prominent; Sixth, the employment environment has been improved and shared development has been further promoted.

Keywords: Industrial High-quality Development; Industrial Foundation; Innovation Development; Green Coordination; Open Sharing

B.6 Report on the High-quality Development of Beijing's

New Generation Information Technology Industry (2022)

／111

Abstract: Beijing's new generation information technology industry has shaped a good development environment and foundation. The industry development has an endogenous reason of first-mover advantage, leading total factor productivity, high value-added industries and huge industry clusters. These initiatives introduce innovative thinking and innovative technologies into the development of manufacturing, service and other industries. The result looks at accelerating the integration and development of emerging industrial technologies with traditional industries. However, Beijing also faces problems such as insufficient patent applications, low efficiency of output inputs, and lack of reserve talents. These problems cause the leading edge of Beijing's information industry is not obvious, and the international competition ability is weak. Therefore, this report proposes that of solving the problems is to continuously promote the protection of property rights, cultivate digital talents, and optimize the internal industrial structure. Relying on Beijing, Tianjin and Hebei as an important regional base on this basis, it can provide enough long-term development momentum.

Keywords: New Generation Information Technology Industry; Digital Literacy; Beijing

B.7 Report on High-quality Development of Beijing Medical and Health Industry (2022) / 128

Abstract: By expounding and depicting the position and scale of Beijing's medical and health industry, this paper analyzes its development characteristics, identifies its existing problems, and analyzes the development of key fields. Specifically, development of Beijing's medical and health industry has the characteristics of enhanced innovation ability, better economic benefits, breakthrough in technological development, differentiation within the industrial structure and continuous improvement of the competitiveness of industrial clusters. The existing problems are the lack of well-known large enterprises、the lack of investment in basic research and achievement transformation capacity of the park. Great progress has been made in the industrial foundation, industrial pattern and international competitiveness in the field of biomedicine; The financial situation of the medical equipment and instrument manufacturing industry has improved, and the R&D expenditure has decreased slightly. In view of several major problems existing in the development of medical and health industry in Beijing, combined with the experience of international developed countries, this report gives corresponding countermeasures.

Keywords: Medical and Health Industry; Industrial Cluster; Medical Pharmaceutical Synergy; Beijing

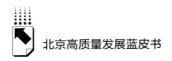
北京高质量发展蓝皮书

**B . 8 Report on High-quality Development of Beijing's Science
  and Technology Service Industry（2022） / 142**

Abstract：The 14th Five-Year Plan takes scientific and technological innovation as the strategic support for the national modernization. Science and technology service industry is an important power for the high quality development of Beijing. Fully release the development dividend of the science and technology service industry and support the economic transformation and upgrading of other sectors is an important goal for a period of time in the future. This paper sorts out the existing research on the science and technology service industry, analyzes the development status and effectiveness of the science and technology service industry in Beijing. Through the construction of mathematical models, the index evaluation system is used to evaluate and compare the scale, investment, and production of the science and technology service industry in Beijing, Shanghai, Jiangsu, Zhejiang, and Guangdong and then we analyzed the problems in the development of Beijing's science and technology service industry. In order to better contribute to the development of Beijing's science and technology service industry, this paper analyzed the development experience of foreign science and technology service industry from the three levels of the country, cluster development, and national capital, and summarized the key elements that can better develop Beijing's science and technology service industry. Based on the conclusions of empirical research, countermeasures and suggestions for accelerating the development of Beijing's science and technology service industry were proposed from four aspects：improving the policy support system；practicing the coordinated development of scientific and technological innovation and human capital；strengthening the multi-directional collaboration and interaction of the subdivided format of science and technology service industry；increasing the conversion rate of technological achievements.

Keywords：Science and Technology Service Industry；Production University and Research Integration；Beijing

B . 9 Report on the Strategy of Beijing Medical and Health Industry
Climbing Toward the High-end of Global Value Chain （2022）

／ 177

Abstract：The pharmaceutical and health industry is one of the ten high-precision industries that Beijing is focusing on developing. This report analyses the current development status of Beijing's pharmaceutical and health industry and measures the global value chain position index using the value chain position index measurement method based on the total export decomposition method. The global value chain position index of China's pharmaceutical and health industry shows the development trend of rising-declining-rising. Comparing the position indices of the United States, Japan and Germany, it is found that the position index of China is the lowest, followed by Germany; the trends of the United States and Japan remain the same, and the position index of the United States always keeps the highest; the participation index of China's pharmaceutical and health industry is lower than that of the United States, and also shows the development trend of rising-declining-rising. The analysis of the value chain position index and participation index shows that China's pharmaceutical and health industry has moved to the mid-to-high-end position of the global value chain. Taking into account regional differences, the value chain indices of the pharmaceutical and health industry in Beijing, Shanghai and Shenzhen were measured. The results show that the global value chain status index of Beijing's pharmaceutial and health industry is always less than zero. This shows that Beijing medical and health industry has great potential and space for development in the future. Finally, this report proposes suggestions including improving core competitiveness, improving talent training system, strengthening TCM inheritance and innovation, creating new business models, and promoting digital transformation to promote digital transformation to help the high-quality development of Beijing's pharmaceutical and health industry.

Keywords：Pharmaceutical and Health Industry; Global Value Chain; Position Index; Participation Index; High-quality Development

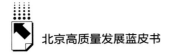
B.10 Comparative Report on the Development of Science and Technology Service Industry Among the International Capitals (2022) / 198

Abstract: As the producer and disseminator of advanced knowledge, the development of science and technology service industry (S&T service industry) is of great significance to the improvement of people's living standard and the enhancement of national economic strength. As the national center of science and technology innovation, the rapid and healthy development of Beijing's S&T service industry plays a leading and guiding role in the national science and technology innovation. The identification of advantages and experience of the development of S&T service industry of other international capitals can provide policy enlightenment for the development of that industry in Beijing. In this report, an index system was constructed to measure and evaluate the development status of S&T service industry of some international capitals, in order to identify the advantages and disadvantages of the development of S&T service industry in Beijing. Secondly, the policies and measures of fostering S&T service industry of international capitals were summarized. Finally, based on the development experience of international capitals, some policy suggestions were put forward for overcoming development shortcomings of S&T service industry of Beijing. The results show that compared with international capital cities such as Singapore, Tokyo and Seoul, Beijing's S&T service industry has certain advantages in industrial scale, R&D input and R&D output, but is relatively weak in production efficiency and profitability. In view of the weak development of S&T service industry in Beijing, some policy suggestions were put forward, such as strengthening the cultivation and introduction of "advanced, sophisticated and sophisticated" talents, improving the commercialization level of S&T service, and improving the development quality of R&D service industry.

Keywords: Science and Technology Service Industry; International Capital; Beijing

Ⅳ Appendices

277

社会科学文献出版社

皮 书

智库成果出版与传播平台

❖ 皮书定义 ❖

皮书是对中国与世界发展状况和热点问题进行年度监测，以专业的角度、专家的视野和实证研究方法，针对某一领域或区域现状与发展态势展开分析和预测，具备前沿性、原创性、实证性、连续性、时效性等特点的公开出版物，由一系列权威研究报告组成。

❖ 皮书作者 ❖

皮书系列报告作者以国内外一流研究机构、知名高校等重点智库的研究人员为主，多为相关领域一流专家学者，他们的观点代表了当下学界对中国与世界的现实和未来最高水平的解读与分析。截至 2021 年底，皮书研创机构逾千家，报告作者累计超过 10 万人。

❖ 皮书荣誉 ❖

皮书作为中国社会科学院基础理论研究与应用对策研究融合发展的代表性成果，不仅是哲学社会科学工作者服务中国特色社会主义现代化建设的重要成果，更是助力中国特色新型智库建设、构建中国特色哲学社会科学"三大体系"的重要平台。皮书系列先后被列入"十二五""十三五""十四五"时期国家重点出版物出版专项规划项目；2013~2022 年，重点皮书列入中国社会科学院国家哲学社会科学创新工程项目。

权威报告·连续出版·独家资源

皮书数据库
ANNUAL REPORT(YEARBOOK)
DATABASE

分析解读当下中国发展变迁的高端智库平台

所获荣誉

- 2020年，入选全国新闻出版深度融合发展创新案例
- 2019年，入选国家新闻出版署数字出版精品遴选推荐计划
- 2016年，入选"十三五"国家重点电子出版物出版规划骨干工程
- 2013年，荣获"中国出版政府奖·网络出版物奖"提名奖
- 连续多年荣获中国数字出版博览会"数字出版·优秀品牌"奖

皮书数据库

"社科数托邦"
微信公众号

成为会员

　　登录网址www.pishu.com.cn访问皮书数据库网站或下载皮书数据库APP，通过手机号码验证或邮箱验证即可成为皮书数据库会员。

会员福利

- 已注册用户购书后可免费获赠100元皮书数据库充值卡。刮开充值卡涂层获取充值密码，登录并进入"会员中心"—"在线充值"—"充值卡充值"，充值成功即可购买和查看数据库内容。
- 会员福利最终解释权归社会科学文献出版社所有。

数据库服务热线：400-008-6695
数据库服务QQ：2475522410
数据库服务邮箱：database@ssap.cn
图书销售热线：010-59367070/7028
图书服务QQ：1265056568
图书服务邮箱：duzhe@ssap.cn

社会科学文献出版社 皮书系列
SOCIAL SCIENCES ACADEMIC PRESS (CHINA)
卡号：128574295265
密码：

基本子库 SUB DATABASE

中国社会发展数据库（下设 12 个专题子库）

　　紧扣人口、政治、外交、法律、教育、医疗卫生、资源环境等 12 个社会发展领域的前沿和热点，全面整合专业著作、智库报告、学术资讯、调研数据等类型资源，帮助用户追踪中国社会发展动态、研究社会发展战略与政策、了解社会热点问题、分析社会发展趋势。

中国经济发展数据库（下设 12 专题子库）

　　内容涵盖宏观经济、产业经济、工业经济、农业经济、财政金融、房地产经济、城市经济、商业贸易等 12 个重点经济领域，为把握经济运行态势、洞察经济发展规律、研判经济发展趋势、进行经济调控决策提供参考和依据。

中国行业发展数据库（下设 17 个专题子库）

　　以中国国民经济行业分类为依据，覆盖金融业、旅游业、交通运输业、能源矿产业、制造业等 100 多个行业，跟踪分析国民经济相关行业市场运行状况和政策导向，汇集行业发展前沿资讯，为投资、从业及各种经济决策提供理论支撑和实践指导。

中国区域发展数据库（下设 4 个专题子库）

　　对中国特定区域内的经济、社会、文化等领域现状与发展情况进行深度分析和预测，涉及省级行政区、城市群、城市、农村等不同维度，研究层级至县及县以下行政区，为学者研究地方经济社会宏观态势、经验模式、发展案例提供支撑，为地方政府决策提供参考。

中国文化传媒数据库（下设 18 个专题子库）

　　内容覆盖文化产业、新闻传播、电影娱乐、文学艺术、群众文化、图书情报等 18 个重点研究领域，聚焦文化传媒领域发展前沿、热点话题、行业实践，服务用户的教学科研、文化投资、企业规划等需要。

世界经济与国际关系数据库（下设 6 个专题子库）

　　整合世界经济、国际政治、世界文化与科技、全球性问题、国际组织与国际法、区域研究 6 大领域研究成果，对世界经济形势、国际形势进行连续性深度分析，对年度热点问题进行专题解读，为研判全球发展趋势提供事实和数据支持。

法律声明

"皮书系列"（含蓝皮书、绿皮书、黄皮书）之品牌由社会科学文献出版社最早使用并持续至今，现已被中国图书行业所熟知。"皮书系列"的相关商标已在国家商标管理部门商标局注册，包括但不限于LOGO（ ）、皮书、Pishu、经济蓝皮书、社会蓝皮书等。"皮书系列"图书的注册商标专用权及封面设计、版式设计的著作权均为社会科学文献出版社所有。未经社会科学文献出版社书面授权许可，任何使用与"皮书系列"图书注册商标、封面设计、版式设计相同或者近似的文字、图形或其组合的行为均系侵权行为。

经作者授权，本书的专有出版权及信息网络传播权等为社会科学文献出版社享有。未经社会科学文献出版社书面授权许可，任何就本书内容的复制、发行或以数字形式进行网络传播的行为均系侵权行为。

社会科学文献出版社将通过法律途径追究上述侵权行为的法律责任，维护自身合法权益。

欢迎社会各界人士对侵犯社会科学文献出版社上述权利的侵权行为进行举报。电话：010-59367121，电子邮箱：fawubu@ssap.cn。

社会科学文献出版社